Sibylle Maria Winter / Claudia Calvano / Christine Heim /
Kathrin Reiter / Simone Wasmer (Hrsg.)

Implementierung von Traumaambulanzen für Kinder und Jugendliche

Anleitung zur praktischen Umsetzung

VANDENHOECK & RUPRECHT

Mit 25 Abbildungen und 16 Tabellen

Bibliografische Information der Deutschen Nationalbibliothek:
Die Deutsche Nationalbibliothek verzeichnet diese Publikation in der
Deutschen Nationalbibliografie; detaillierte bibliografische Daten sind
im Internet über https://dnb.de abrufbar.

© 2023 Vandenhoeck & Ruprecht, Robert-Bosch-Breite 10, D-37079 Göttingen,
ein Imprint der Brill-Gruppe
(Koninklijke Brill NV, Leiden, Niederlande; Brill USA Inc., Boston MA, USA;
Brill Asia Pte Ltd, Singapore; Brill Deutschland GmbH, Paderborn, Deutschland; Brill Österreich GmbH, Wien, Österreich)
Koninklijke Brill NV umfasst die Imprints Brill, Brill Nijhoff, Brill Hotei,
Brill Schöningh, Brill Fink, Brill mentis, Vandenhoeck & Ruprecht, Böhlau,
V&R unipress und Wageningen Academic.

Alle Rechte vorbehalten. Das Werk und seine Teile sind urheberrechtlich
geschützt. Jede Verwertung in anderen als den gesetzlich zugelassenen Fällen
bedarf der vorherigen schriftlichen Einwilligung des Verlages.

Umschlagabbildung: © Anna-Sophia Aylin Winter (11 Jahre); Logo der
Traumaambulanz an der Charité – Universitätsmedizin Berlin

Satz: SchwabScantechnik, Göttingen
Druck und Bindung: ♲ Hubert und Co, Göttingen
Printed in the EU

Vandenhoeck & Ruprecht Verlage | www.vandenhoeck-ruprecht-verlage.com

ISBN 978-3-525-40868-1

Inhalt

Vorwort der Landesvorsitzenden des Weißen Rings Berlin 13
Vorwort der Herausgeberinnen 15

Sibylle Maria Winter
1 Einleitung 17

Claudia Calvano
2 Traumadefinition und Epidemiologie 25
 2.1 Traumadefinition 25
 2.2 Epidemiologie 28
  2.2.1 Retrospektive Einschätzung von Erwachsenen
   (Dunkelfeld) 28
  2.2.2 Selbstbericht der Kinder und Jugendlichen
   (Dunkelfeld) 30
  2.2.3 Offizielle Statistiken (Hellfeld) 31
 2.3 Beurteilung des Einzelfalls: Integration verschiedener Quellen 35
 2.4 Fazit 37
 Literatur 37

Christine Heim
3 Biologische Einbettung von traumatischen Erfahrungen in der
 Kindheit: Relevanz von früher Intervention zur Verhinderung
 von Langzeitfolgen 39
 3.1 Traumatische Erfahrungen in der Kindheit und
  Krankheitsrisiko über die Lebensspanne 40
 3.2 Entwicklungsplastizität, sensible Phasen und Stressreaktionssysteme 43
 3.3 Biologische Folgen kindlicher Traumatisierung bei
  Erwachsenen 46
 3.4 Gen-Umwelt-Interaktionen und epigenetische Einbettung ... 55
 3.5 Zellalterung 60
 3.6 Biologische Einbettung von Trauma bei Kindern 62
 3.7 Intergenerationale Übertragung der Folgen von
  frühem Trauma 70

3.8	Implikationen für Interventionen bei traumatisierten Kindern: Verhinderung der biologischen Einbettung?	74
3.9	Ausblick	80
Literatur		81

Claudia Calvano

4	Traumafolgestörung und Therapie	96
4.1	Traumafolgestörungen im Kindes- und Jugendalter	96
	4.1.1 Klassifikation von Traumafolgestörungen im Kindes- und Jugendalter	96
	4.1.2 Entwicklungsbezogene Traumafolgestörung	101
	4.1.3 Traumafolgesymptomatik im Entwicklungsverlauf	105
	4.1.4 Risiko- und Schutzfaktoren	108
4.2	Psychotherapeutisches Vorgehen bei Kindern und Jugendlichen mit Gewalterfahrungen	108
	4.2.1 Traumainformierte Gesundheitsversorgung	110
	4.2.2 Erstversorgung und Kurzzeitintervention in Traumaambulanzen	111
	4.2.3 Traumafokussierte Psychotherapie	112
Literatur		125

Birgid Hollatz

5	Rechtliche Grundlagen für Traumaambulanzen im Sozialen Entschädigungsrecht – Opferentschädigungsgesetz (OEG – bis 31.12.2023) und Sozialgesetzbuch XIV (SGB XIV)	128
5.1	Anspruchsberechtigter Personenkreis, Entschädigungstatbestände – insbesondere bezogen auf Kinder und Jugendliche	129
	5.1.1 Entschädigungstatbestände	130
	5.1.2 Entschädigungstatbestände nach dem OEG	130
5.2	Entschädigungstatbestände nach dem SGB XIV	132
5.3	Traumaambulanzen, eine Leistung der Schnellen Hilfen – Regelungen im SGB XIV (Auszug aus dem SGB XIV) und in der Traumaambulanz-Verordnung (TAV – Auszug aus dem BGBL)	135
5.4	Verordnung über die von den Traumaambulanzen in der Sozialen Entschädigung zu erfüllenden Qualitätskriterien und die Pflichten der Traumaambulanz (Traumaambulanz-Verordnung – TAV)	141
5.5	Erleichtertes Verfahren nach §115 SGB XIV	142
Literatur		143

Sibylle Maria Winter
6 Strukturelle Möglichkeiten der Versorgung über Traumaambulanzen 144
   6.1 Die Umfrage: Strukturen der Traumaambulanzen in Deutschland 144
   6.2 Modellhafte Möglichkeiten zum Aufbau einer Traumaambulanz 147
      6.2.1 Finanzierung und Personal 147
      6.2.2 Versorgung 150
   6.3 Handlungsempfehlungen für den Aufbau einer Traumaambulanz 150
Literatur 153

Kathrin Reiter
7 Aus der Praxis: Psychotherapeutische Versorgung in der Traumaambulanz der Charité 154
   7.1 Kontaktaufnahme 154
   7.2 Das Erstgespräch in der Traumaambulanz 155
   7.3 Diagnostik 156
   7.4 Umgang bei bestehendem Täterkontakt 157
   7.5 Erste Behandlungsphase: Stabilisierung 158
      7.5.1 Psychoedukation 158
      7.5.2 Einbezug der Bezugspersonen 160
   7.6 Zweite und dritte Behandlungsphase: Traumakonfrontation und -integration 162
   7.7 Fallbeispiele 167
      7.7.1 Fallbeispiel I: traumatherapeutische Behandlung von Kindern 167
      7.7.2 Fallbeispiel II: traumatherapeutische Behandlung von Jugendlichen 170
   7.8 Abschluss der Behandlung 173
   7.9 Exkurs: Schwierigkeiten in der Behandlung von traumatisierten Kindern und Jugendlichen 174
   7.10 Fazit 174
Literatur 175

Simone Wasmer
8 Besondere Herausforderungen in der traumatherapeutischen Arbeit mit Kindern und Jugendlichen mit Migrations- oder Fluchthintergrund 176
  8.1 Theoretische Rahmenbedingungen bei der traumatherapeutischen Arbeit mit Kindern und Jugendlichen mit Migrations- und/oder Fluchthintergrund 177
    8.1.1 (Inter-)Kulturelle Kompetenzen in der Psychotherapie 177
    8.1.2 Beispiele kultureller Besonderheiten 180
    8.1.3 Bedeutung der Sozialen Arbeit für die Psychotherapie 182
    8.1.4 Einsatz von Sprach- und Kulturmittler:innen 184
  8.2 Komplexe Traumafolgestörungen bei Patient:innen mit Fluchthintergrund 187
  8.3 Fazit und praktische Tipps 188
  Literatur 188

Sascha Bos
9 Besonderheiten bei der Behandlung von minderjährigen Opfern sexualisierter Gewalt 190
  9.1 Sekundäre und tertiäre Stigmatisierung in der psychotherapeutischen Arbeit mit minderjährigen Opfern von sexualisierter Gewalt 190
  9.2 Minderheitenstress und Intersektionalität 191
  9.3 Handlungsempfehlungen für die Praxis 193
  9.4 Geschlecht in der therapeutischen Arbeit mit Opfern sexualisierter Gewalt 194
  Literatur 195

Sascha Bos
10 Kunsttherapeutische Methoden in der traumafokussierten Psychotherapie 197
  10.1 Kunsttherapie mit Kindern und Jugendlichen 198
  10.2 Kunsttherapie in der traumafokussierten Arbeit 199
  Literatur 203

Claudia Calvano
11 Qualitätssicherung und Evaluation 205
  11.1 Qualitätssicherung in Traumaambulanzen 205
  11.2 Evaluation und Möglichkeiten der Begleitforschung 206

11.2.1 Veränderungsmessung 207
11.2.2 Konzeptueller Rahmen von Begleitforschung 209
11.3 Erfassung von Traumafolgestörungen im Kindes- und
Jugendalter 210
11.4 Ergebnisse der Begleitforschung der Traumaambulanz
für Kinder und Jugendliche an der Charité – Universitätsmedizin Berlin 214
    11.4.1 Beschreibung der Stichprobe zum Zeitpunkt der
Vorstellung 215
    11.4.2 Interventionsbezogene Merkmale und Drop-out-
Analysen 220
    11.4.3 Therapieoutcome: Beschreibung der Stichprobe am
Ende der Behandlung 222
11.5 Fazit 227
Literatur 229

Sibylle Maria Winter
12 Ausblick 231

Die Autor:innen 235
Persönliche Danksagung 236

Zu Beginn eine Stimme einer Betroffenen:

Der Schmerz gleicht einem großen schwarzen Loch
Ohne Boden
Ohne Anfang
Ohne Ende

Die Bilder verfolgen mich
Tagsüber
Nachts
Immer

Die Gedanken lassen mich nicht los
Zuhause
In der Schule
Bei Freunden

Es vergeht eine lange Zeit
Im schwarzen Loch
Den Bildern ausgeliefert
In Gedanken gefangen

Eines Tages finde ich Worte dafür
Das schwarze Loch wird kleiner
Die Bilder werden schwächer
Die Gedanken weniger

Ich finde ins Leben zurück
Ich bin gewachsen
Ich bin wieder bei mir
Ich bin wieder hoffnungsvoll

Vorwort der Landesvorsitzenden des Weißen Rings Berlin

Liebe Leserin, lieber Leser,

ich fühle mich sehr geehrt, als Landesvorsitzende von *WEISSER RING – Gemeinnütziger Verein zur Unterstützung von Kriminalitätsopfern und zur Verhütung von Straftaten e. V.* Berlin Ihnen dieses Buch empfehlen zu können und mit meinem Vorwort auch einen kurzen Einblick in die Praxis aus der Sicht von Betroffenen zu geben. Geehrt bin ich deshalb, weil die Traumaambulanz einen wichtigen, wenn nicht sogar zum Teil existenziellen Beitrag in der vom Weißen Ring begleiteten Opferbetreuung leistet und ich durch dieses Vorwort die Gelegenheit erhalte, diese wertvolle Arbeit zu würdigen und Danke zu sagen. Die Opferbetreuung wird im Weißen Ring durch ehrenamtliche Mitarbeiter gewährleistet. Wir verstehen uns als Lotsen im Hilfesystem. In diesem Hilfesystem ist eine jeweilige Traumaambulanz sowohl für Erwachsene als auch für Kinder und Jugendliche unverzichtbar. Die Traumaambulanzen stellen eine schnelle, unkomplizierte und niederschwellige psychotherapeutische Unterstützung dar. Im Rahmen der gewährleisteten Kostenübernahme nach dem Opferentschädigungsgesetz muss sich ein Opfer einer Straftat auch keine Sorgen um die Übernahme der Kosten machen. Besonders von Vorteil ist auch, dass mittlerweile die Hilfeleistung in Anspruch genommen werden kann, ohne den umfangreichen Antrag nach dem Opferentschädigungsgesetz vollständig auszufüllen, sondern hier ein entsprechender Kurzantrag ausreichend sein kann, um so kurzfristige Hilfestellung geben zu können. Opfer, die eine therapeutische Begleitung benötigen, müssen leider immer wieder die Erfahrung machen, dass sie, wenn sie sich selbstständig um psychotherapeutische Unterstützung bemühen, Termine erst zu einem sehr späten Zeitpunkt erhalten können. Teilweise liegt hier ein halbes Jahr oder mehr Zeit zwischen der erforderlichen Hilfe und der erlebten Tat. Dies ist für ein Opfer kaum zu ertragen. Die Traumaambulanz bietet sehr schnelle Diagnostik und frühen Beginn der Behandlung von Traumafolgestörungen an. Für das Opfer ist es allein schon hilfreich, kurzfristig einen Termin zu erhalten, um dadurch dann die Gewissheit zu erhalten, durch Gespräche einer manifesten Traumafolgestörung vorzubeugen und entgegenzuwirken. Die Diagnostik ist hilfreich, um mit den Empfehlungen der Traumaambulanz gezielt nach weitergehender Unterstützung zu suchen. Allerdings auch die bereits vorgenommene eingehende sehr individuelle Beratung im ersten Termin hilft Opfern, die Folgen der Tat zu erkennen, einzuordnen und Traumafolgesymptome richtig einzuschätzen. Insbesondere auch die Vermittlung weiterer Hilfsangebote durch die Traumaambulanz ist hilfreich, da es bei der Vielzahl der Angebote für ein traumatisiertes Opfer allein schwierig ist, sich zurechtzufinden. Auch hier schätzen wir als Weißer Ring, dass die von uns betreuten Opfer Informationen erhalten, die wir dann mit diesen ebenfalls in der Umsetzung begleiten können. Insbesondere auch das sehr niederschwellige Erreichen ist entscheidend, um keine Hürden für die von einer Straftat Betroffenen aufzubauen. Betroffene können unmittelbar und sehr zeitnah nach telefonischer Vereinbarung ein erstes Gespräch erhalten. Allein die Aussicht auf dieses zeitnahe Erstgespräch beruhigt Betroffene und gibt Sicherheit. Sie erfahren, nachdem sie Schreckliches erlitten haben, dass es Menschen gibt, die an ihrer Seite stehen. Auch die Unterstützungsleistungen der Traumaambulanz beim Ausfüllen des Antrages auf Leistung nach dem Opferentschädigungsgesetz entlasten Betroffene sehr und führen dadurch auch dazu, dass Opfer ihre – teils unbekannten – Ansprüche geltend machen, was uns besonders am Herzen liegt. Wir im Weißen Ring erhalten immer wieder die Rückmeldung, dass Opfer, die sich an die Traumaambulanz gewandt haben, diese als Hilfe dafür sehen, wieder Kontrolle über ihr Leben übernehmen zu können. Sie sind gestärkt, um sich den Problemen zu stellen, diese anzugehen und letztendlich besser zu bewältigen. Für diese herausragende Arbeit sage ich Danke und wünsche allen, die sich dieser Aufgabe widmen, Mut und Kraft.

Ihre
Manuela Krahl-Röhnisch
Rechtsanwältin und Landesvorsitzende WEISSER RING Berlin

Vorwort der Herausgeberinnen

Dieses Buch ist uns ein wichtiges Anliegen. Seit über zehn Jahren widmen wir uns der psychotherapeutischen Erstversorgung von Kindern und Jugendlichen nach Gewalterfahrung. Bei diesen Kindern und Jugendlichen handelt es sich meist um eine sehr vulnerable Gruppe, die in jeder Hinsicht Unterstützung braucht. Die klinisch-praktischen Erfahrungen dieser Arbeit möchten wir teilen und so zu einem flächendeckenden Aufbau weiterer Traumaambulanzen für Kinder und Jugendliche beitragen.

Zum Verständnis dieser Kinder und Jugendlichen kann ein Film beitragen, der uns in den letzten Wochen besonders beeindruckt hat. Dieser macht sehr deutlich, dass Unterstützung für diese Kinder und Jugendlichen unabdingbar ist. Wobei wir hier betonen möchten, dass auch die Bezugspersonen Unterstützung brauchen. Unabhängig davon, ob sie an der Gewalterfahrung beteiligt sind oder nicht. Der Titel des Films ist »Burning Memories« von Alice Schmid. Sie ist eine Filmemacherin aus der Schweiz und selbst betroffen. Der Film handelt von ihrer Lebensgeschichte. Diese zeigt den meist frühen Beginn der Gewalterfahrung, der vulnerabel macht auch für spätere Gewalterfahrung. Besonders deutlich wird, dass verantwortliche Erwachsene die Gewalt tabuisieren und dass betroffene Kinder ohne Unterstützung keine oder kaum Worte dafür finden, vielmehr dies für sie zu einer lebenslangen Aufgabe wird. Damit verbunden sind häufig multiple psychische Probleme. Dieser Teufelskreis kann durch eine niedrigschwellige professionelle Unterstützung unterbrochen werden, die unter anderem Traumaambulanzen leisten können.

Für ihr Engagement zu Beginn der Traumaambulanz an der Charité möchten wir Loretta Ihme und Elena Murray besonders danken, die den Aufbau der Traumaambulanz an der Charité – Universitätsmedizin Berlin maßgeblich unterstützt und die Arbeit geprägt haben. Für die Unterstützung der Begleitforschung der Traumaambulanz und der in diesem Band präsentierten Umfrage unter den Traumaambulanzen sind wir Alexandra Brecht besonders dankbar. Sebastian Wilck gilt für sein hohes Engagement sowie die Recherche und formale Aufbereitung des Manuskripts ebenfalls besonderer Dank.

Auch Vandenhoeck & Ruprecht danken wir für die Aufnahme dieses wichtigen Themas und die kontinuierliche Unterstützung, insbesondere Imke Heuer für die stets prompten und hilfreichen Rückmeldungen.

Sibylle Winter
Claudia Calvano
Christine Heim
Kathrin Reiter
Simone Wasmer

1 Einleitung

Sibylle Maria Winter

Ganz bewusst wähle ich im Folgenden mit der Schilderung meiner Erfahrungen aus der nunmehr zehnjährigen Arbeit in der Traumaambulanz für Kinder und Jugendliche an der Charité – Universitätsmedizin Berlin eine subjektive Darstellung als Einstieg in das Thema.

Am 1. Januar 2012 wurde die Traumaambulanz für Kinder und Jugendliche an der Klinik für Psychiatrie, Psychosomatik und Psychotherapie des Kindes- und Jugendalters an der Charité – Universitätsmedizin Berlin im Rahmen eines Pilotprojektes eröffnet. Zuvor hatte es weitreichende Aktivitäten des Landesamtes für Gesundheit und Soziales und der Senatsverwaltung für Gesundheit und Soziales gegeben, die die Eröffnung ermöglicht haben. Zu diesem Zeitpunkt war ich als Fachärztin für Kinder- und Jugendpsychiatrie und -psychotherapie im Konsil- und Liaisondienst für die Kinderkliniken der Charité – Universitätsmedizin Berlin tätig. Dort hatte ich immer wieder stationär Kinder und Jugendliche betreut, die Opfer akuter Traumatisierung, meist von schweren Unfällen, zum Teil auch mit Verlust der Angehörigen, geworden waren. Insofern fühlte ich mich bei der Eröffnung der Traumaambulanz inhaltlich gut auf deren Leitung vorbereitet. Ungewohnt war für mich die Umsetzung psychotherapeutischer Erstversorgung nach akuter Gewalterfahrung im ambulanten Setting mit einem begrenzten Stundenkontingent. Insbesondere die unplanbare, zeitnahe und hochfrequente Versorgung von akuten Gewaltopfern war herausfordernd, wobei die Versorgung von Halb- oder Vollwaisen nach tödlicher häuslicher Gewalt noch einmal besondere Ansprüche an uns stellte. Denn diese erforderte neben der Betreuung in der Traumaambulanz auch eine sehr enge Zusammenarbeit mit der Schule und der Jugendhilfe. Zudem waren diese Vorfälle häufig in der Presse, was die Reintegration in den Alltag zusätzlich erschwerte, zumal in aller Eile der Aufenthalt der betroffenen Kinder und Jugendlichen geklärt werden musste.

Um die Traumaambulanz bekannt zu machen, war Öffentlichkeitsarbeit in Form von Fachtagen und Vorträgen zu Beginn notwendig. Inhalte der Vorträge waren zum einen die definierten Voraussetzungen für die Betreuung in der Traumaambulanz, die vonseiten des Landesamtes für Gesundheit und Soziales damals folgendermaßen lauteten: In der Traumaambulanz konnten in Berlin gemeldete Kinder und Jugendliche betreut werden, die in Berlin körperliche oder sexualisierte Gewalt (»hands-on« und »hands-off«) erlebt hatten. Auch der sogenannte Schockschaden ermöglichte für die Sekundäropfer eine Betreuung in der Traumaambulanz, z. B. von Kindern, die Zeugen von (tödlicher) häuslicher Gewalt waren oder das Opfer einer Gewalttat gefunden hatten. Neben den geschädigten Kindern und Jugendlichen konnten auch Angehörige, Hinterbliebene und Nahestehende in der Traumaambulanz betreut werden. Mit dem Landesamt für Gesundheit und Soziales war vereinbart, dass die Gewalterfahrung bis maximal ein Jahr zurückliegen durfte, um die Voraussetzungen für eine Betreuung zu erfüllen. In den Folgejahren waren wir immer wieder mit Anfragen von geflüchteten Kindern und Jugendlichen konfrontiert, die in ihrem Herkunftsland Gewalt erfahren hatten. Diese konnten wir aufgrund der definierten Voraussetzungen in der Traumaambulanz nicht betreuen, es sei denn, sie waren in Berlin Opfer einer Gewalttat geworden.

Zum anderen stellten wir in den Vorträgen die inhaltliche Arbeit der Traumaambulanz vor. Von Beginn an orientierten wir uns an empirisch nachgewiesenen wirksamen traumspezifischen Behandlungsprogrammen. Diese sind traumafokussierend und beinhalten eine Auseinandersetzung mit traumabezogenen Gedanken, Gefühlen, Körperreaktionen und Erinnerungen. Darüber hinaus sind psychoedukative Elemente, das Erlernen von Emotionsregulationsstrategien sowie eine ressourcenaktivierende Abschlussphase entscheidende Bausteine.

In den Vorträgen haben wir die Traumaambulanz als einen Raum dargestellt, in welchem das Trauma thematisiert werden kann. Dies ist keineswegs selbstverständlich, da in der Gesellschaft und auch in Fachkreisen immer wieder Bedenken auftauchen, über erlebte Gewalt von Kindern oder Jugendlichen zu sprechen. Es bestehen vor allem Ängste, dass es im Rahmen des traumafokussierten Arbeitens zu einer Destabilisierung der Kinder und Jugendlichen kommen könnte. Diese Ängste können dann zur Folge haben, dass auch in psychotherapeutischen Behandlungen erlebte Traumata nicht thematisiert werden. Zudem gilt es zu berücksichtigen, dass Kinder und Jugendliche oftmals keine Worte für das haben, was sie erlebt haben, oder aufgrund von Scham- und Schuldgefühlen nicht darüber sprechen können. Mehrfach haben mir Erwachsene nach frühkindlicher Traumatisierung geschildert, dass sie in psychotherapeutisch-psychiatrischen Behandlungen in ihrer Kindheit und Jugend nicht über Gewalt sprechen konnten und damals auch von den Fachkräften nicht nach Gewalterfahrungen gefragt wurden. Genau dieses Nachfragen nach Gewalt hätte aber die Wahrscheinlichkeit erhöht, darüber sprechen zu können.

Das große Plus der Traumaambulanz ist, dass bereits ihr Name das Trauma zum Thema macht, was von Anfang an eine direkte traumafokussierte Arbeit eröffnet. Bei Anfragen von Kindern und Jugendlichen in der Traumaambulanz, die sich in laufenden psychotherapeutischen Behandlungen befinden, unterstützen wir die Therapeut:innen, die traumafokussierte Arbeit in die laufende Psychotherapie zu integrieren.

Zur Verbesserung der Qualität in der Traumaambulanz entschloss ich mich, eine Weiterbildung in Psychotraumatologie des Kindes- und Jugendalters zu absolvieren. Ursprünglich als Tiefenpsychologin ausgebildet, gab mir dies mehr Sicherheit im Umgang mit den Kindern und Jugendlichen, insbesondere in den verhaltenstherapeutischen Techniken im Rahmen der traumafokussierten Psychotherapie. Vor allem war ich bestärkt, mit den Kindern und Jugendlichen bei ausreichender Sicherheit im Umfeld konsequent die Arbeit mit dem Traumanarrativ zu verfolgen. Da Kinder und Jugendliche intuitiv eher vermeiden, über das Erlebte zu sprechen, ist es besonders wichtig, sie über die positive Wirkung der traumafokussierten Psychotherapie in Bezug auf die psychische Symptomatik aufzuklären. Hilfreich sind in diesem Zusammenhang symbolische Vergleiche mit einer Wunde, die gereinigt werden muss. Auch diese Reinigung ist analog der Traumakonfrontation zunächst schmerzhaft, jedoch Voraussetzung für die Heilung. Auch bei schwerwiegenden Traumata war für mich immer wieder die Verbesserung der psychischen Symptomatik durch diesen traumafokussierten psychotherapeutischen Zugang beeindruckend. Einzuräumen ist, dass nicht alle Kinder und Jugendlichen von der Erstellung eines Traumanarrativs überzeugt werden können, manche lehnen dies oder auch grundsätzlich eine psychotherapeutische Betreuung ab. Beides ist auf jeden Fall zu respektieren. Jedoch sollte immer eine umfassende Psychoedukation erfolgen, sodass die Kinder und Jugendlichen zu einem späteren Zeitpunkt auf dieses Wissen gegebenenfalls zurückgreifen können. Die Vermeidung ist aber nicht nur aufseiten der Kinder und Jugendlichen und ihrer Bezugspersonen, sondern auch aufseiten der professionellen Helfer:innen und der Psychotherapeut:innen zu beobachten. Immer wieder habe ich erlebt, dass Therapeut:innen die betroffenen Kinder und Jugendlichen über lange Zeit stabilisieren, eine Traumakonfrontation im engeren Sinne jedoch nicht beginnen. Hier möchte dieses Buch Aufklärungsarbeit leisten.

Inhaltlich gliedert sich das Buch in folgende Kapitel: Die Kapitel 2 bis 4 widmen sich den wissenschaftlichen Grundlagen der Psychotraumatologie des Kindes- und Jugendalters. In Kapitel 2 stellt Claudia Calvano aktuelle Definitionen, Operationalisierungen und Prävalenzen von Gewalterfahrungen im Kindes- und Jugendalter vor. Die neurobiologischen Folgen für die kindliche Entwicklung und die Auswirkungen auf die psychische und körperliche Gesundheit über die gesamte Lebensspanne erläutert Christine Heim in Kapitel 3. Anschließend beschreibt Claudia Calvano in Kapitel 4 im ersten Teil Traumafolgestörungen in Phänomenologie und Prävalenz im Kindes- und Jugendalter. Dabei finden auch aktuelle Entwicklungen und Neuerungen der ICD-11 Berücksichtigung. Einen Schwerpunkt bilden hierbei psychische Folgeschäden nach (interpersoneller) Gewalterfahrung im Kindes- und Jugendalter. Der zweite Teil des Kapitels stellt den State of the Art psychotherapeutischer Vorgehen bei Vorliegen von Gewalterfahrungen im Kindes- und Jugendalter dar. Aktuelle Therapieansätze der traumafokussierten Psychotherapie werden vorgestellt, einschließlich der empirischen Studien zur Wirksamkeit. Diese Inhalte bilden die Grundlage für die klinisch-praktischen Ausführungen in den nachfolgenden Kapiteln.

Die gesetzlichen Grundlagen erläutert in Kapitel 5 Birgid Hollatz. Der Schwerpunkt liegt dabei auf dem Opferentschädigungsgesetz.

Es stammt aus dem Jahre 1976 und wird den Leistungsberechtigten nicht mehr vollumfassend gerecht. Aus diesem Grund erfolgte eine weitreichende Reform des Sozialen Entschädigungsrechts, die seit dem 1. Januar 2021 vorzeitig einen Rechtsanspruch auf Behandlung in der Traumaambulanz (Schnelle Hilfe) sicherstellt und die ab dem 1. Januar 2024 geltenden SGB-XIV-Tatbestände hinsichtlich der emotionalen Gewalt, der erheblichen Vernachlässigung sowie der Herstellung, Verbreitung und des öffentlichen Zugänglichmachens von Abbildungen sexualisierter Gewalt an Kindern erweitert.

Durch die neue Gesetzgebung wurden die Voraussetzungen für die Betreuung in der Traumaambulanz verändert und ein leichterer Zugang zu ihr realisiert – was mich außerordentlich freut. Für die psychotherapeutische Erstversorgung ist eine Polizeianzeige nun nicht mehr notwendig und eine umfassende Prüfung der Angaben der Gewalttat findet nicht mehr statt. Zudem können auch Kinder und Jugendliche betreut werden, deren Gewalterfahrungen länger als ein Jahr zurückliegen, entscheidend für die Betreuung bei uns ist die aktuelle psychische Situation, die sich im Zusammenhang mit einer früheren Gewalttat entwickelt hat. Nachdem in vielen Studien deutlich wurde, dass gerade die emotionale Gewalt als spezifische Gewaltform eine bedeutende Rolle bei Traumatisierungen spielt und zu vergleichbar schwerwiegenderen psychischen Folgeschäden führt als die körperliche Gewalt, wurde der Tatbestand der emotionalen Gewalt folgerichtig als Anlass für die Betreuung in der Traumaambulanz ergänzt.

Aufgrund der Forschungsergebnisse wissen wir, dass in Kindheit und Jugend körperliche, sexualisierte und emotionale Gewalt und/oder Vernachlässigung sehr häufig vorkommen. Retrospektive Untersuchungen legen nahe, dass jedes dritte Kind Gewalt/oder Vernachlässigung erlebt. Wir gehen davon aus, dass Kinder mit psychischen Erkrankungen noch wesentlich häufiger betroffen sind. Dies legt nahe, in ambulanten psychotherapeutischen Behandlungen von Kindern und Jugendlichen sowie in Kliniken für Kinder- und Jugendpsychiatrie- und -psychotherapie grundsätzlich nach Traumata zu fragen. Deshalb haben wir in unserer Klinik vor einigen Jahren begonnen, jeden Patienten und jede Patientin nach Gewalt zu fragen. Die ersten Auswertungen belegen unsere Vermutungen, dass die Häufigkeit von Traumata bei unseren Patient:innen ungefähr doppelt so hoch ist wie bei Kindern und Jugendlichen aus einer repräsentativen Bevölkerungsstichprobe.

Aus all diesen Gründen erwarten wir nach der Gesetzesreform deutlich mehr Leistungsberechtigte und hoffen, dass vor allem die Anzahl und die Kapazitäten der Traumaambulanzen für Kinder und Jugendliche in Deutschland deutlich anwachsen werden. Aktuell übersteigt die Anzahl der Gewaltopfer bei Weitem die Betreuungsplätze in den Traumaambulanzen. Nur mit einem schnellen Ausbau der Traumaambulanzen können wir den Kindern und Jugendlichen ausreichend Unterstützung und schnelle Hilfe in den Traumaambulanzen ermöglichen mit dem Ziel, als präventive Maßnahme die Chronifizierung von Traumafolgestörungen zu verhindern.

Die Anbindung der Traumaambulanz an unsere Klinik ist strukturell und inhaltlich sinnvoll. Die Klinik kann strukturelle Ressourcen zur Verfügung stellen. Etwa lief zu Beginn die Terminvereinbarung für die Kinder und Jugendlichen über unsere allgemeine Ambulanz-Anmeldung. Zudem hatte ich in der täglichen Arbeit Unterstützung von einer Kollegin aus der Klinik, Loretta Ihme, einer systemischen Familientherapeutin, mit der ich die ersten Kinder und Jugendlichen zum Teil gemeinsam behandeln konnte. Ein verlässliches stabiles Team halte ich in diesem Zusammenhang für absolut notwendig. Über die Psychotherapeut:innen hinaus ist je nach Größe der Traumaambulanz eine koordinierende Fachkraft und die Möglichkeit des Einbezuges des Sozialdienstes wesentlich. Zudem sind wöchentliche Visiten und interne und externe Supervision unerlässlich. Auch inhaltlich war die Anbindung an die Klinik in einigen Fällen extrem unterstützend, da ein (teil-)stationärer Aufenthalt oder eine längere ambulante kinder- und jugendpsychiatrische Betreuung indiziert war. In der Rückschau bin ich zu dem Schluss gekommen, dass die Klinikanbindung ein nicht zu unterschätzender Vorteil für eine Traumaambulanz ist. Mehr zu den Strukturen und Möglichkeiten für den Aufbau von Traumaambulanzen einschließlich einer deutschlandweiten Umfrage können Sie in Kapitel 6 nachlesen.

Im klinischen Alltag wurde deutlich, dass wir im Rahmen der Behandlung in der Traumaambulanz in kurzer Zeit auch bei begrenzten Behandlungsstunden eine bedeutsame Symptomreduktion erreichen können. Für die Erstversorgung stehen für die Kinder und Jugendlichen fünf Behandlungsstunden zur Verfügung, weitere zehn können bei Bedarf niedrigschwellig beantragt werden. Der gesamtfamiliäre Bedarf nach akuter Traumatisierung von Kindern und Jugendlichen ist sehr groß. Bezugspersonen fühlen sich selbst wie traumatisiert und sind sehr verunsichert. Häufig erleben wir Ängste der Bezugspersonen, Kinder und Jugendliche wieder in den Alltag und in die Schule zu integrieren. Insofern bin ich sehr dankbar, dass wir drei Behandlungsstunden für die Beratung der Bezugspersonen zusätzlich haben, sodass insgesamt pro Fall 18 Behandlungsstunden zur Verfügung stehen.

Bei den Kindern und Jugendlichen nach Gewalterfahrung liegt der Fokus auf ihrem aktuellen psychischen Befinden. Anfangs informieren wir die Kinder und Jugendlichen, dass sie nicht darüber sprechen müssen, was sie erlebt haben, aber selbstverständlich den Raum nutzen können, über das Erlebte zu berichten. Das Spektrum der Kinder und Jugendlichen, die vorgestellt werden, ist groß. In der Traumaambulanz haben wir Kinder und Jugendliche betreut, die vor dem Gewalterleben psychisch gesund waren und auch mit der Gewalterfahrung nach kurzer Krisensituation gut umgehen konnten. Diese können wir nach Beendigung der Betreuung in der Traumaambulanz in psychisch gesundem Zustand entlassen. Jedoch haben wir auch Kinder und Jugendliche betreut, die schon vor der akuten Gewalterfahrung psychische Probleme hatten. Bei diesen ist eine komplette Remission der Symptomatik während der Behandlung in der Traumaambulanz kaum zu erreichen. Unsere Hauptaufgabe besteht dann darin, diese Kinder und Jugendlichen für eine Weiterbehandlung zu motivieren und sie dann auch erfolgreich in kinder- und jugendpsychiatrische Behandlung und/oder Kinder- und Jugendpsychotherapie zu vermitteln. Ein wesentlicher Punkt dabei ist, dass die Kinder und Jugendlichen bei uns in der Traumaambulanz gelernt haben, dass Psychotherapie und somit das Sprechen über das Erlebte helfen kann. Nicht zu unterschätzen ist auch, dass die Unterstützung der Kinder und Jugendlichen und ihrer Bezugspersonen in der Traumaambulanz einen wesentlichen Faktor darstellt, um nachfolgende Gerichtsverfahren zu meistern.

In den Kapiteln 7, 8 und 9 stellen Kathrin Reiter, Simone Wasmer und Sascha Bos unsere klinisch-praktische Arbeit in der Traumaambulanz vor. Dabei werden speziell die Besonderheiten von Kindern und Jugendlichen mit Migrationshintergrund und geflüchteten Kindern und Jugendlichen berücksichtigt. Die theoretischen Rahmenbedingungen sowie die Besonderheiten bei Setting und Behandlung veranschaulichen Fallbeispiele. Im Weiteren werden Spezifika bei der Behandlung von minderjährigen Opfern sexualisierter Gewalt beschrieben. Dabei findet die Stigmatisierung der Opfer und die Bedeutung des Geschlechts in der therapeutischen Arbeit eine besondere Aufmerksamkeit. Zum Abschluss des klinischen Teils erörtert Sascha Bos in Kapitel 10 die Chancen der Methodenvielfalt am Beispiel von Kunsttherapie.

Im Verlauf unserer Arbeit in der Traumaambulanz seit 2012 implementierten wir eine Begleitforschung. Uns interessierte die Frage, inwieweit die Behandlung in der Traumaambulanz die Symptomatik mittel- und längerfristig signifikant reduzieren kann. In Kapitel 11 stellt Claudia Calvano nach einer kurzen Einführung Aspekte der Qualitätssicherung und Möglichkeiten der klinischen Begleitforschung sowie die aktuellen Ergebnisse zur Evaluation der Traumaambulanz der Charité – Universitätsmedizin Berlin vor. Das Kapitel schließt mit einer Diskussion der Ergebnisse und Implikationen für weitere Forschung sowie mit den Möglichkeiten der Implementierung von Begleitforschung in anderen Traumaambulanzen für Kinder und Jugendliche ab.

Das Buch endet mit einem Ausblick, wie sich die Traumaambulanzen weiterentwickeln beziehungsweise die Implementierung traumafokussierter Ansätze in die Aus- und Weiterbildung der Psychotherapeut:innen und in die tägliche Arbeit der Psychotherapeut:innen verbessern lassen. Dazu gehört auch, dass Gewalterfahrungen in der Gesellschaft sowie in der Aus- und Weiterbildung und in der täglichen Arbeit von Fachkräften in den Bereichen Kinder- und Jugendpsychiatrie, Kinderschutzambulanzen, Kinderschutzgruppen, Kinder- und Jugendlichenpsychotherapie, Fachberatungsstellen und Opferhilfe enttabuisiert werden.

2 Traumadefinition und Epidemiologie

Claudia Calvano

Der Traumabegriff und das Erleben von Gewalt ist spätestens seit Beginn der Covid-19-Pandemie in aller Munde. Trennscharf wird er dabei selten genutzt, weshalb dieses Kapitel zunächst in den Traumabegriff einführt und darauf aufbauend spezifische Formen der Misshandlung und Vernachlässigung definiert. Auf interpersonale Gewalterfahrung wird besonders eingegangen, da Personen, die diese Formen von Gewalt erlebt haben, in den Traumaambulanzen nach dem Gesetz über die Entschädigung für Opfer von Gewalttaten (OEG) behandelt werden können. Aktuelle epidemiologische Daten zur Prävalenz von Gewalterfahrungen im Kindes- und Jugendalter zeigen im zweiten Teil des Kapitels die Virulenz des Themas, wobei methodische Aspekte der vorhandenen Studien berücksichtigt und diskutiert werden.

2.1 Traumadefinition

Die Definition, was ein Trauma darstellt und was nicht, hat sich im Laufe der Zeit gewandelt. War für das DSM-IV und die ICD-10 noch eine potenzielle Lebensbedrohung entscheidend, wurde im Zuge der Revisionen dieser Klassifikationssysteme der Begriff breiter und inklusiver gefasst. Dies erleichtert insbesondere die Klassifikation von Traumafolgestörungen, die auf chronische und/oder nicht direkt lebensbedrohliche Gewalterfahrungen zurückzuführen sind. Zudem wurde explizit das Zeuge-Sein von Gewalt in das DSM-5 aufgenommen (siehe Abbildung 2.1).

Eine frühe Klassifikation verschiedener Formen von Traumatisierung stellte Terr (1991) vor, die bis heute in der klinischen Arbeit weitverbreitet ist (siehe Tabelle 2.1). Er unterschied sowohl die Dauer der Traumatisierung (Typ I: einmalig, unerwartet, plötzlich versus Typ II: lang andauernd, wiederholt, chronisch) als auch die Verursachung (interpersonell versus akzidentiell, nicht interpersonell).

> *Definition nach DSM-5:*
>
> *Erleben von tatsächlichem oder drohendem Tod, ernsthafter Körperverletzung oder sexueller Gewalt.*
> *Die Konfrontation ist auf unterschiedliche Arten möglich:*
> 1. *Entweder die Betroffenen erleben selbst das Trauma,*
> 2. *sind Zeuge eines Traumas,*
> 3. *erfahren, das nahestehenden Personen ein traumatisches Ereignis widerfahren ist oder*
> 4. *werden wiederholt oder auf extreme Art mit aversiven Details eines traumatischen Ereignisses konfrontiert (hierunter zählt nicht eine Konfrontation durch die Medien, außer diese ist beruflich bedingt) (American Psychiatric Association, 2018).*
>
> *Definition nach ICD-11:*
>
> *Einem extrem bedrohlichen oder schrecklichen Ereignis oder einer Reihe von Ereignissen ausgesetzt zu sein (Bundesinstitut für Arzneimittel und Medizinprodukte, 2022).*

Abbildung 2.1: Definition von Trauma entsprechend den aktuellen Klassifikationssystemen DSM-5 und ICD-11

Wir wissen aus der klinischen Arbeit, dass chronische, interpersonelle Traumatisierung im Vergleich das höchste Risiko für schwerwiegende psychische Folgen hat, entgegen den akzidentiellen Traumatisierungen. Dennoch sei darauf hingewiesen, dass die Entwicklung einer Traumafolgestörung und deren Prognose maßgeblich von der individuellen Vulnerabilität sowie den vorliegenden Risiko- und Schutzfaktoren bestimmt wird. Im Folgenden wird im Rahmen von Definitionen und in Diagnoseinstrumenten der Begriff »sexueller Missbrauch« verwendet, wenngleich wir in der täglichen Arbeit den Begriff »sexualisierte Gewalt« verwenden.

Tabelle 2.1: Traumaklassifikation nach Terr (1991)

	interpersonell	akzidentiell
Typ I einmalig, unerwartet, plötzlich	Körperverletzung	Verkehrsunfall
Typ II lang andauernd, wiederholt	(wiederholter) Missbrauch in der Kindheit	Naturkatastrophe

Interpersonelle Gewalterfahrungen im Kindes- und Jugendalter
Interpersonelle Gewalterfahrungen können entsprechend Terr (1991) einmalige Ereignisse umfassen (Typ-I-Traumata) oder auch chronisch andauernde Ereignisse (Typ-II-Traumata; vgl. Tabelle 2.1). Zusätzlich zu dieser Klassifikation kann die Definition und Klassifikation von Kindesmisshandlung weitere, konkrete Beschreibungen der verschiedenen Formen interpersoneller Gewalt, sowohl einmalig als auch lang andauernd und chronisch, liefern.

Tabelle 2.2: Subtypen und Ankerbeispiele der MCS-Klassifikation nach Barnett, Manly und Cicchetti (1993) und in Anlehnung an Horlich, Dehmel, Sierau, White und von Klitzing (2014)

Subtypen	Beispiele		
	Schweregrad 1	Schweregrad 3	Schweregrad 5
Körperliche Misshandlung	Hämatom am Arm	Nasenbluten	Innere Verletzungen
Sexueller Missbrauch	Kind ist pornografischem Material ausgesetzt	Kind wird zur Masturbation genötigt	Vergewaltigung
Emotionale Misshandlung	Zehnjähriges Kind hat die Verantwortung für ein Kleinkind	Bezugsperson schreit das Kind regelmäßig an	Kind wird für zwei Tage in der Wohnung angekettet
Körperliche Vernachlässigung: mangelnde Versorgung	Unsauber, häufig verfilztes Haar	Kind versäumte viermal pro Woche zwei aufeinanderfolgende Mahlzeiten	Kind ist zur Geburt heroinabhängig
Körperliche Vernachlässigung: mangelnde Beaufsichtigung	Achtjähriges Kind wird tagsüber für einige Stunden allein gelassen	Kind wird nachts allein gelassen	Kind wird zu Hause rausgeworfen
Moralisch-rechtlich-erzieherische Misshandlung	Kind wird auf Partys mitgenommen	Eltern wurden über Ladendiebstahl informiert, nehmen aber keinen Einfluss auf ihr Kind	Kind wird in Verbrechen einbezogen
Bildungsbezogene Misshandlung	Kind hat 29 unentschuldigte Fehltage	Kind fehlt unentschuldigt drei Wochen in Folge	Kind ist nicht in der Schule angemeldet

Barnett, Manly und Cicchetti (1993) veröffentlichten 1993 ihr Maltreatment Classification System (MCS), welches sieben Subtypen von Misshandlung und Vernachlässigung definiert. Diese Subtypen werden mit dem »Maternal Maltreatment Classification Interview« (MMCI; Cicchetti, Toth u. Manly, 2003) erfasst. Dann werden die erfassten Subtypen anhand des MCS hinsichtlich vier Aspekten codiert: 1) dem Schweregrad jedes Subtypen, welcher von 1 (geringste) bis 5 (höchster Schweregrad) definiert ist; 2) der Entwicklungsperiode, in der Gewalt erfahren wurde (Säuglingsalter; Kleinkindalter; Vorschulalter; frühe Schulzeit; späte Schulzeit; Jugendalter); 3) dem Täter (biologische Mutter oder Vater; Stiefmutter/-vater; Großmutter, -vater; weibliche/männliche Verwandte; weibliche/männliche Bekannte; Fremde:r; Unbekannte:r) und auch 4) die Dauer der Misshandlung oder Vernachlässigung (dreistufig; einmalig bis chronisch).

Im MCS werden für jede Schweregradstufe Ankerbeispiele genannt, die jedoch selbstverständlich keine vollständige Liste darstellen. Tabelle 2.2 stellt die sieben Subtypen sowie jeweils ein Ankerbeispiel für Schweregrade 1, 3 und 5 aus dem MCS vor.

2.2 Epidemiologie

Eine Einschätzung der Häufigkeit von Gewalterfahrungen im Kindes- und Jugendalter ist von der Definition und von der Methodik abhängig. In der Literatur finden sich verschiedene Zugänge, die Auftretenshäufigkeit von Gewalterfahrungen im Kindes- und Jugendalter zu schätzen.

2.2.1 Retrospektive Einschätzung von Erwachsenen (Dunkelfeld)

Retrospektive Befragungen von Erwachsenen zu Gewalterfahrungen in deren Kindheit und Jugend sind ein häufig genutzter Zugang. Hierfür liegen validierte Messinstrumente vor, allen voran der »Childhood Trauma Questionnaire« (Wingenfeld et al., 2010): Anhand 28 Items werden fünf Subtypen von Kindesmisshandlung (körperliche Vernachlässigung, emotionale Vernachlässigung, körperliche Misshandlung, emotionale Misshandlung, sexueller Missbrauch) erfasst, und die Befragten werden gebeten, das Auftreten in ihrer (eigenen) Kindheit rückblickend auf einer fünfstufigen Häufigkeitsskala (nie bis sehr oft) zu beurteilen. Dieser Fragebogen wurde auch in einer oft zitierten bevölkerungsrepräsentativen Stichprobe von 2510 Erwachsenen im Alter von 14 bis 94 Jahren in Deutschland eingesetzt (Witt, Brown, Plener, Brähler u. Fegert, 2017). Die Auswertungen ergaben, dass circa ein Drittel der Befragten mindestens eine Form von Kindesmisshandlung erlebten (siehe Abbildung 2.2). Von diesen waren über 40 % mehr als einer Form ausgesetzt, wobei die Kombination aus körperlicher und emotionaler Vernachlässigung am häufigsten auftrat.

Gut ein Viertel der Befragten gaben an, als Kind körperliche Vernachlässigung erfahren zu haben, ca. 13 % erlebten emotionale Vernachlässigung und ca. 7 % berichteten jeweils von körperlicher und emotionaler Misshandlung und sexuellem Missbrauch. Dabei gab es Unterschiede hinsichtlich des Alters und des Geschlechts. Es zeigten sich höhere Prävalenzen beim weiblichen Geschlecht bezüglich sexuellen (11,3 %) und emotionalen (8,7 %) Missbrauchs. Angehörige der Altersgruppe 70+ (Kriegsgeneration) berichteten deutlich häufiger von physischer Vernachlässigung (46 %).

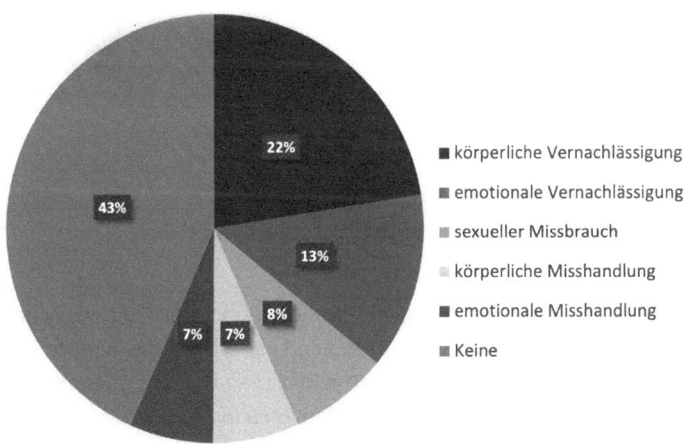

Abbildung 2.2: Prävalenz von Kindesmisshandlung nach retrospektiver Erwachsenenbefragung (N = 2510), basierend auf Witt et al. (2017)

2.2.2 Selbstbericht der Kinder und Jugendlichen (Dunkelfeld)

Einen weiteren Zugang zu Gewalterfahrungen stellt die Befragung der Kinder und Jugendlichen dar. Ziegler (2013) wählte diesen Zugang in seiner Untersuchung von circa neunhundert Kindern und Jugendlichen zwischen 6 und 16 Jahren, die sogenannte Gewaltstudie. Die Ergebnisse unterstützen die Ergebnisse der retrospektiven Erwachsenenbefragung und zeigen dabei zum Teil noch höhere Prävalenzen. Rund ein Viertel der Befragten gab an, schon einmal geschlagen worden zu sein, gut 5 % trugen dabei blaue Flecken davon, ein Viertel machte andere körperliche Misshandlungserfahrungen und rund ein Fünftel berichtete davon, dass ihnen schon einmal das Gefühl vermittelt worden sei, weniger wert zu sein (als mögliche Form der emotionalen Misshandlung oder Vernachlässigung). Abbildung 2.3 zeigt die Prävalenzen nach Ziegler (2013) getrennt für Kinder und für Jugendliche ab 12 Jahren.

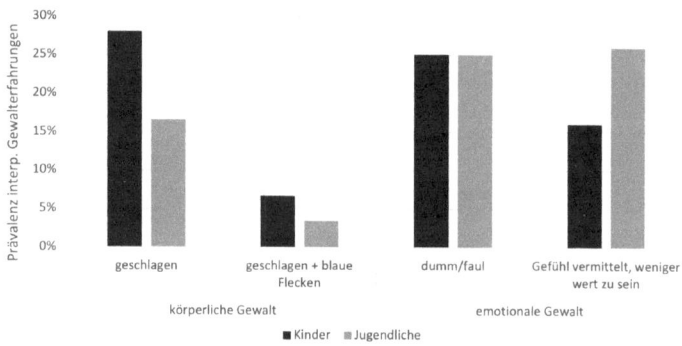

Abbildung 2.3: Prävalenzangaben selbstberichteter körperlicher und emotionaler Gewalt bei Kindern und Jugendlichen (adaptiert nach Ziegler, 2013)

Weiterhin untersuchte Ziegler, wie sich die Prävalenzen zwischen unterschiedlichen sozioökonomischen Lebenslagen der Kinder und Jugendlichen unterscheiden. Betrachtet man nur die Altersgruppe Kinder, so zeigen sich über alle untersuchten interpersonellen Gewalterfahrungen zunehmende Prävalenzen mit abnehmendem sozioökonomischem Status (siehe Abbildung 2.4). Bei den Jugendlichen ist dieser Zusammenhang jedoch nicht so eindeutig: Für die Erfahrungen physischer Gewalt lässt sich ein u-förmiger Zusammenhang feststellen und die Vermittlung des Gefühls, weniger wert zu sein, steigt mit zunehmendem sozioökonomischem Status (siehe Abbildung 2.5).

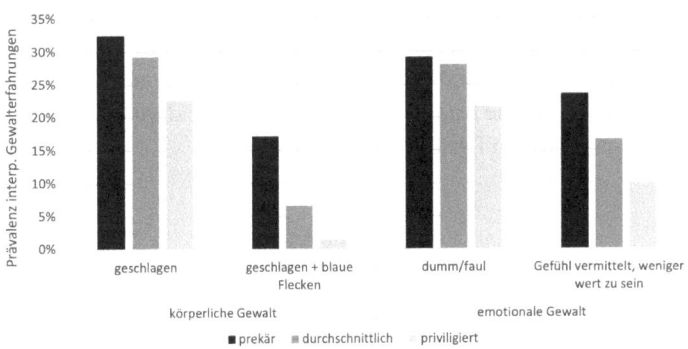

Abbildung 2.4: Gewalterfahrungen in der Altersgruppe der Kinder nach sozioökonomischem Status (adaptiert nach Ziegler, 2013)

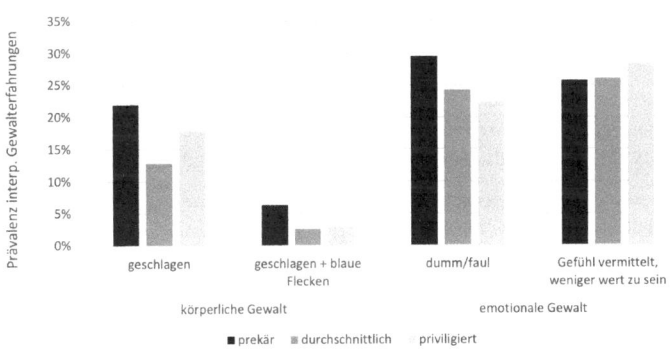

Abbildung 2.5: Gewalterfahrungen in der Altersgruppe der Jugendlichen nach sozioökonomischem Status (adaptiert nach Ziegler, 2013)

2.2.3 Offizielle Statistiken (Hellfeld)

Eine weitere Quelle für Daten zum Vorkommen von Gewalterfahrungen von Kindern und Jugendlichen sind neben Berichten der betroffenen Kinder und Jugendlichen und/oder den Eltern die Daten aus Behörden und offiziellen Statistiken. Im Folgenden werden vorhandene Daten von Jugendämtern und die polizeiliche Kriminalstatistik zusammengefasst.

Jugendamtsdaten

Jugendämter melden Verdachtsfälle von Kindeswohlgefährdung (KWG), die sich zur Einschätzung der Prävalenz von Gewalttaten gegenüber Kindern und Jugendlichen in Deutschland eignen. Abbildung 2.6 stellt die Anzahl der Verfahren zur Abklärung von KWG für das Jahr 2021 in Deutschland dar.

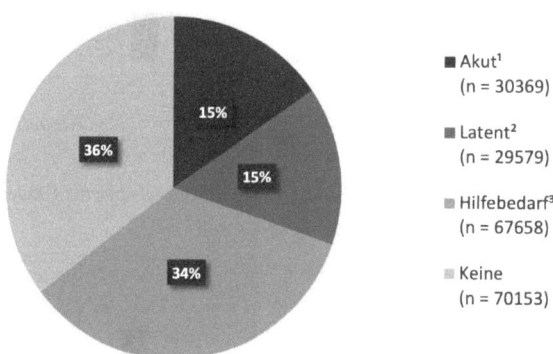

Abbildung 2.6: Verfahren zur Abklärung von Kindeswohlgefährdung 2021 (N = 197.759), basierend auf den Daten des Statistischen Bundesamts (2021)

Anmerkung: [1]akut: Kindeswohlgefährdung ist zu bejahen oder wird mit hoher Wahrscheinlichkeit eintreffen, ohne von Sorgeberechtigten abgewandt zu werden. [2]latent: Kindeswohlgefährdung ist nicht zu bejahen, aber auch nicht auszuschließen beziehungsweise Verdacht besteht weiterhin. [3]Hilfebedarf: Kindeswohlgefährdung ist auszuschließen, aber es besteht Unterstützungsbedarf.

Die Abbildung zeigt, dass in gut einem Drittel der immerhin knapp zweihunderttausend aufgenommenen Verfahren keine KWG vorlag. In einem weiteren Drittel der Fälle lag zwar ebenso keine KWG vor, es bestand jedoch weiterer Hilfebedarf wie Unterstützungsmaßnahmen der Kinder- und Jugendhilfe. In einem Sechstel der Fälle konnte zum Zeitpunkt der Abklärung durch das Jugendamt das Vorliegen einer KWG weder bestätigt noch ausgeschlossen werden (latente KWG). Im letzten Sechstel (akute KWG) ist eine Situation zu bejahen, in der eine Schädigung des körperlichen, geistigen oder seelischen Wohls des Kindes beziehungsweise Jugendlichen bereits eingetreten ist oder mit ziemlicher Sicherheit zu erwarten ist und diese Situation von den Sorgeberechtigten nicht abgewendet wird oder werden kann. Das bedeutet, dass 2021 in über dreißigtausend Fällen eine KWG entweder bereits vorlag oder ohne Einschreiten der Behörden vorgelegen hätte und damit circa 2.500 (8 %) mehr Fälle als in der letzten präpandemischen Erhebung 2019.

Die häufigste Form ist mit knapp 50 % der Fälle der (akuten und latenten) KWG die körperliche und emotionale Vernachlässigung des oder der Schutzbefohlenen (siehe Abbildung 2.7). Die psychische Misshandlung macht mehr als ein Viertel, die körperliche Misshandlung gut ein Fünftel der Fälle aus. Die übrigen 4,4 % sind (Verdachts-)Fälle sexualisierter Gewalt.

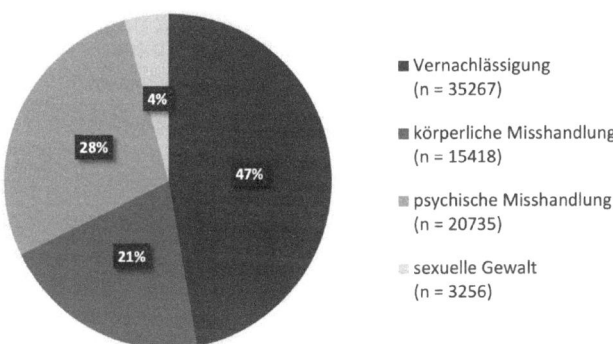

Abbildung 2.7: Arten der akuten und latenten Kindeswohlgefährdung und sexualisierten Gewalt 2021 in Deutschland (N = 197.759), basierend auf den Daten des Statistischen Bundesamts (2021)

Polizeiliche Kriminalstatistik 2021

Die polizeiliche Kriminalstatistik gibt Auskunft über die angezeigten Straftaten gegenüber Kindern und Jugendlichen. Diese Daten stellen das sogenannte Hellfeld dar, da sie nur gemeldete Fälle aufzeigen und daher die nicht gemeldeten Fälle, das Dunkelfeld, nicht berücksichtigt sind. Die 2021 zur Anzeige gebrachten Straftaten gegen Kinder und Jugendliche sind in Tabelle 2.3 aufgeführt. Es zeigt sich, dass mehr Straftaten gegenüber Kindern verübt beziehungsweise zur Anzeige gebracht wurden als gegenüber Jugendlichen. Die Tatverdächtigen sind im Falle der sexualisierten Gewalt in circa 95 % der Fälle männlichen Geschlechts, im Falle der Kindesmisshandlung nach § 225 StGB zeigt sich jedoch nahezu eine Gleichverteilung der Geschlechter. Ergänzend wird in Tabelle 2.3 der Anteil der aufgeklärten Fälle dargestellt.

Tabelle 2.3: Anzahl gemeldeter Straftaten gegen Kinder und Jugendliche im Jahr 2021, basierend auf den Daten des Bundeskriminalamts (2021)

Straftatbestand	Anzahl Fälle	davon aufgeklärt	Tatverdächtige	
			männlich	weiblich
Sexueller Missbrauch §§ 176, 176a, 176b StGB	15.746	13.614 (86 %)	–	–
von Kindern	14.825	12.810 (86 %)	10.464 (94 %)	691 (6 %)
von Jugendlichen	921	804 (87 %)	754 (97 %)	27 (3 %)
Misshandlung § 225 StGB	4.721	4.499 (95 %)	2.655 (56 %)	2.122 (44 %)
von Kindern	3.527	3.415 (97 %)	2.010 (55 %)	1.635 (45 %)
von Jugendlichen	1.194	1.084 (91 %)	691 (57 %)	514 (43 %)

Stellt man diese Zahlen deskriptiv den Daten der Jugendämter gegenüber, so fällt auf, dass in den Jugendämtern rund sechsmal mehr Fälle von Kindeswohlgefährdung erfasst wurden, als Straftaten bei der Polizei zur Anzeige gebracht wurden. Diese im Hellfeld beschriebenen Daten liefern jedoch nur ein unvollständiges Bild der Epidemiologie von Gewalterfahrungen gegenüber Kindern und Jugendlichen, da hier lediglich die gemeldeten Fälle erfasst sind. Eine Vielzahl von Gewalttatbeständen werden allerdings nicht zur Anzeige gebracht und stellen damit das Dunkelfeld dar. Wie groß dieses tatsächlich ist, lässt sich naturgemäß schwer ermitteln: Forschende des Kriminologischen Forschungsinstituts Niedersachsen (KFN; Krieg, Rook, Beckmann u. Kliem, 2022) fanden in ihrer Befragung von 12.444 Jugendlichen in neunten Klassen in Niedersachsen heraus, dass lediglich 13,3 % der Gewalterfahrungen, einschließlich sexualisierter Gewalt, zur Anzeige gebracht werden. Die Anzeigerate scheint doppelt so hoch zu sein, wenn der:die Täter:in dem Opfer unbekannt ist (21,2 % zur Anzeige gebrachte Fälle, wenn Täter:in unbekannt, versus 10,6 %, wenn Täter:in bekannt). In Fällen sexueller Belästigung sind es sogar nur 6,5 %, die zur Anzeige gebracht werden. Außerdem werden Straftaten, bei denen der:die Täter:in dem Opfer bekannt ist, nur in 10,6 % der Fälle angezeigt. Entsprechend den aktuellen Daten des KFN von 2022 waren in 68,1 % Fälle der Täter dem Opfer bekannt. Es ist daher davon auszugehen, dass die offiziellen Daten die tatsächliche Prävalenz von Gewalterfahrungen gegenüber Kindern und Jugendlichen in Deutschland deutlich unterschätzen. In welchem Ausmaß genau lässt sich lediglich spekulieren.

2.3 Beurteilung des Einzelfalls: Integration verschiedener Quellen

Wie aus den vorangegangenen Abschnitten ersichtlich sind die Prävalenzschätzungen von Methodik und Stichprobe abhängig – die verschiedenen epidemiologischen Daten müssen jeweils in den Kontext der Quelle und deren Limitationen gesetzt werden. Wenn nun das Vorkommen von Kindesmisshandlung und Vernachlässigung im Einzelfall in der klinischen Praxis erfasst werden soll, empfiehlt es sich, verschiedene Quellen heranzuziehen. White, Bracher, Weil, Schött, von Klitzing und Keil (2021) haben in ihrer Arbeit die Vor- und Nachteile unterschiedlicher Quellen diskutiert sowie Empfehlungen zur Integration dieser Quellen (insbesondere bei Widersprüchen) aufgestellt. Drei zentrale Quellen sind das Kind oder der:die Jugendliche selbst, die Bezugspersonen sowie die Akte (in der Regel vom Jugendamt). Das Kind beziehungsweise der:die Jugendliche selbst hat naturgemäß den direktesten Zugang zum Erlebten. Dies ermöglicht die Erfassung auch schwer beobachtbarer Formen von Misshandlung. Andererseits ist es möglich, dass das Kind aufgrund des Entwicklungsstandes oder der dissoziativen Verarbeitung des Erlebten nicht dazu in der Lage ist, Informationen zum Geschehen zu liefern. Zudem können die Aussagen des Kindes durch

Interviewer:in, Bezugsperson oder Beteiligte beeinflusst werden, z. B. aufgrund von Loyalitätskonflikten. Die Befragung von Bezugspersonen gestaltet sich zunächst vorteilhaft, da diese auch Auskunft über eine breitere Zeitspanne geben (z. b. bis ins Säuglingsalter) und häufig mehrere Perspektiven liefern können (z. b. durch Berichte, die von anderen Quellen an die Bezugsperson herangetragen wurden). Allerdings besteht die Gefahr, dass diese aus Angst vor den Konsequenzen gewisse Informationen nicht preisgeben wollen oder nicht preisgeben können oder dass Handlungen ohne das Wissen der Bezugsperson stattfanden. Schließlich muss auch die Gefahr falscher Beschuldigungen beispielsweise im Rahmen eines Sorgerechtsstreits berücksichtigt werden. Die behördlichen Akten liefern hingegen in der Regel verifizierte Informationen, welche auch verschiedene Perspektiven umfassen. Jedoch sind hier längst nicht alle Fälle erfasst, nicht zuletzt da einige Arten der Misshandlung (z. B. emotionale Vernachlässigung) nur schwer beobachtbar sind.

Die verschiedenen Quellen haben auch für die Einzelfallbeurteilung jeweils Vorteile sowie Limitationen. Hinsichtlich einer möglichen Integration von Quellen empfehlen White et al. (2021), Hinweise auf Misshandlung aus nur einer einzigen Quelle durchaus ernst zu nehmen. Sobald mindestens zwei der verwendeten Quellen in ihren Informationen übereinstimmen, kann mit größerer Sicherheit von Kindesmisshandlung ausgegangen werden (sofern diese nicht auf gegenseitige Beeinflussung zurückzuführen sind, z. B. in Sorgerechtsstreitigkeiten). Sierau und Kolleg:innen (2017) schlussfolgern, dass ein gemeinsames Bild von Elternberichten, Selbstberichten und Jugendamtsberichten im Durchschnitt die zuverlässigsten Schätzungen bietet – sofern diese Quellen übereinstimmen. Ein in der klinischen Arbeit bekanntes Bild skizzieren Cooley und Jackson (2022) in ihrer Metaanalyse zur Informant:innenübereinstimmung bei Kindesmisshandlung: Die Angaben aus verschiedenen Quellen stimmen leider oftmals nicht überein.

2.4 Fazit

Die vorhandenen epidemiologischen Daten können nur eine Annäherung an die tatsächlichen Daten darstellen und die offiziellen Statistiken des Hellfelds ergänzen. Darüber hinaus ist aus den dargestellten Daten ersichtlich, dass die Zahl gemeldeter Fälle weiterhin zunimmt, sowohl was das Hellfeld angeht (Bundeskriminalamt, 2021; Statistisches Bundesamt, 2019, 2021) als auch die Zahlen bei der Quasi-Dunkelfeldbefragung (Krieg et al., 2022). Nimmt man die berichteten Studien zusammen, kann man davon ausgehen, dass 5–20 % der Kinder und Jugendlichen in Deutschland Misshandlung oder Vernachlässigung erfahren. Studien zeigen eine Abhängigkeit vom sozioökonomischen Status, mit insbesondere im Kindesalter einer zunehmenden Rate an Misshandlung bei geringerem sozioökonomischem Status. Hinsichtlich der offiziellen Daten sind die Raten gemeldeter Fälle höher, wenn der:die Täter:in unbekannt ist. Hinsichtlich der Jugendamtsdaten auf Abklärung von Kindeswohlgefährdung stellt Vernachlässigung die häufigste Form dar. Es sei darauf hingewiesen, dass die Prävalenzschätzungen basierend auf dem retrospektiven Bericht von Erwachsenen sowie auf dem Selbstbericht der Kinder und Jugendlichen nicht in einen Topf geworfen werden dürfen (Danese, 2020). Trotz methodischer Limitationen und des Fehlens eines Goldstandards der Erfassung von Gewalterfahrungen im Kindes- und Jugendalter stellen die einzelnen Zugänge relevante Instrumente dar – und sei es nur zur Erfassung der Veränderung der Prävalenzen über die Zeit innerhalb der jeweiligen methodischen Zugänge. Bereits die Zahlen des Hellfeldes sind Anlass genug, um zu alarmieren und die Wichtigkeit früher Interventionen und der Versorgung von Opfern interpersoneller Gewalterfahrungen, z. B. in Traumaambulanzen, zu kommunizieren.

Literatur

Barnett, D., Manly, J. T., Cicchetti, D. (1993). Defining child maltreatment: The interface between policy and research. In D. Cicchetti, S. L. Toth (Eds.), Child abuse, child development, and social policy (pp. 7–73). Norwood, NJ: Ablex.

Bundeskriminalamt (2021). Polizeiliche Kriminalstatistik: Falltabellen—Vollendete Fälle. https://www.bka.de/DE/AktuelleInformationen/StatistikenLagebilder/PolizeilicheKriminalstatistik/PKS2021/PKSTabellen/BundFalltabellen/bundfalltabellen.html?nn=194208 (Zugriff am 02.04.2023).

Cicchetti, D., Toth, S. L., Manly, J. T. (2003). Maternal Maltreatment Classification Interview. Mt. Hope Family Center, Rochester, NY.: Unpublished Manuscript.

Cooley, D. T., Jackson, Y. (2022). Informant discrepancies in child maltreatment reporting: A systematic review. Child Maltreatment, 27 (1), 126–145.

Danese, A. (2020). Annual research review: Rethinking childhood trauma: New research directions for measurement, study design and analytical strategies. Journal of Child Psychology and Psychiatry, 61 (3), 236–250.

Horlich, J., Dehmel, S., Sierau, S., White, L., Klitzing, K. von (2014). Das Maltreatment Classification System (MCS) – Ein Modell zur Kategorisierung von Kindesmisshandlung und -vernachlässigung (Teil 2). Soziale Arbeit, 7, 242–249.

Krieg, Y., Rook, L., Beckmann, L., Kliem, S. (2022). Adolescents in Lower Saxony: Results of the Lower Saxony Survey 2019. Hannover: Criminological Research Institute of Lower Saxony e. V. (KFN).

Sierau, S., Brand T., Manly, J. T., Schlesier-Michel, A., Klein, A. M., Andreas, A., Garzón, L. Q., Keil, J., Binser, M. J., Klitzing, K. von, White, L. O. (2017). A multisource approach to assessing child maltreatment from records, caregivers and children. Child Maltreatment, 22 (1), 45–47.

Statistisches Bundesamt (2019). Gefährdungseinschätzungen nach § 8a Absatz 1 SGB VIII – 2019. https://www.destatis.de/DE/Themen/Gesellschaft-Umwelt/Soziales/Kinderschutz/Publikationen/Downloads-Kinderschutz/gefaehrdungseinschaetzungen-5225123197004.pdf (Zugriff am 11.11.2022).

Statistisches Bundesamt (2021). Gefährdungseinschätzungen nach § 8a Absatz 1 SGB VIII – 2021. https://www.destatis.de/DE/Themen/Gesellschaft-Umwelt/Soziales/Kinderschutz/Publikationen/_publikationen-innen-kj-gefaehrdungschutz.html (Zugriff am 15.04.2023).

Terr, C. (1991). Childhood traumas: An outline and overview. American Journal of Psychiatry, 148, 10–20.

White, L. O., Bracher, A., Weil, A.-S., Schött, M., Klitzing, K. von, Keil, J. (2021). Erfassung von Misshandlung im Kindes- und Jugendalter. Praxis der Kinderpsychologie und Kinderpsychiatrie, 70 (1), 24–39.

Wingenfeld, K., Spitzer, C., Mensebach, C., Grabe, H., Hill, A., Gast, U., Schlosser, N., Höpp, H., Beblo, T., Driessen, M. (2010). Die deutsche Version des Childhood Trauma Questionnaire (CTQ): Erste Befunde zu den psychometrischen Kennwerten. PPmP – Psychotherapie, Psychosomatik, Medizinische Psychologie, 60 (11), 442–450.

Witt, A., Brown, R. C., Plener, P. L., Brähler, E., Fegert, J. M. (2017). Child maltreatment in Germany: Prevalence rates in the general population. Child and Adolescent Psychiatry and Mental Health, 11 (1), 47.

Ziegler, H. (2013). Gewaltstudie 2013: Gewalt- und Missachtungserfahrungen von Kindern und Jugendlichen in Deutschland. https://www.trapez-berlin.de/sites/default/files/Vortrag_Gewaltstudien_2013.pdf (Zugriff am 12.06.2023).

3 Biologische Einbettung von traumatischen Erfahrungen in der Kindheit: Relevanz von früher Intervention zur Verhinderung von Langzeitfolgen

Christine Heim

> »Es ist einfacher, starke Kinder aufzubauen,
> als gebrochene Erwachsene wiederherzustellen.«
> Frederick Douglass (1845)

Das Zitat von Frederick Douglass aus der Mitte des 19. Jahrhunderts findet bemerkenswerte Übereinstimmung mit Erkenntnissen der modernen Neurowissenschaften und der biomedizinischen Forschung, die darauf verweisen, dass die Grundlage für die Gesundheit und Anpassungsfähigkeit über die Lebensspanne bereits früh im Leben gelegt wird. In Zeiten einer gesteigerten Entwicklungsplastizität können ungünstige Erfahrungen lebenslange »Narben« im Gehirn und seinen Regulationssystemen hinterlassen, welche das Individuum anfällig für spätere Belastungen machen und zu einem deutlich erhöhten Risiko für die Entwicklung eines breiten Spektrums von Krankheiten beitragen. Dieses Kapitel fasst wissenschaftliche Erkenntnisse über die biologischen Folgen traumatischer Erfahrungen in der Kindheit zusammen. Hierbei werden neuroendokrine, immunologische, neurostrukturelle und neurofunktionelle Änderungen bei Erwachsenen dargestellt, die in der Kindheit Traumatisierungen erlebt haben. Die biologischen und klinischen Folgen von kindlicher Traumatisierung werden durch genetische Faktoren moduliert. Auf molekularer Ebene werden traumatische Erfahrungen epigenetisch eingebettet, was zu einer veränderten Genregulation führt. Frühe traumatische Erfahrungen wirken sich weiterhin auf die Zellalterung aus. Solche Änderungen können bereits bei Kindern nach traumatischen Erfahrungen beobachtet werden. Sie können sogar in die nächste Generation übertragen werden und das Krankheitsrisiko der Nachfahren beeinflussen. Wenn wir die Prozesse der unmittelbaren biologischen Einbettung des Traumas und deren Übertragung genau verstehen, dann können wir möglicherweise innovative Interventionen entwickeln, die gezielt an den beteiligten Mechanismen ansetzen und den Einbettungsprozessen entgegenwirken und diese verhindern oder umkehren. Bislang gibt es keine mechanismenbezogenen Interventionen für traumatisierte Kinder und keine Biomarker, die das individuelle Risiko abbilden. Ebenfalls nicht hinreichend bekannt ist, inwieweit etablierte Akutinterventionen oder Therapien die biologische Einbettung von traumatischen Erfahrungen verhindern oder umkehren können.

In diesem Buch wird die großflächige Implementierung von Ambulanzen für traumatisierte Kinder und Jugendliche in Deutschland erörtert. Auf der Basis der wissenschaftlichen Erkenntnisse ist es unabdingbar, Kinder mit traumatischen Erfahrungen so frühzeitig wie möglich zu erkennen und zielgerichtet zu behandeln. Dieselbe Entwicklungsplastizität, die die lebenslangen krankheitsfördernden Auswirkungen von früher Traumatisierung ermöglicht, bietet die große Chance, früh im Leben gezielt einzugreifen, um die Entstehung von Krankheit zu verhindern und positive Entwicklungsverläufe sowie Resilienz von Kindern langfristig zu stärken und damit die lebenslange Gesundheit zu fördern. Im späteren Leben, wenn diese Entwicklungsplastizität verloren wurde und die biologischen Änderungen bereits eingebettet sind, sind Interventionen möglicherweise weniger wirksam als im frühen Leben. Das Wissen aus der Grundlagenforschung muss in innovative Strategien zur Intervention und Prävention umgesetzt werden. Eine solche Translation kann erhebliche Auswirkungen sowohl auf die klinische Praxis wie auch auf das Gesundheitssystem haben und eine neuartige Präzisionsmedizin in der Kinder- und Jugendpsychiatrie und in der allgemeinen Kinderheilkunde ermöglichen. Eine solche Präzisionsmedizin ist notwendig, um das erhebliche und oft lebenslange Leid von Kindern mit traumatischen Erfahrungen zu reduzieren.

3.1 Traumatische Erfahrungen in der Kindheit und Krankheitsrisiko über die Lebensspanne

Eine unannehmbar hohe Zahl von Kindern in unserer Gesellschaft erlebt während des Aufwachsens traumatische Ereignisse. Die frühkindliche Traumatisierung umfasst verschiedene Formen von schwerwiegenden Stressoren in der Kindheit, darunter Misshandlung, Missbrauch, Gewalt, Vernachlässigung, Trennung oder Verlust eines Elternteils und andere Formen von Belastungen. Es wird geschätzt, dass zwei von zehn Mädchen und Jungen in ihrer Kindheit misshandelt werden (Wildeman et al., 2014). Wenn andere Formen von kindlichem Trauma berücksichtigt werden, steigt diese Zahl auf fast jedes zweite Kind. In einer retrospektiven bevölkerungsbasierten Studie in Deutschland berichtete etwa ein Drittel der erwachsenen Befragten über eine Form von Kindesmisshandlung (Häuser, Schmutzer, Brähler u. Glaesmer, 2011). Diese Prävalenz deckt sich mit Schätzungen zur Prävalenz von Kindesmisshandlung in den Vereinigten Staaten (z. B. Briere u. Elliott, 2003; Edwards, Holden, Felitti u. Anda, 2003). Ein erheblicher Anteil der Kinder ist Opfer von mehr als einer Form von Misshandlung und anderen Traumatisierungen.

Umfangreiche Befunde aus epidemiologischen und klinischen Studien zeigen, dass eine frühe Traumatisierung nicht nur das Risiko für psychiatrische Störungen, einschließlich der Depression, Angststörungen sowie Substanzmissbrauch und Suizid, drastisch erhöht, sondern ebenfalls das lebenslange Risiko für chronische körperliche Erkrankungen wie Herz-Kreislauf-Erkrankungen, Fettleibigkeit, Diabetes, Lungenkrebs, chronische Schmerzen, Kopfschmerzen und immunbezogene Erkrankungen massiv steigert und insgesamt zu einer verminderten Lebenserwartung beiträgt (z. B. Felitti et al., 1998; Norman, Byambaa, De, Butchart, Scott u. Vos, 2012; Shonkoff u. Garner, 2012). Es bestehen enge Dosis-Wirkungs-Beziehungen zwischen dem Schweregrad der frühen Traumatisierung und dem Risiko für das Auftreten späterer Erkrankungen. Dieses Risiko ist unspezifisch und für verschiedene Formen der Misshandlung oder Traumatisierung wie auch für verschiedene Erkrankungen nachweisbar, vielmehr ist der frühe Zeitpunkt sowie die Kumulation der stressreichen Erfahrung ausschlaggebend für das spätere Erkrankungsrisiko. Häufig treten nach früher Traumatisierung verschiedene Erkrankungen des Spektrums in Komorbidität auf. Die Erkrankungen manifestieren oder verschlimmern sich häufig in Reaktion auf akuten Stress, wobei Personen, die bereits im frühen Leben eine Traumatisierung erfahren haben, eine niedrigere Schwelle für die Entwicklung von Symptomen im Zusammenhang mit akuten Stressoren im Erwachsenenalter aufweisen (Hammen, Henry u. Daley, 2000). Dies deutet darauf hin, dass frühe Stresserfahrungen eine Kerndysfunktion bewirken, welche auf der Ebene der Stressregulationssysteme verankert ist und zur Pathophysiologie der verschiedenen Störungen in Reaktion auf weitere Belastungen beiträgt.

In der Tat werden das sich entwickelnde Gehirn und seine Anpassungssysteme durch Erfahrungen geformt. Stressoren, die während sensibler Phasen der Hirnentwicklung auftreten, können zu tiefgreifenden und lang anhaltenden Veränderungen in Hirnschaltkreisen führen, die für die Regulation von Emotionen und für die Vermittlung von Stressreaktionen verantwortlich sind. Solche Schaltkreisänderungen können zu Fehlanpassung und mangelnder Kompensationsfähigkeit bei weiterem Stress führen und zu Änderungen in endokrinen, autonomen, immunologischen sowie kognitiven, emotionalen und Verhaltensreaktionen beitragen. Das Zusammenwirken dieser Änderungen kann plausibel zu einem lebenslangen erhöhten Risiko beitragen, eine Vielzahl von Krankheiten zu entwickeln (z. B. Anacker, O'Donnell u. Meaney, 2014; Lupien, McEwen, Gunnar u. Heim, 2009; Nemeroff, 2016; siehe Abbildung 3.1). Wie bereits erwähnt wird die Manifestation von Symptomen oder Krankheiten nach früher Traumatisierung durch Allelvariationen in stressregulierenden Genen moderiert. Solche Gen-Umwelt-Interaktionen werden durch eine allel- und umweltbedingte epigenetische Programmierung der Genexpression vermittelt (Halldorsdottir u. Binder, 2017; Provençal u. Binder, 2015).

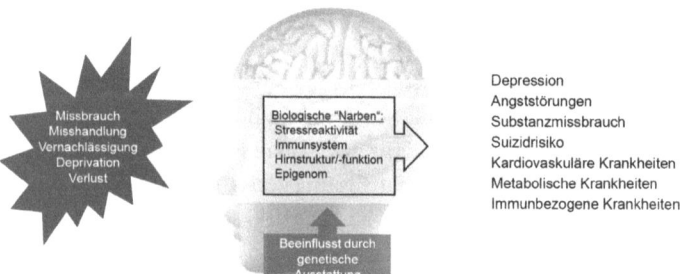

Abbildung 3.1: Stress in der frühen Lebensphase, biologische Folgen und Krankheitsrisiko (adaptiert aus Heim et al., 2020)

Diese tiefgreifenden Auswirkungen von frühen traumatischen Erfahrungen auf das lebenslange Krankheitsrisiko stellen eines der wichtigsten öffentlichen Gesundheitsprobleme unserer Zeit dar. Tatsächlich schätzen die *Centers for Disease Control and Prevention* die wirtschaftliche Gesamtbelastung allein für Kindesmisshandlung in den USA auf 124 Milliarden US Dollar pro Jahr (Fang, Brown, Florence u. Mercy, 2012). Diese Gesamtbelastung übertrifft die kombinierten wirtschaftlichen Kosten aller anderen wichtigen pädiatrischen Gesundheitsprobleme, einschließlich Autismus, Asthma, Krebserkrankungen bei Kindern, Exposition gegenüber Umweltgiften und Fettleibigkeit, zusammen. Jüngere Erkenntnisse deuten darauf hin, dass durch frühe Stressbelastung verursachte Risiken in die nächste Generation übertragen werden können, wodurch sich die Zahl der betroffenen Personen und die Belastung der öffentlichen Gesundheit vervielfachen (Buss et al., 2017). Ein genaues Verständnis der Mechanismen der entwicklungsbedingten Programmierung des Krankheitsrisikos durch frühe Traumatisierung und deren Übertragung sowie die Entwicklung neuer Strategien zur Linderung dieses Risikos sind eine entscheidende Herausforderung für die aktuelle Forschung. Die Implementierung von Traumaambulanzen zur frühzeitigen Detektion und evidenzbasierten Behandlung von betroffenen Kindern und Jugendlichen ist eine unabdingbare klinische und gesundheitspolitische Notwendigkeit. Die Arbeit der Traumaambulanzen sollte wissenschaftlich begleitet und die Wirksamkeit der frühen Interventionen klinisch wie auch psychobiologisch evaluiert werden.

3.2 Entwicklungsplastizität, sensible Phasen und Stressreaktionssysteme

Die genauen Mechanismen, die die schädlichen und anhaltenden Auswirkungen von kindlicher Traumatisierung auf die langfristige Gesundheit und Anpassungsfähigkeit vermitteln, sind seit Jahrzehnten Gegenstand intensiver Untersuchungen. Fortschritte in den Neurowissenschaften haben überzeugende Einblicke in die enorme Plastizität des sich entwickelnden Gehirns in Abhängigkeit von Erfahrungen geliefert. Bestimmte Erfahrungen sind sogar notwendig, damit sich die entsprechende Hirnregion normativ entwickelt. Insbesondere wurde das Konzept der erfahrungsgesteuerten Plastizität für sensorische Systeme untersucht: So sind beispielsweise visuelle Sinneseindrücke in den ersten Lebenswochen kritisch notwendig, damit sich der visuelle Kortex und die visuelle Funktion normentsprechend entwickeln. Im Tiermodell wurde untersucht, inwieweit ein Ausbleiben dieser »erwarteten« Erfahrungen die Entwicklung derjenigen Hirnregionen stört, die an der Verarbeitung der Sinnesreize beteiligt sind. Störende oder ausbleibende Erfahrungen während dieser kritischen Phasen der Plastizität, wie visuelle Deprivation, führen zu lebenslangen und irreversiblen Schäden im visuellen Kortex (Hubel u. Wiesel, 1963). Nachdem das Zeitfenster der Plastizität geschlossen ist, lassen sich die Änderungen durch experimentelle Interventionen nicht mehr rückgängig machen (Hofer, Mrsic-Flogel, Bonhoeffer u. Hübener, 2009). Sensible Phasen treten in einer hierarchischen Abfolge von einfacheren bis hin zu komplexen Funktionen auf. Sensible Phasen wurden demnach für verschiedene sensorische Systeme, für die Sprachentwicklung und für die kognitive Entwicklung nachgewiesen (Weiss u. Wagner, 1998). Die gesteigerte erfahrungsgesteuerte Plastizität im frühen Leben erfüllt eine evolutionäre Bedeutung. Sie ermöglicht eine optimale Anpassung des sich entwickelnden Gehirns an die tatsächliche Umgebung und steigert die Effizienz der Schaltkreise.

Auf der Basis dieser Prinzipien stellt sich die Frage, ob das Konzept der sensiblen Phasen auch für frühe Stresserfahrungen gilt. Möglicherweise ist eine sichere frühe Lebensphase mit optimaler Bindung an die Bezugsperson und regulierenden Einflüssen auf Stress und Emotionen geradezu notwendig, damit sich Schaltkreise zur Emotionsregulation und Stressbewältigung optimal entwickeln. Hingegen könnten stark toxische Stressoren wie Misshandlung und Vernachlässigung, welche nicht bewältigbar sind, in solchen hochplastischen Phasen der Hirnentwicklung dazu führen, dass sich frühe traumatische Erfahrungen dauerhaft auf die Entwicklung genau derjenigen Hirnregionen auswirken, die an der Regulation von Emotionen und Stressreaktionen beteiligt sind (Lupien et al., 2009). Dauerhafte Auswirkungen von frühen Stresserfahrungen auf das Gehirn und seine peripheren regulierenden Systeme, das heißt das autonome, endokrine und Immunsystem, können dann zur Entwicklung eines anfälligen Phänotyps mit erhöhter Stressempfindlichkeit und einem gesteigerten Risiko für eine Reihe von psychischen und somatischen Störungen führen. Studien in Tiermodellen haben den kausalen Nachweis erbracht, dass Stress in den ersten Lebenstagen, wie mütterliche Trennung oder eine geringe mütterliche Fürsorge, zu strukturellen und funktionellen Änderungen in Hirnregionen führt, die an neuroendokriner und autonomer Regulation, Wachsamkeit, emotionaler Regulation und Angstkonditionierung beteiligt sind und zu gesteigerten Reaktionen auf nachfolgenden Stress beitragen (vgl. z. B. Heim u. Nemeroff, 2001). Diese Ergebnisse lassen sich auf den Menschen übertragen (siehe im Folgenden). Inwieweit beim Menschen diskrete sensible Phasen für die Folgen von kindlicher Traumatisierung vorliegen, ist bislang nicht hinreichend bekannt und bedarf einer systematischen Untersuchung (Schaefer, Cheng u. Dunn, 2022).

Es ist wichtig zu beachten, dass sich das Konzept der frühen Programmierung während sensibler Perioden der Entwicklungsplastizität von der Annahme eines Aufbaus kumulativer Stressauswirkungen über die Lebensspanne unterscheidet (McEwen u. Seeman, 1999). Man könnte argumentieren, dass Personen, die bereits früh im Leben traumatisiert wurden, mit zunehmendem Alter eine größere Gesamtstressbelastung akkumulieren, was zu einer erhöhten Krankheitslast führt. Das Konzept der Entwicklungsprogrammierung geht im Gegensatz dazu davon aus, dass eine Anfälligkeit schon früh im Leben stabil angelegt wird, in Zeiten, in denen das Gehirn und die physiologischen Systeme formbar sind, und dass diese Anfälligkeit bis ins Erwachsenenalter anhält und die Reaktionsfähigkeit auf die Umwelt dauerhaft über genetische Faktoren hinaus verschiebt. Während einige der Anpassungen an frühe Traumatisierungen in der Tat schützend wirken können, insbesondere während des Heranwachsens des Kindes, können diese Veränderungen die Grundlage für Fehlanpassungen und Krankheiten im späteren Leben bilden (Heim, Entringer u. Buss, 2019).

Besonders relevant sind diese Überlegungen für die Implementierung von Traumaambulanzen für Kinder und Jugendliche: Es kann davon ausgegangen werden, dass sensible Phasen ein »Fenster der Möglichkeit« eröffnen, um durch frühe Interventionen besonders effektive und langfristige heilende Effekte zu erzielen. Solche frühen Interventionen eignen sich möglicherweise, um die biologische Einbettung des Traumas zu verhindern oder umzukehren.

3.3 Biologische Folgen kindlicher Traumatisierung bei Erwachsenen

Erste Studien untersuchten die neurobiologischen Folgen kindlicher Traumatisierung bei erwachsenen Patientinnen und Patienten, die unter einer depressiven Erkrankung litten. Durch eine Stratifizierung der Gruppen in Abhängigkeit des Vorliegens kindlicher Missbrauchserfahrungen konnten die Folgen der frühen traumatischen Erfahrung von den biologischen Korrelaten der Erkrankung getrennt werden (Heim, Mletzko, Purselle, Musselman u. Nemeroff, 2008). Dieses Design hat sich als besonders wertvoll erwiesen insofern, als – neben Folgen einer frühen Traumatisierung – auch neurobiologisch unterscheidbare Gruppen depressiver Personen in Abhängigkeit des Vorliegens einer frühen Traumatisierung identifiziert werden können.

In diesen Studien wurden zunächst Änderungen des neuroendokrinen Stressreaktionssystems untersucht, welches hier kurz eingeführt werden soll: Corticotropin-Releasinghormon(CRH)-Neuronen im paraventrikulären Kern des Hypothalamus bilden die zentrale Komponente der Hypothalamus-Hypophysen-Nebennieren-Achse, die das wichtigste neuroendokrine Stressreaktionssystem darstellt. Bei Stressbelastung wird CRH aus den Nervenendigungen der medianen Eminenz in das Pfortadersystem ausgeschüttet und zum Hypophysenvorderlappen transportiert, wo es an CRH-Rezeptoren auf kortikotropen Zellen bindet und die Produktion und Freisetzung von adrenocorticotropem Hormon (ACTH) in die Blutbahn stimuliert. Das ACTH wiederum stimuliert die Synthese und Sekretion von Glucocorticoiden aus der Nebennierenrinde. Zirkulierende Glucocorticoide üben eine breite Palette von stoffwechsel- und immunmodulierenden Wirkungen aus, die für die Anpassung an Stress überlebensnotwendig sind. Glucocorticoide (Cortisol beim Menschen) hemmen weiterhin die eigene Freisetzung im Sinne einer »Stressbremse« über negative Rückkopplung auf Ebene der Hypophyse, des

Hypothalamus und des Hippocampus. Die negative Rückkopplung wird über Anbindung an spezifische Rezeptoren für Glucocorticoide vermittelt. Die intakte Funktion dieser Rezeptoren ist daher zentral für die Stressregulation. Obwohl die Ausschüttung von Glucocorticoiden für die Anpassung eines Organismus an Stress von entscheidender Bedeutung ist, kann eine längere oder übermäßige Ausschüttung toxisch wirken und das Gehirn, insbesondere den Hippocampus und den Frontalkortex, schädigen (siehe z. B. McEwen, 1999; Lupien et al., 2009). Diese Hirnregionen sind zentral für die Kontrolle der Stressreaktionen, sodass eine Schädigung dieser Regionen zu einer Enthemmung des zentralen CRH-Systems und übermäßigen Stressreaktionen beitragen kann. Es ist gut belegt, dass das CRH neben seiner Rolle als hypothalamisches Hormon auch als Neurotransmitter in weiten Teilen des Gehirns wirkt und über extrahypothalamische Schaltkreise, die den Hypothalamus mit der Amygdala und Hirnstammkernen verbinden, sowohl autonome Reaktionen wie auch Verhaltensreaktionen auf Stress koordiniert. Wenn CRH direkt in das Gehirn von Labortieren verabreicht wird, führt dies zu Verhaltensänderungen, die Merkmalen von Stress, Depression und Angst entsprechen. Hierzu gehören eine erhöhte periphere Katecholaminausschüttung, eine erhöhte Herzfrequenz und ein erhöhter arterieller Druck, Veränderungen der Magen-Darm-Aktivität, ein vermindertes

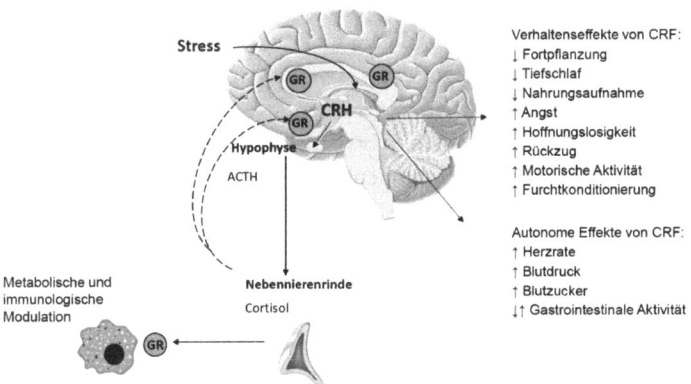

Abbildung 3.2: Neurobiologische Stressreaktionssysteme (adaptiert aus Heim u. Nemeroff, 1999; Raabe u. Spengler, 2013)

Fortpflanzungsverhalten, ein verminderter Appetit, Unterbrechung des Schlafs, erhöhte motorische Unruhe, Potenzierung von Schreckreaktionen und eine erleichterte Angstkonditionierung (Owens u. Nemeroff, 1991; siehe Abbildung 3.2, adaptiert aus Heim u. Nemeroff, 1999; Raabe u. Spengler, 2013). Wenn frühe Stresserfahrungen dieses System dahingehend »programmieren«, dass es langanhaltend überaktiv ist und auf nachfolgende Belastungen besonders sensibel reagiert, könnte diese Programmierung ein erhöhtes Risiko für die Depression, Angststörungen und Sucht sowie für verschiedene körperliche Erkrankungen, wie kardiovaskuläre, immunbezogene und metabolische Erkrankungen, plausibel erklären.

In einer wegweisenden Studie wurden Frauen mit und ohne Depression, die sexuellen Missbrauch oder körperliche Misshandlung in der Kindheit erfahren hatten, sowie depressive Frauen ohne Missbrauchs- oder Misshandlungserfahrung einem psychosozialen Laborstresstest ausgesetzt (Heim et al., 2000). Dieser Test, der »Trier Soziale Stress Test«, besteht aus einer freien Rede und einer Rechenaufgabe vor einem Publikum. Der Test induziert in zuverlässiger Weise physiologisch messbare Stressreaktionen (Kirschbaum, Pirke u. Hellhammer, 1993). In dieser Studie konnten deutlich erhöhte ACTH- und Cortisolreaktionen sowie gesteigerte Herzratenreaktionen bei Frauen mit einer kindlichen Missbrauchs- oder Misshandlungserfahrung im Vergleich zu gesunden Frauen ohne solche Erfahrungen gemessen werden. Dieser Effekt war bei den Frauen mit Missbrauchs- oder Misshandlungserfahrung, die an einer aktuellen Depression litten, am stärksten ausgeprägt. Depressive Frauen ohne kindliche Traumatisierung zeigten normentsprechende Stressreaktionen, was auf biologisch unterscheidbare Subtypen der Depression in Abhängigkeit des frühen Traumas hindeutet (Heim et al., 2000). Eine Überempfindlichkeit gegenüber Stress wurde auch für Jugendliche berichtet, die von Misshandlung betroffen waren (Rao, Hammen, Ortiz, Chen u. Poland, 2008).

In der Folge konnte unsere Arbeitsgruppe weitere Veränderungen auf Ebene der Stressregulation nachweisen. Unter Verwendung eines pharmakologischen Provokationstests konnten wir zeigen, dass die Stresshormonachse nach kindlicher Traumatisierung »enthemmt« ist: Nach Gabe von Dexamethason, einem synthetischen Glucocorticoid, welches die Aktivität der Stresshormonachse zunächst aufgrund der negativen Rückkopplung unterdrückt, wird nachfolgend CRH injiziert, um Stress zu simulieren. Bei gesunden Personen bleibt die Achse in Hemmung, bei depressiven Personen und deren Angehörigen kommt es zu einem Ausbruch aus der Hemmung. Daher gilt dieser Test als sensitiver Marker für Depressionsrisiko (Schmider et al., 1995). Wir konnten zeigen, dass ein Ausbruch aus der Hemmung insbesondere bei Männern mit kindlicher Traumatisierung auftrat, die aktuell unter einer Depression litten (Heim, Mletzko et al., 2008). Männer mit depressiver Erkrankung, die kein Kindheitstrauma erlitten hatten, zeigten hingegen wieder eine normgerechte Hemmung der Achse. Der Grad der Enthemmung der Stresshormonachse war deutlich mit dem Schweregrad der kindlichen Misshandlung assoziiert. Dieser Befund zeigt, dass nach früher Traumatisierung eine sogenannte relative Glucocorticoidresistenz vorliegt. Dies bedeutet, dass Rezeptoren, die negative Rückkopplung der Achse im Gehirn vermitteln und die für die Effekte von Glucocorticoiden in Zielzellen verantwortlich sind, durch eine kindliche Traumatisierung dysfunktional werden. Die regulierenden Effekte von Glucocorticoiden sind abgeschwächt.

Die Resistenz der Rezeptoren für Glucocorticoide in Gehirn und Körper kann weitreichende Folgen in verschiedenen anderen Systemen bedingen, die durch Stress aktiviert und durch Glucocorticoide reguliert werden: Eine Aktivierung von Glucocorticoidrezeptoren in Immunzellen bewirkt eine Hemmung von Entzündungsreaktionen bei akutem Stress. Eine erhöhte noradrenerge Stressreaktivität bei gleichzeitiger Resistenz der Glucocorticoidrezeptoren kann durch die Induktion von Nuclear Factor kappa B (NF-kB) zu einer gesteigerten Produktion von Entzündungsfaktoren beitragen (Bierhaus et al., 2003). Erwachsene mit kindlichen Missbrauchs- oder Misshandlungserfahrungen zeigen tatsächlich erhöhte Entzündungsreaktionen auf sozialen Stress (Pace et al., 2006). Eine gesteigerte systemische Inflammation, wie beispielsweise klinisch erhöhte Konzentrationen des Aktivphasenproteins C-Reaktives Protein (CRP), ist das am häufigsten replizierte Korrelat von frühen Stresserfahrungen beim Menschen und wurde in einer großen Metaanalyse, die mehr als 16.000 Individuen einschloss, bestätigt (Baumeister, Akhtar, Ciufolini, Pariante u. Mondelli, 2016; Danese, Pariante, Caspi, Taylor u. Poulton, 2007). Die systemische Inflammation ist wiederum bei denjenigen Personen mit frühen traumatischen Erfahrungen besonders ausgeprägt, die unter einer Depression leiden (Danese et al., 2008). Darüber hinaus wurden nach frühen Traumatisierungen Stoffwechselstörungen und eine schnellere Ablagerung von Körperfett in der Adoleszenz gemessen (Danese u. McEwen, 2012; Noll, Zeller, Trickett u. Putnam, 2007).

Auf zentralnervöser Ebene ist die relative Glucocorticoidresistenz mit einer Enthemmung der CRH-Schaltkreise und damit mit einer Potenzierung der neuroendokrinen, autonomen und verhaltensbezogenen Stressreaktionen vereinbar. Dementsprechend konnten wir im Liquor von erwachsenen Frauen mit kindlichen Misshandlungserfahrungen deutlich erhöhte CRH-Konzentrationen messen (Heim, Mletzko et al., 2008). Hingegen waren die Konzentrationen des prosozialen und stresspuffernden Neuropeptids Oxytocin im Liquor von Frauen mit Misshandlungserfahrungen vermindert (Heim et al., 2009). Es scheint also nach früher Traumatisierung zu einer Sensibilisierung stressvermittelnder Systeme und zu einer Abschwächung stressmildernder Neuropeptidsysteme zu kommen. Diese Veränderungen liegen plausibel einer erhöhten Stressanfälligkeit und Krankheitsanfälligkeit zugrunde.

Studien unter Verwendung von bildgebenden Verfahren zeigen außerdem zahlreiche strukturelle und funktionelle Änderungen im Gehirn von Personen mit früher Traumatisierung (siehe Abbildung 3.3). Beispielsweise berichten Mackes et al. (2020) bei Erwachsenen, die in ihrer Kindheit in rumänischen Waisenhäusern massive Entbehrungen erleben mussten, über ein geringeres totales Hirnvolumen. Andere Studien verweisen auf Veränderungen in Hirnregionen, welche für die Verarbeitung und Regulierung von Stressreaktionen und Emotionen bedeutsam sind (vgl. z. B. Lupien et al., 2009; Teicher, Samson, Anderson u. Ohashi, 2016). Aufgrund der erfahrungsgesteuerten Neuroplastizität im frühen Leben können traumatische Erfahrungen die Entwicklung dieser Gehirnregionen maßgeblich beeinflussen. Darüber hinaus können übermäßige Konzentrationen von Cortisol oder entzündlichen Zytokinen, die infolge von frühen Stresserfahrungen auftreten (siehe oben), während der Hirnentwicklung und über die gesamte Lebensspanne hinweg neurotoxische Wirkungen auf diejenigen Strukturen ausüben, die für diese Botenstoffe sensibel sind. Insbesondere der Hippocampus ist Gegenstand intensiver Untersuchungen im Zusammenhang mit früher Traumatisierung. Der Hippocampus übt eine hemmende Wirkung auf hypothalamische CRH-Neuronen aus und spielt eine entscheidende Rolle bei der Angstkonditionierung. Darüber hinaus ist er eine der plastischsten Regionen im Gehirn, in der während des gesamten Lebens ein hohes Maß an synaptischer Plastizität und Neurogenese zu beobachten ist. Der Hippocampus weist eine hohe Dichte an Bindungsstellen für Glucocorticoide auf. Chronisch erhöhte Glucocorticoide bewirken eine Rückbildung von Synapsen und Dendriten, verkleinerte Zellkörper und eine verminderte Neurogenese im Hippocampus. Studien an Erwachsenen haben wiederholt verkleinerte Volumina des Hippocampus bei Menschen nach früher Traumatisierung gemessen (Frodl, Reinhold, Koutsouleris, Reiser u. Meisenzahl, 2010; Stein, Koverola, Hanna, Torchia u. McClarty, 1997; Vythilingam et al., 2002). Mit hochauflösenden bildgebenden Verfahren konnten Teicher, Anderson und Polcari (2012) zeigen, dass Misshandlung in der Kindheit insbesondere mit einer Volumenreduktion in der CA3-Region, dem Gyrus dentatus und dem linken Subiculum verbunden war, also in denjenigen Bereichen des Hippocampus, die empfindlich für Stress und Glucocorticoide sind. Ein geschädigter Hippocampus kann zu gesteigerten neuroendokrinen Stressreaktionen beitragen, die wiederum den Hippocampus weiter schädigen, sodass ein Teufelskreis entsteht.

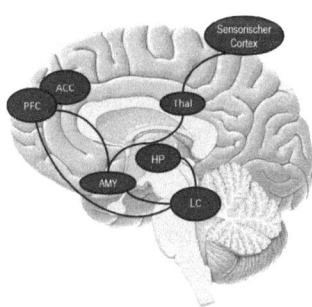

Änderungen bei Erwachsenen nach Kindheitstrauma:

- Verkleinerter Hippocampus
- Vergrößerte Amygdala und gesteigerte Reaktivität
- Kortikale Verdünnung oder Volumenverlust
  - Emotionsregulation
  - Sensorische Verarbeitung
- Veränderte frontal-limbische Konnektivität

→ Diese Änderungen konvergieren in Stress- und Krankheitsanfälligkeit

Abbildung 3.3: Neurostrukturelle und neurofunktionelle Korrelate früher traumatischer Lebenserfahrungen

Andere bildgebende Studien deuten auf strukturelle oder funktionelle Veränderungen in kortikolimbischen Schaltkreisen als Folge von früher Traumatisierung hin. Der präfrontale Kortex (PFC) vermittelt exekutive Funktionen, reguliert zielgerichtetes Verhalten und ist an der Hemmung von Impulsen und der Emotionsregulation beteiligt. Insbesondere der mediale PFC ist über Verbindungen mit dem cingulären Kortex und der Amygdala für die Emotionsregulation von Bedeutung. Ein vermindertes Volumen der PFC-Areale, einschließlich des medialen PFC und des anterioren cingulären Kortex, ist ein übereinstimmender Befund bei Erwachsenen, welche traumatische Erfahrungen in ihrer Kindheit erlebt haben (z. B. Tomoda et al., 2009; Treadway et al., 2009; van Harmelen et al., 2010). Darüber hinaus wurden frühe traumatische Lebenserfahrungen mit strukturellen und funktionellen Veränderungen der Amygdala im Erwachsenenalter in Verbindung gebracht. Die Amygdala spielt eine entscheidende Rolle bei der Bewertung potenziell bedrohlicher Informationen, der Angstkonditionierung, der emotionalen Verarbeitung und der Erinnerung an emotionale Ereignisse. Längere institutionelle Erziehung, die durch schwere Deprivation gekennzeichnet ist, wurde mit einem größeren Amygdala-Volumen in Verbindung gebracht (Tottenham et al., 2010). Funktionelle Neuroimaging-Studien deuten darauf hin, dass eine frühe Traumatisierung eine anhaltend gesteigerte Reaktivität der Amygdala auf die Darbietung emotional bedrohlicher Reize bewirkt (Dannlowski et al., 2012; Grant, Cannistraci, Hollon, Gore u. Shelton, 2011; Grant et al., 2014; Tottenham et al., 2011). Der PFC übt über indirekte Projektionen hemmende und die Amygdala stimulierende Wirkungen auf hypothalamische CRH-Neuronen aus (Ulrich-Lai u. Herman, 2009) und daher scheint die Konstellation der neuronalen Veränderungen eine Sensibilisierung der Stressreaktionen zu fördern. Darüber hinaus wurde nach früher Traumatisierung über eine verringerte strukturelle und funktionelle Konnektivität zwischen dem medialen PFC und der Amygdala berichtet, die in einer prospektiven Studie durch den Cortisolspiegel im Alter von viereinhalb Jahren vorhergesagt wurde (Burghy et al., 2012). Diese Befunde spiegeln möglicherweise einen Verlust der »Top-down«-Kontrolle von emotionalen Reaktionen, Angstlernen und Stressreaktionen wider, was zu einem erhöhten Krankheitsrisiko führen kann.

Während viele der Änderungen in Stressschaltkreisen und Regulationssystemen unspezifischer Natur sind und für verschiedene Formen der frühen Traumatisierung berichtet wurden, verweisen mehrere Studien auf hochspezifische Änderungen in sensorischen Repräsentationsfeldern und kortikalen Assoziationsfeldern, die die Wahrnehmung und Verarbeitung der spezifischen Merkmale der Misshandlungsform reflektieren. Mithilfe einer Analyse der Dicke des gesamten kortikalen Mantels bei erwachsenen Frauen beobachteten wir eine ausgeprägte kortikale Verdünnung in der Region des genitalen Repräsentationsfeldes im somatosensorischen Kortex, welche spezifisch nach sexuellem Missbrauch in der Kindheit auftrat. Emotionale Misshandlung hingegen war mit einer kortikalen Verdünnung des Precuneus assoziiert, einer Region, die für die Selbstwahrnehmung und Selbsteinschätzung relevant ist (Heim, Mayberg, Mletzko, Nemeroff u. Pruessner, 2013). Diese Ergebnisse deuten auf eine erfahrungsabhängige Plastizität in Hirnregionen hin, die an der Wahrnehmung und Verarbeitung der Misshandlung beteiligt sind. Diese spezifische kortikale Ausdünnung könnte eine schützende Reaktion des sich entwickelnden Gehirns darstellen, die das Kind vor der Missbrauchserfahrung »abschirmt«. Im späteren Leben können diese neuroplastischen Veränderungen ein direktes biologisches Substrat für Verhaltensstörungen, wie z. B. sexuelle Dysfunktion, darstellen. Für andere sensorische Modalitäten wurden ähnliche Befunde berichtet. So wurde eine Verdünnung des visuellen Kortex nach dem Beobachten häuslicher Gewalt beobachtet (vgl. Teicher et al., 2016).

In der Zusammenschau kann festgestellt werden, dass traumatische Erfahrungen in der Kindheit zu anhaltenden Änderungen in neuralen Schaltkreisen führen, die an der Vermittlung von Emotionen und Stressreaktionen beteiligt sind. Diese Schaltkreisänderungen führen zu einer Fehlanpassung an nachfolgende Stressoren und Änderungen in physiologischen Anpassungssystemen sowie in Verhaltensreaktionen, die gemeinsam zu den Phänotypen klinischer Störungen beitragen. Viele der Folgen kindlicher Traumatisierung überlappen sich mit den klassischen biologischen Merkmalen der Depression, wie sie in der Literatur beschrieben werden. Bemerkenswert ist, dass die Veränderungen bei depressiven Personen mit kindlicher Traumatisierung auftraten, aber nicht bei depressiven Personen ohne solche Erfahrungen (z. B. Danese et al., 2008; Grant et al., 2014; Heim et al., 2000; Heim, Newport, Mletzko, Miller u. Nemeroff, 2008; Vythilingam et al., 2002). Diese Konstellation lässt vermuten, dass die biologischen Änderungen in der Tat Folgen einer frühen Traumatisierung sind und das Risiko widerspiegeln, in Reaktion auf Stress eine Depression zu entwickeln. Hingegen scheint die Depression, die nicht in Zusammenhang mit einer frühen Traumatisierung auftritt, eine andere Pathophysiologie aufzuweisen, die nicht mit Veränderungen in Stressregulationssystemen einherzugehen scheint (Heim, Plotsky u. Nemeroff, 2004). Solche biologischen Subtypen von Krankheiten innerhalb derselben Diagnosekategorie können auch auf unterschiedliche Behandlungen ansprechen. In der Tat konnten wir zeigen, dass Personen mit chronischer Depression in Abhängigkeit des Vorliegens einer kindlichen Traumatisierung unterschiedlich gut auf verschiedene Behandlungsarten ansprachen. Personen, die im Zusammenhang mit einer frühen Traumatisierung eine chronische Depression entwickelt hatten, zeigten besonders gute Remissionsraten in einer Psychotherapie, wohingegen chronisch depressive Personen ohne frühe Traumatisierung bessere Remissionsraten bei der Behandlung mit einer Kombination von Medikamenten und Psychotherapie zeigten (Nemeroff et al., 2003). Es wird vermutet, dass es umgebungssensitive Formen der Depression und anderer Störungen gibt (sogenannte »*Ecophenotypes*«; Teicher u. Samson, 2013), die auf frühe Traumatisierung und damit verbundene störungsübergreifende Mechanismen zurückführbar sind, welche gezielt behandelt werden könnten.

Diese Befunde werfen die Frage auf, ob es in der menschlichen Kindheit sensible Zeiträume gibt, in denen das Gehirn besonders empfindlich auf traumatische Stresserfahrungen reagiert. Es gibt eine deutliche interindividuelle Variabilität in den psychischen und körperlichen Folgen früher traumatischer Erfahrungen. Eine Hypothese besagt, dass diese Unterschiede zum Teil auf den Zeitpunkt der Misshandlung zurückzuführen sind, insbesondere darauf, ob die Misshandlung in sensiblen Entwicklungsphasen stattfindet, in denen das Gehirn auf bestimmte Arten von Umwelteinflüssen maximal empfindlich reagiert (siehe oben). Schaefer et al. (2022) führten eine Analyse von 118 Studien durch, die über Zusammenhänge des spezifischen Zeitpunkts der Traumatisierung in der Kindheit mit der Ausbildung von neurobiologischen und gesundheitlichen Folgen berichteten. Diese vergleichende Analyse ergab, dass es bislang keine hinreichende Evidenz für konsistente sensible Phasen für die Effekte von Trauma beim Menschen gibt.

In Nagetiermodellen wurden sensible Phasen für die Folgen von mütterlicher Trennung oder natürlich auftretender geringer mütterlicher Fürsorge kausal und experimentell nachgewiesen. An dieser Stelle muss angemerkt werden, dass diese Tiermodelle typischerweise Langzeiteffekte einer verminderten mütterlichen Anwesenheit oder reduzierter Fürsorge in den ersten zwei Lebenswochen untersuchen. In Bezug auf die Reifung des Gehirns entspricht diese Entwicklungsphase der fötalen Lebensphase des Menschen. Es ist gut belegt, dass pränataler Stress beim Menschen tiefgreifende Auswirkungen auf die Gesundheit und die Anpassungsfähigkeit im Erwachsenenalter ausübt, welche unter anderem auf Wirkungen von Stresshormonen auf die fötale Hirnentwicklung während der Schwangerschaft zurückführbar sind (Buss et al., 2012; Entringer, Buss u. Wadhwa, 2015).

3.4 Gen-Umwelt-Interaktionen und epigenetische Einbettung

Interindividuelle Unterschiede in den Folgen einer kindlichen Traumatisierung können durch genetische Faktoren bedingt sein. Menschen unterscheiden sich in ihrer Disposition, inwieweit sie für Umgebungsfaktoren oder Stress empfindlich und damit für modulierende Effekte von Stress oder Trauma auf die Gesundheit empfänglich sind (Belsky, 2016; Belsky u. Hartman, 2014; Ellis, Boyce, Belsky, Bakermans-Kranenburg u. Van IJzendoorn, 2011). In den ersten Studien zu Gen-Umwelt-Interaktionen und den Folgen kindlicher Traumatisierung wurde die Rolle von sogenannten Kandidatengenen untersucht. Hierbei werden Allelvariationen (Polymorphismen) in einzelnen Genen gemessen, die bekanntermaßen an der Stressregulation oder an Prozessen der Neuroplastizität beteiligt sind. Ebenfalls wurden Variationen in Kandidatengenen untersucht, die für bestimmte stressbezogene Erkrankungen relevant sind, wie die Depression. So wurde die Rolle des Serotonintransporter-Gens (5-HTTLPR) in der Moderation der Folgen von kindlicher Traumatisierung eingehend untersucht. Die Träger des kurzen Allels in diesem Gen wiesen ein deutlich erhöhtes Risiko auf, nach belastenden Lebensereignissen, einschließlich Misshandlung in der Kindheit, eine Depression zu entwickeln, wohin Träger der langen Allelvariante geschützt zu sein schienen (Caspi et al., 2003; Karg, Burmeister, Shedden u. Sen, 2011). Obwohl die Befundlage uneinheitlich ist, wird angenommen, dass die genetische Variation im 5-HTTLPR die Verfügbarkeit von Serotonin an Synapsen moduliert (ähnlich zu den Effekten der Antidepressiva) und damit regulierende Effekte auf die Entstehung einer Depression nach Stress ausübt.

Weiterhin wurde gezeigt, dass Polymorphismen in Genen, die Rezeptoren für Glucocorticoide (NR3C1) oder für CRH (CRH-R1) codieren, das Risiko moderieren, nach traumatischen Erfahrungen in der Kindheit eine Depression und andere Störungen zu entwickeln (Bet et al., 2009; Bradley et al., 2008; Heim u. Binder, 2012). Moderierende Einflüsse auf die Folgen kindlicher Traumatisierung wurden ebenfalls für Variationen in Genen berichtet, die für die Regulation der monoaminergen Neurotransmission sowie für neurotrophische Prozesse relevant sind (Heim u. Binder, 2012). Solche Gen-Umwelt-Interaktionen wirken sich auf Ebene der Regulationssysteme aus, wie beispielsweise auf die Reaktivität der Stresshormonachse oder auf die Funktion der Amygdala (siehe Heim u. Binder, 2012).

Besonders intensiv wurde die Rolle des Gens untersucht, welches das FK-Bindungsprotein 51 (FKBP51) codiert. Das FKBP51-Protein ist ein Co-Chaperon des Glucocorticoidrezeptors, welches die Funktion des Rezeptors feinreguliert. Im inaktiven Zustand ist das FKBP51-Protein an den Glucocorticoidrezeptor gebunden. Bei Anbindung des Cortisols kommt es zu einer Abspaltung von FKBP51, was den Glucocorticoidrezeptor aktiviert und die Affinität für den Zellkern erhöht. Der aktivierte Rezeptor bindet nachfolgend an sogenannte Glucocortocoid-Response-Elemente (GRE) in der DNA im Zellkern und induziert dort die Produktion des FKBP51-Proteins, welches wieder an den Glucocorticoidrezeptor anbindet und diesen inaktiviert. Diese Kaskade bildet einen ultrakurzen Rückkopplungskreis, welcher zentral ist für die Regulation und die Termination von Stressreaktionen (Binder et al., 2004). Daher ist das FKBP5-Gen, das das FHBP51 exprimiert, besonders bedeutsam in der Untersuchung der Gen-Umwelt-Interaktionen in den Folgen kindlicher Traumatisierung. Menschen werden mit unterschiedlichen Allelvariationen in einem bestimmten Abschnitt des FKBP5-Gens (rs1360780) geboren. Die Menschen, die die Risikovariante (TT) tragen, exprimieren bei Stress große Mengen an FKBP51. Dadurch wird der Glucocorticoidrezeptor inaktiviert, also resistent. Diese Personen können ihre Stressreaktion weniger gut beenden und zeigen verlängerte endokrine Reaktionen auf einen Laborstressor. Die Träger der protektiven Variante hingegen können die Stressantwort beenden (Ising et al., 2008). Verschiedene Studien haben gezeigt, dass das FKBP5-Gen die Wahrscheinlichkeit moderiert, nach kindlicher Traumatisierung eine posttraumatische Belastungsstörung oder eine Depression zu entwickeln (Binder, 2009; Appel et al., 2011). Außerdem wurde berichtet, dass erwachsene Träger des FKBP5-Risikoallels, die in ihrer Kindheit misshandelt wurden, ein vermindertes Volumen der grauen Substanz aufweisen (Grabe et al., 2016).

Es ist allerdings unwahrscheinlich, dass einzelne Genvarianten das Krankheitsrisiko nach einer kindlichen Traumatisierung erhöhen oder vermindern. Eher ist anzunehmen, dass der Einfluss eines Gens von der Konstellation anderer genetischer Varianten abhängt, die eine Person trägt. Daher hat in den letzten Jahren die Untersuchung von einzelnen Genen an Bedeutung verloren. Nunmehr werden für Studien zu Gen-Umwelt-Interaktionen genetische Risikoprofile für bestimmte Erkrankungen oder andere Endpunkte (wie beispielsweise kognitive Leistung) sowie genomweite Messungen herangezogen (Bogdan et al., 2017; Halldorsdottir u. Binder, 2017). In einer kürzlichen Studie wurde die DNA von 11.407 Kindern aus Großbritannien und den USA verwendet, um die genetische Beeinflussung des Zusammenhangs zwischen aversiven Erfahrungen und psychischen Störungen zu untersuchen. Bei Kindern, die Stresserfahrungen ausgesetzt waren, war das Risiko für psychische Erkrankungen teilweise auf ein bestehendes genetisches Risiko zurückzuführen. Allerdings blieb der Zusammenhang zwischen spezifisch Misshandlung beziehungsweise psychischer Erkrankung eines Elternteils und dem Risiko des Kindes, unter einer psychischen Störung zu leiden, unabhängig vom genetischen Risikoprofil bestehen (Baldwin et al., 2022).

Ein weiterer Bereich in der Molekulargenetik, der in der Stressforschung zunehmend an Bedeutung gewinnt, ist die Epigenetik. Epigenetische Prozesse sind dynamische Prozesse, die die Genaktivität stabil und lang anhaltend beeinflussen können, ohne die Sequenz der DNA zu verändern (Szyf, 2009). Epigenetische Prozesse können in Reaktion auf Umgebungsreize induziert werden. Eine Reihe von Studien an Tieren und Menschen hat gezeigt, dass Stressoren und Traumatisierung im frühen Leben persistierende epigenetische Markierungen im Genom hinterlassen können, die die Genexpression für bestimmte Proteine verändern und somit neurobiologische Folgen bis ins Erwachsenenalter beeinflussen können (McGowan et al., 2009; McGowan et al., 2011; Teh et al., 2014). Von diesen epigenetischen Veränderungen, die infolge von Stress auftreten, ist die DNA-Methylierung am häufigsten untersucht worden. Dabei handelt es sich um die Anbindung von Methylgruppen an die Cytosine in Cytosin-Guanin(CpG)-Dinukleotiden. Diese Methylierung interferiert die Anbindung von Transkriptionsfaktoren an regulatorische Elemente der DNA, was zu einer Unterdrückung der Transkription führt (Murgatroyd, Wu, Bockmühl u. Spengler, 2010). Die Methylierung schaltet ein Gen sozusagen ab, wohingegen eine Demethylierung die Genaktivität verstärkt. Studien in Hirngewebe von Ratten haben gezeigt, dass ein Mangel an mütterlicher Fürsorge im frühen Leben eine erhöhte DNA-Methylierung in der Promotorregion des Glucocorticoidrezeptor-Gens (NR3C1) verursacht. Diese epigenetische Markierung führt zu einer reduzierten Expression der Glucocorticoidrezeptoren und damit zu einer relativen Glucocorticoidresistenz und gesteigerten Stressreaktionen (Weaver et al., 2004). Exakt vergleichbare Befunde wurden in postmortalem Hirngewebe aus dem Hippocampus von Suizidopfern festgestellt: Diejenigen Suizidopfer, für die in ihren medizinischen Akten eine Kindesmisshandlung bekannt war, zeigten eine Methylierung der Promotorregion im NR3C1-Gen, welche mit einer verringerten Genexpression des Rezeptors assoziiert war (McGowan et al., 2009). Nachfolgende genomweite Untersuchungen zeigten epigenetische Änderungen als

Korrelat der Kindesmisshandlung in 362 Genen, die hauptsächlich stressregulatorische und neuroplastische Prozesse vermitteln (Labonté et al., 2012).

In einer bahnbrechenden Studie wurde untersucht, inwieweit Gen-Umwelt-Interaktionen in den Folgen kindlicher Traumatisierung durch eine epigenetische Einbettung der Stresserfahrung in spezifischen Risikoallelen vermittelt werden. So wurde gezeigt, dass Träger der Risikovariante im FKBP5-Gen (rs1360780), die in der Kindheit misshandelt wurden, eine allelspezifische und durch den Schweregrad der Traumatisierung determinierte Demethylierung im Intron 7 des GRE im FKBP5-Gen in Blutzellen aufwiesen. Diese Demethylierung im FKBP5-Gen war mit einer gesteigerten Genexpression des FKBP512-Proteins und damit mit einer relativen Resistenz des Glucocorticoidrezeptors assoziiert (Klengel et al., 2013). Bemerkenswerterweise konnte der Befund in einem *In-vitro*-Modell unter Verwendung einer menschlichen hippocampalen Zelllinie reproduziert werden: Die Inkubation von Neuronen mit Glucocorticoiden produzierte eine stabile Demethylierung im Intron 7 des GRE im FKBP5-Gen. Diese epigenetische Markierung war dann stabil erreichbar, wenn sich die Neuronen in der Proliferationsphase befanden, in ausgereiften Neuronen war diese epigenetische Markierung durch Glucocorticoide nicht mehr möglich. Dieser Befund zeigt, dass es sich bei dieser epigenetischen Einbettung von Stress um ein Entwicklungsereignis handelt, welches für Neuronen Gültigkeit besitzt und durch Stresshormone vermittelt wird (Klengel et al., 2013). Kürzlich wurden Änderungen der DNA-Methylierung nach Inkubation von menschlichen Vorläuferzellen des Hippocampus mit Glucocorticoiden genomweit untersucht: Es konnten über die Zeit stabile Signaturen der DNA-Methylierung identifiziert werden, die auf eine Glucocorticoidexposition in der frühesten Entwicklung (pränatal) hindeutet. Dieselbe Signatur war in Blutzellen von Menschen mit einer gesteigerten Stressreaktivität verbunden (Provençal et al., 2020). Im Kontext von Traumaambulanzen könnten zukünftig molekulargenetische und epigenetische Profile als diagnostische Risikoindikatoren validiert werden.

3.5 Zellalterung

Die bisherigen Ausführungen haben gezeigt, dass kindliche Traumaerfahrungen einen markanten und stabilen Risikofaktor für ein breites Spektrum chronischer psychischer und körperlicher Erkrankungen darstellen, die gemeinsam zu einer verfrühten und erhöhten Mortalität beitragen. Dabei können über verschiedene Zellen, Gewebe und Störungen hinweg gemeinsame Mechanismen identifiziert werden, die als Folge von Belastungen in der frühen Entwicklung oder Kindheit auftreten und die über die Lebensspanne hinweg Effekte auf altersbezogene Erkrankungen ausüben können. In diesem Zusammenhang ist die Telomerbiologie ein Mechanismus von besonderer Bedeutung (Entringer, De Punder, Buss u. Wadhwa, 2018). Telomere und die Aktivität des Enzyms Telomerase spielen eine grundlegende Rolle in der Aufrechterhaltung der Integrität des Genoms und der Zelle. Telomere sind nicht codierende Tandem-DNA-Wiederholungen an den Enden der Chromosomen, die eine Schutzkappe bilden (Blackburn, 2005). Sie verlieren bei jeder Zellteilung Basenpaare, was unter anderem auf eine unvollständige Replikation der Chromosomenenden zurückzuführen ist (Blackburn, 2005). Schließlich erreichen sie eine kritische Verkürzung, die zu zellulärer Seneszenz oder Apoptose führt (Stewart u. Weinberg, 2006). Gealterte Zellen produzieren Entzündungsmediatoren, die auch benachbarte Zellen beeinträchtigen, was zu weiteren Schäden in Organen und Geweben führen kann, die sich im Laufe des Lebens akkumulieren und mit verschiedenen altersbedingten Krankheiten einhergehen können. So stehen eine Verringerung der Telomerlänge (TL) und eine gesteigerte Abnutzungsrate in Zusammenhang mit einem früheren Auftreten und schnelleren Fortschreiten von chronischen Krankheiten und einer verminderten Lebenserwartung (Entringer et al., 2018). Eine Reihe von Studien zeigt eindrücklich, dass Erwachsene, die in ihrer Kindheit Misshandlung erfahren haben, eine Verkürzung der Telomere in Leukozyten aufweisen (Chen et al., 2014; Kananen et al., 2010; O'Donovan et al., 2011; Rentscher, Carroll u. Mitchell, 2020; Surtees et al., 2011; Tyrka et al., 2010). Eine interessante Studie untersuchte den Einfluss von kumulativen Stressoren über die Lebensspanne sowie die Rolle lebensgeschichtlich früher

Stressoren auf die Telomerlänge in Leukozyten von Erwachsenen im mittleren Lebensalter über einen Zeitraum von zwei Jahren: Die Gesamtzahl von Stressoren über die Lebensspanne war mit einer kürzeren Telomerlänge und einer größeren Abrasionsrate der Telomere im Laufe der Zeit assoziiert. Bei einer Aufteilung der lebenslangen Stressoren in akute versus chronische Belastungen waren lediglich chronische Belastungen prädiktiv für die verkürzte Telomerlänge. Bemerkenswerterweise war hier allerdings der Zeitpunkt der Exposition von entscheidender Bedeutung. Nur eine höhere Anzahl chronischer Schwierigkeiten in der Kindheit (Alter < 18 Jahre) sagte eine kürzere Telomerlänge und eine gesteigerte Abrasionsrate vorher (Mayer et al., 2019). Eine Metaanalyse über 41 Studien (N = 30.773) zeigte, dass kindliche Stresserfahrungen die Telomerlänge signifikant vorhersagen. Der Zusammenhang zwischen kindlichem Trauma und Verkürzung der Telomerlänge war für alle Altersstufen gültig (einschließlich der Kindheit, siehe unten) und auch mit einer Latenzzeit von sechzig Jahren nach der kindlichen Traumatisierung noch evident (Ridout et al., 2018). Es wird vermutet, dass die Effekte von kindlicher Traumatisierung über endokrine, immunologische, metabolische und epigenetische Prozesse diese stabilen Auswirkungen auf das Telomersystem ausüben (Entringer, Buss u. Wadhwa, 2012). Diese beispielhaften Ergebnisse deuten darauf hin, dass frühe stressreiche Erfahrungen lang anhaltend zur biologischen Alterung und damit zu einem erhöhten Krankheits- und Sterberisiko beitragen.

Ein weiterer Marker für die biologische Alterung basiert auf epigenetischen Änderungen, die mit dem Altern auftreten. Sogenannte epigenetische »Uhren« berücksichtigen zeitabhängige Veränderungen der DNA-Methylierung an bestimmten CpG-Dinukleotiden (siehe oben), welche zu Schätzungen des epigenetischen Alters herangezogen werden (Hannum et al., 2013; Horvath, 2013). Die Differenz zwischen dem epigenetischen und dem chronologischen Alter bildet die Abweichung der biologischen Alterung, das heißt eine Beschleunigung oder Verlangsamung. Eine Reihe von Studien belegt eine beschleunigte epigenetische Alterung bei der Depression (Han et al., 2018), der posttraumatischen Belastungsstörung (Shenk et al., 2021; Wolf et al., 2019), bei Herz-Kreislauf-Erkrankungen, Adipositas, Diabetes und Krebs und für die Gesamtmortalität (Fransquet, Wrigglesworth, Woods, Ernst u. Ryan, 2019; Horvath et al., 2014; Nevalainen et al., 2017; Perna et al., 2016). Verschiedene Studien verweisen in der Tat auf eine beschleunigte epigenetische Alterung bei Erwachsenen, die in ihrer Kindheit Armut, Trauma, Missbrauch, Bedrohung und Gewalt in der Nachbarschaft ausgesetzt waren (Austin et al., 2018; Hamlat, Prather, Horvath, Belsky u. Epel, 2021; Jovanovic et al., 2017; Marini et al., 2020; Sumner, Colich, Uddin, Armstrong u. McLaughlin, 2019; Wolf et al., 2018). Eine Studie an Erwachsenen ergab, dass die Beschleunigung der epigenetischen Alterung in einer Gruppe von depressiven Personen durch den Schweregrad der kindlichen Traumatisierung verstärkt wurde (Han et al., 2018).

3.6 Biologische Einbettung von Trauma bei Kindern

Die bislang in diesem Kapitel dargestellten Erkenntnisse zu den biologischen Korrelaten von kindlicher Traumatisierung und deren Zusammenhang mit der Manifestation von Erkrankungen stammen größtenteils aus retrospektiven Querschnittsstudien an erwachsenen Personen, die traumatische Erfahrungen im Kindesalter berichteten. Das Forschungsfeld liefert überzeugende Befunde zu den langfristigen biologischen Korrelaten kindlicher Traumatisierung, die plausible Mechanismen vermuten lassen, welche das Risiko für ein gesamtes Spektrum von psychischen und körperlichen Erkrankungen über die Lebensspanne hinweg erhöhen. Es stellt sich allerdings die Frage, inwieweit bereits bei Kindern biologische Folgen einer Traumatisierung nachweisbar sind.

Zahlreiche Querschnittsstudien an Kindern und Jugendlichen mit Misshandlungserfahrungen verweisen darauf, dass viele der für Erwachsene beschriebenen biologischen Korrelate einer Traumatisierung bereits bei Kindern nachweisbar sind. Beispielsweise zeigten Jugendliche mit Misshandlungserfahrungen, die unter einer Depression litten, gesteigerte neuroendokrine Reaktionen auf einen Laborstressor (Rao et al., 2008). Außerdem wurden für Kinder, die Misshandlung und andere aversive Umgebungsbedingungen wie eine hohe Kriminalität in der Nachbarschaft erfahren hatten, deutlich erhöhte CRP-Konzentrationen nachgewiesen, die auf eine systemische Inflammation hindeuten (Danese et al., 2011; Broyles et al., 2012). Analog zu Befunden bei Erwachsenen wurden auch für Kinder, die Misshandlung oder Deprivation erfahren hatten, verschiedene neurostrukturelle und -funktionelle Änderungen nachgewiesen: So wurde im orbitalen frontalen Kortex ein vermindertes Volumen gemessen (de Brito et al., 2013; Hanson et al., 2010), wohingegen die Amygdala strukturell vergrößert und funktionell übererregbar war (Tottenham et al., 2010, 2011). Diese Konstellation ist mit einer verminderten Kapazität zur Emotionsregulation und mit gesteigerten emotionalen, neuronalen und physiologischen Stressreaktionen vereinbar. Allerdings gibt es uneinheitliche Befunde zu neuralen Änderungen bei Kindern mit traumatischen Erfahrungen (Calem, Bromis, McGuire, Morgan u. Kempton, 2017). Molekulargenetische Untersuchungen an Kindern zeigen epigenetische Markierungen nach Misshandlung, wie beispielsweise eine Demethylierung im FKBP5-Gen (Tyrka et al., 2015), welches für die Regulation und Termination von Stressreaktionen bedeutsam ist (siehe oben). Zahlreiche Studien verweisen weiterhin darauf, dass auch bei Kindern die Folgen einer Traumatisierung durch genetische Vulnerabilitätsfaktoren moderiert werden (vgl. z. B. Cicchetti, 2013). Außerdem deuten Studien auf eine veränderte biologische Alterung, also verkürzte Telomere oder eine beschleunigte epigenetische Alterung, bei Kindern mit traumatischen Erfahrungen (Drury et al., 2012; Jovanovic et al., 2017; Mitchell et al., 2014). In den hier genannten Studien wurden Kinder, für die eine Misshandlung oder Deprivation vorlag, zu einem gegebenen Zeitpunkt einmalig untersucht. Diese Querschnittstudien an Kindern sind insofern wertvoll, als sie darauf verweisen, dass bereits frühzeitig im Leben, während der Entwicklung, biologische Änderungen infolge einer Traumatisierung nachweisbar sind. Allerdings ermöglichen Querschnittstudien keine Erkenntnisse über Prozesse der biologischen Einbettung von Trauma und die Verläufe dieser Prozesse über die Zeit, noch geben sie Aufschluss über sensible Zeitfenster für die Auswirkungen von kindlicher Traumatisierung. Die Studien wurden auch nicht direkt nach der Traumaexposition durchgeführt, sodass sie keine Einblicke in unmittelbare Einbettungsprozesse geben.

Wir wissen zum jetzigen Zeitpunkt also nicht genau, wie sich frühe Traumatisierungen in unmittelbarer Folge der Erfahrung biologisch einbetten und wie sich diese Einbettung nachfolgend auf Verläufe der Entwicklung über die Kindheit hinweg auswirkt und somit zu den vielfach berichteten Langzeitfolgen führt. Solche Erkenntnisse können nur aus Längsschnittuntersuchungen an Kindern gewonnen werden, die direkt zum Zeitpunkt der Traumaexposition beginnen und, basierend auf Messungen zu diesem Ausgangspunkt, nachfolgende Veränderungen in den Entwicklungsverläufen engmaschig erfassen und vermittelnde Mechanismen testen. Ein Verständnis des komplexen Zusammenspiels zwischen Umwelt, biologischen und Verhaltensfaktoren über die Zeit hinweg ist notwendig, um Strategien für die klinische Versorgung und spezifische Ansatzpunkte für Interventionen abzuleiten. Es ist bemerkenswert, dass bisher kaum Studien etabliert wurden, die die biologische Einbettung in unmittelbarer Folge der Traumatisierung über mehrere Regulierungsebenen hinweg bei betroffenen Kindern erfassen und diese über die Zeit prospektiv weiterverfolgen. Ein solcher Ansatz ist notwendig, um die biologischen und temporalen Mechanismen zu identifizieren, die zur Manifestation von Symptomen und Störungen führen. Weiterhin ist es erforderlich, Mediatoren und moderierende Faktoren über die Zeit zu erkennen, die einer Widerstandsfähigkeit gegenüber kindlichen Stressbelastungen zugrunde liegen. Aus diesem Wissen können zielgerichtete Interventionen abgeleitet werden, die direkt an den Prozessen der biologischen Einbettung, aber auch an den Mediatoren und Moderatoren ansetzen, um pathologische Folgen zu verhindern oder abzudämpfen – und somit langfristig günstige Entwicklungsverläufe und lebenslange Gesundheit zu fördern.

Es existieren einige groß angelegte Längsschnittstudien wie beispielsweise die *Dunedin*- in Neuseeland oder die *Environmental-Risk(E-Risk)*-Studie in England. Die beeindruckende *Dunedin*-Studie wurde vor vier Jahrzehnten begonnen und war daher nicht in der Lage, moderne neurobiologische, neuronale, molekulare oder epigenetische Daten in der unmittelbaren Folge der Misshandlung oder anderer aversiver Erfahrungen in der Kindheit zu messen. Nichtsdestotrotz hat die Studie enorm wichtige und kausal interpretierbare Befunde zu den Langzeitfolgen aversiver Kindheitserfahrungen erbracht (siehe oben; Caspi et al., 2003; Danese et al., 2007, 2008).

Die *E-Risk*-Studie ist eine Zwillingsstudie, die eine Geburtskohorte aus den Jahren 1994 und 1995 erfasst hat. Auch diese Studie hat wichtige und kausal interpretierbare Befunde hervorgebracht: So konnte gezeigt werden, dass Kinder, die Misshandlung und andere aversive Umstände erfahren hatten, im Alter von circa zehn Jahren erhöhte CRP-Konzentrationen aufwiesen (siehe oben; Danese et al., 2012). In der *E-Risk*-Längsschnittstudie wurden auch erstmalig wiederholte Messungen der Länge der Telomere, einem biologischen Alterungsmarker (siehe oben), bei 236 Kindern durchgeführt, die Gewalt erlebt hatten. Unter Gewalterfahrungen wurden häusliche Gewalt, körperliche Misshandlung durch einen Erwachsenen und wiederholtes Mobbing gefasst. Die Telomerlänge wurde jeweils im Alter von fünf und zehn Jahren gemessen. Es konnte gezeigt werden, dass Kinder, die zwei oder mehr Arten von Gewalt erfahren hatten, eine beschleunigte Erosionsrate der Telomere über diese Zeit hinweg aufwiesen (Shalev et al., 2013). Dieser Befund zeigt, dass bereits im Kindesalter in einem biologischen Marker für Zellalterung eine veränderte Entwicklungsdynamik nachweisbar ist, die zu Gesundheitsfolgen im späteren Leben beitragen kann.

Allerdings besteht eine große Forschungslücke zu Längsschnittstudien, die Änderungen unmittelbar nach Traumaexposition über mehrere Regulationssysteme und über die Zeit hinweg erfassen und

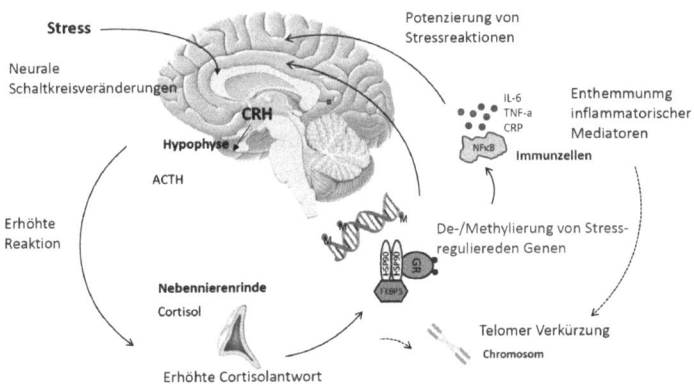

Abbildung 3.4: Hypothese zum Ablauf der biologischen Einbettung früher traumatischer Lebenserfahrungen

somit eine Berücksichtigung der komplexen Interaktionen zwischen mehreren Systemen auf verschiedenen Ebenen der Regulation ermöglichen. Ein Verständnis dieser komplexen Mechanismen über die Zeit ist notwendig, um Erkenntnisse aus der Forschung in die klinische Anwendung zu übersetzen. Aus den bislang verfügbaren Erkenntnissen kann eine »Hypothese der biologischen Einbettung« angenommen werden (siehe Abbildung 3.4): Eine traumatische oder stark belastende Erfahrung führt bei genetisch vulnerablen Kindern initial zu einer stark erhöhten Freisetzung des Stresshormons Cortisol, was zu einer Demethylierung in stressregulierenden Genen, wie beispielsweise dem FKBP5-Gen, führt. Diese epigenetischen Folgen führen zu einer dauerhaften Fehlregulation von Stresshormonen und Entzündungsbotenstoffen, die sich toxisch auf die Hirnstruktur und -funktion auswirken. Schaltkreisänderungen führen zu weiter potenzierten Stressreaktionen sowie zu Änderungen in Emotion, Kognition und Verhalten, was ultimativ zu klinischen Manifestationen führt. Ein solches Verständnis liefert genaue Ansatzpunkte für mechanistische Interventionen, aber auch für die Ableitung von Biomarkern zur frühen Identifikation von Kindern mit Risiko für Störungen oder individueller Ansprechbarkeit für spezifische Interventionen im Sinne der Präzisionsmedizin. Auf diese Weise könnten Krankheitsentstehung und -verläufe frühzeitig unterbrochen werden.

An der *Charité – Universitätsmedizin Berlin* haben wir ein umfassendes und integriertes Forschungsprogramm aufgebaut, das sich mit den aktuellen Wissenslücken und dem Forschungsbedarf befasst (Heim et al., 2019). Im Mittelpunkt des Forschungsprogramms steht die Durchführung von Längsschnittstudien, die darauf ausgerichtet sind, die unmittelbaren frühen Prozesse der biologischen Einbettung von kindlichen Stresserfahrungen genau zu verstehen, die zu langfristigen biologischen »Narben« führen und ein lebenslanges Krankheitsrisiko zur Folge haben. Im Rahmen unseres vom *Bundesministerium für Bildung und Forschung* (BMBF 01KR1301) geförderten Programms haben wir über zwei Jahre eine Kohorte von fast zweihundert Kindern im Alter von drei bis fünf Jahren, mit und ohne Misshandlungserfahrung innerhalb der vergangenen sechs Monate, wiederholt untersucht. Die Kinder mit vorranging emotionaler und körperlicher Misshandlungserfahrung wurden mehrheitlich über Jugendämter und andere Einrichtungen (z. B. freie Träger) sowie die pädiatrischen Kliniken der Charité in Berlin rekrutiert. Sie wurden in halbjährlichen Abständen untersucht. Dabei wurden eine ausführliche klinische und Entwicklungsdiagnostik sowie physiologische (endokrine, immunologische), neurostrukturelle und molekulargenetische Messungen durchgeführt.

Wir konnten zeigen, dass Kinder mit Misshandlungserfahrungen im Vergleich zu Kindern ohne Misshandlungserfahrungen eine höhere Anzahl psychiatrischer Diagnosen sowie vermehrt externalisierende und internalisierende Symptome aufwiesen. Kinder mit Misshandlungserfahrungen zeigten Einschränkungen in der kognitiven, verbalen und motorischen Entwicklung sowie eine größere Anzahl körperlicher Symptome, wie neurologische oder internistische Probleme. Diese klinischen Symptome und Entwicklungsdefizite waren bereits bei Einschluss in die Studie evident. Die Gruppenunterschiede waren über alle Messzeitpunkte hinweg stabil. Das Ausmaß der klinischen Symptome und der Entwicklungseinschränkungen wurde am besten durch den Schweregrad der Misshandlung und/oder das Alter zu Beginn der Misshandlung vorhergesagt, was mit einem Modell der unmittelbaren biologischen Einbettung vereinbar ist (Winter et al., 2022).

Weiterhin untersuchten wir den Zusammenhang zwischen Misshandlungserfahrungen und CRP-Konzentrationen über die Zeit in der oben genannten Kohorte. Wir konnten bei den drei- bis fünfjährigen Kindern einen deutlichen Zusammenhang zwischen Misshandlungserfahrungen und erhöhten CRP-Konzentrationen über alle Messzeitpunkte hinweg nachweisen, wobei dieser Zusammenhang durch das Geschlecht des Kindes moderiert wurde. Das bedeutet, dass die CRP-Konzentrationen nur bei Mädchen mit Misshandlungserfahrung, nicht aber bei Jungen mit Misshandlungserfahrung, erhöht waren (Entringer et al., 2020). Diese Ergebnisse deuten darauf hin, dass die Auswirkungen von Misshandlung auf Entzündungen bei Mädchen bereits in einem sehr jungen Alter auftreten und sich dauerhaft über die Zeit manifestieren. Unser Befund könnte also zur Erklärung der bekannten Geschlechtsunterschiede in der Prävalenz der Depression beitragen (Desai u. Jann, 2000). Außerdem kann die frühzeitige und stabile systemische Inflammation ein erhöhtes Risiko für entzündungsbezogene körperliche Erkrankungen über die Lebensspanne bedingen.

Eine Untergruppe der Kinder, die eine Misshandlungserfahrung erlebt hatten, wurde mittels bildgebender Verfahren innerhalb von sechs Monaten untersucht. Bei 49 Kindern im Alter von drei bis fünf Jahren mit Erfahrungen von emotionaler und körperlicher Misshandlung oder Vernachlässigung führten wir eine strukturelle Magnetresonanztomografie (MRT) durch, um die intrakraniellen und gewebespezifischen Volumina zu charakterisieren. Die Ergebnisse zeigten, dass der Schweregrad der Misshandlung signifikant mit einem geringeren intrakraniellen Volumen korreliert war, was vor allem auf ein geringeres Gesamthirnvolumen zurückzuführen war. Das geringere Gesamtvolumen des Gehirns war durch ein geringeres Volumen der grauen Substanz bedingt. Ein vermindertes Volumen der grauen Substanz war mit einem niedrigeren IQ bei Studienbeginn verbunden und sagte auch den IQ ein Jahr später voraus. Die beobachteten Zusammenhänge waren unabhängig von potenziellen Störvariablen wie Größe, sozioökonomischem Status, Alter und Geschlecht (Joseph et al., zur Veröffentlichung eingereicht). Dieser markante Befund zeigt, dass Misshandlung bereits in einem sehr jungen Alter mit einer strukturellen Hirnänderung zusammenhängt, welche erhebliche Folgen für die intellektuelle Entwicklung hat. Dieses Ergebnis repliziert Befunde an erwachsenen Personen, die in rumänischen Waisenhäusern schwerste Deprivation erfahren haben (Mackes et al., 2020). Unser Befund verweist darauf, dass tiefgreifende Änderungen der Hirnentwicklung nicht nur mit schwerster Deprivation, sondern auch mit emotionaler und körperlicher Misshandlung in Zusammenhang stehen. Dieser Befund verdeutlicht eindrücklich die Notwendigkeit einer frühzeitigen Intervention.

Bisherige Studien, die über eine beschleunigte epigenetische Alterung bei Kindern mit Misshandlungserfahrungen berichten, stützten sich auf Algorithmen zur Schätzung des epigenetischen Alters, die aus Erwachsenenproben abgeleitet wurden. Diese Algorithmen sind für die epigenetische Altersschätzung während der frühen Entwicklung nur bedingt geeignet. Daher verwendeten wir in unserer Kohorte eine kürzlich entwickelte pädiatrische epigenetische »Uhr« (PedBE), die eine valide Messung der epigenetischen Alterung bei kleinen Kindern erlaubt (McEwen et al., 2020). Wir isolierten die DNA aus dem Speichel von 158 Kindern. Das epigenetische Alter wurde anhand der DNA-Methylierung in 94 CpGs der PedBE-Uhr geschätzt. Die Residuen des epigenetischen Alters relativ zum chronologischen Alter wurden zwischen Kindern mit und ohne internalisierende Störung sowie mit und ohne Misshandlungserfahrung verglichen. Die Misshandlung wurde in drei Schweregraden codiert und in ein Moderationsmodell eingegeben. Wir konnten zeigen, dass Kinder mit einer internalisierenden Störung eine signifikante Beschleunigung der epigenetischen Alterung im Vergleich zu Kindern ohne internalisierende Störung aufwiesen. Dieser Zusammenhang wurde durch den Schweregrad der Misshandlung signifikant moderiert. Kinder mit internalisierenden Störungen, die Misshandlungen erlebt hatten, zeigten eine Beschleunigung des Alterns im Vergleich zu Kindern ohne internalisierende Störungen. Kinder mit internalisierenden Störungen, die keiner Misshandlung ausgesetzt waren, zeigten hingegen keine epigenetische Alterungsbeschleunigung. In einer unabhängigen Studie konnten wir weiterhin eine signifikante Anreicherung von CpGs innerhalb der PedBE-Uhr nachweisen, die auf die synthetische Form des Stresshormons Cortisol mit einer Veränderung der Genexpression reagierte. Das bedeutet, dass eine beschleunigte epigenetische Alterung in der frühen Kindheit durch Stresshormone bedingt sein könnte (Dammering et al., 2021).

Eine Untersuchung der genomweiten DNA-Methylierung ergab weiterhin, dass Kinder unserer Kohorte, die Misshandlung erfahren hatten, spezifische epigenetische Signaturen aufwiesen, die mit pränataler Alkohol- und Nikotinexposition in Zusammenhang stehen. Das bedeutet, dass die Kinder bereits im Mutterleib ungünstigen Bedingungen ausgesetzt wurden und mit einem veränderten Epigenom zur Welt kamen (Martins et al., 2021). Die Schwangerschaft ist demnach möglicherweise die früheste Phase der Intervention und Prävention. Außerdem ist die Schwangerschaft eine Schnittstelle der intergenerationalen Übertragung der Folgen traumatischer Kindheitserfahrungen der Mutter auf ihr Kind.

3.7 Intergenerationale Übertragung der Folgen von frühem Trauma

Die tiefgreifenden und langfristigen Folgen einer kindlichen Traumatisierung, wie sie in diesem Kapitel dargestellt wurden, sind nicht nur auf die psychische und körperliche Gesundheit der direkt betroffenen Person und ihre eigene Lebensspanne beschränkt, sondern können sogar auf die Nachfahren übertragen werden. Mehrere Studien zeigten, dass Kinder von Müttern, die in ihrer eigenen Kindheit (also lange vor der Empfängnis des Kindes) eine Traumatisierung erlebt hatten, nicht nur eine erhöhte Prävalenz von Geburtskomplikationen aufwiesen (Smith, Gotman u. Yonkers, 2016), sondern auch ein höheres Risiko für neurokognitive und psychische Störungen (Bouvette-Turcot et al., 2015; Collishaw, Dunn, O'Connor u. Golding, 2007; Miranda, De La Osa, Granero u. Ezpelata, 2013; Myhre, Dyb, Wentzel-Larsen, Grøgaard u. Thoresen, 2014; Plant, Barker, Waters, Pawlby u. Pariante, 2013; Racine, Plamondon, Madigan, McDonald u. Tough, 2018; Rijlaarsdam et al., 2014), Autismus (Roberts, Lyall, Rich-Edwards, Ascherio u. Weisskopf, 2013), Adipositas (Roberts et al., 2014) sowie einen schlechteren allgemeinen Gesundheitszustand (Flory, Bierer u. Yehuda, 2011). In einer jüngst veröffentlichten Studie wurden Daten von über 4.300 amerikanischen Müttern und ihren Kindern aus 21 Langzeitkohorten ausgewertet (Moog et al., 2023). Die Mütter wurden zu stressreichen Erfahrungen in ihrer Kindheit befragt. Außerdem wurden Diagnosen erfasst, die die biologischen Kinder der Mütter bis zum Alter von 18 Jahren erhalten hatten. Bestehende Erkrankungen wurden im Rahmen der Studientermine diagnostiziert. Die Datenanalyse über zwei Generationen ergab, dass Kinder von Müttern, die in ihrer Kindheit Misshandlung und Missbrauch erlebt hatten, ein deutlich erhöhtes Risiko aufwiesen, an Asthma, Aufmerksamkeitsdefizit-Hyperaktivitätsstörung (ADHS) und Autismus zu erkranken. Diese Kinder zeigten auch häufiger Symptome einer Depression sowie Angststörungen. Die Töchter der Mütter zeigten ein höheres Risiko, an Fettleibigkeit zu erkranken, als deren Söhne. Die Zusammenhänge waren unabhängig davon, ob die Mutter dieselbe jeweilige Diagnose erhalten hatte, was gegen eine genetische Übertragung des spezifischen Krankheitsrisikos spricht. Kinder von in der Kindheit traumatisierten Müttern hatten ein höheres Risiko, multiple psychische und körperliche Erkrankungen zu entwickeln. Das Risiko des Kindes, eine Erkrankung zu entwickeln, war umso höher, je schwerwiegender die traumatischen Erfahrungen der Mutter in der Kindheit waren (Moog et al., 2023).

Diese Befunde belegen die Notwendigkeit, Interventionen zu entwickeln, die traumatisierte Mütter frühzeitig unterstützen. Die Entwicklung zielgerichteter Interventionen ist nur dann möglich, wenn die genauen Mechanismen der Übertragung des Erkrankungsrisikos über Generationen hinweg bekannt sind. Zahlreiche Studien gehen davon aus, dass die intergenerationale Übertragung der Auswirkungen von kindlicher Traumatisierung in der postnatalen Phase und in der Kindheit stattfindet und durch ein verändertes mütterliches Verhalten bedingt ist: So leiden Mütter, die in ihrer Kindheit misshandelt wurden, häufig unter Depressionen oder anderen psychischen Störungen, die sich auf das Bindungsverhalten sowie auf die mütterliche Sensitivität auswirken können, was sich im Sinne einer frühen Belastung auf die Entwicklung und Gesundheit des Kindes auswirken könnte (vgl. z. B. Moog et al., 2022).

Allerdings ist es auch möglich, dass die intergenerationale Übertragung der Auswirkungen der mütterlichen Traumatisierung noch früher beginnen könnte, nämlich während der hochsensiblen Zeit der fötalen Entwicklung in der Schwangerschaft (Buss et al., 2017; Moog et al., 2022). So wurde gezeigt, dass neugeborene Kinder von Müttern, die selbst in ihrer Kindheit Misshandlung erlebt hatten, mit einem geringeren Hirnvolumen zur Welt kamen. Die Kinder wurden kurz nach der Geburt mittels bildgebender Verfahren untersucht, bevor postnatale Einflüsse des mütterlichen Verhaltens Wirkung zeigen konnten (Moog et al., 2018). Dieser bahnbrechende Befund deutet darauf hin, dass die Folgen der kindlichen Traumatisierung der Mutter während der Konzeption oder in der intrauterinen Phase an ihre Nachkommen weitergegeben werden (Moog et al., 2022).

Es gibt mindestens drei Pfade der Übertragung, über die ein Embryo/Fötus Informationen über vergangene Ereignisse und Bedingungen erhalten kann, die bis in die Kindheit der eigenen Mutter zurückreichen (Buss et al., 2017; Moog et al., 2022). Hierzu gehören epigenetische Übertragungswege, die Übertragung über Veränderungen im Zytoplasma der Eizelle sowie die Übertragung über Veränderungen im physiologischen Milieu der Schwangerschaft.

Eine epigenetische Übertragung ist dann möglich, wenn epigenetische Änderungen, die als Folge früher Traumatisierung auftreten, die Keimzellen betreffen und während der Konzeption erhalten bleiben (Smith et al., 2012). In Tiermodellen wurde gezeigt, dass Verhaltensfolgen von frühen Stresserfahrungen über epigenetische Veränderungen in der väterlichen Keimbahn übertragen werden können (z. B. Gapp et al., 2014; Zhang et al., 2018). Inwieweit dieser Übertragungsweg für weibliche Eizellen möglich ist, ist fraglich, da die mütterlichen Eizellen bereits bei ihrer Geburt angelegt wurden. Es besteht grundsätzlich auch die Möglichkeit einer *De-novo*-Methylierung während der fötalen Entwicklung, die aus einer ungünstigen intrauterinen Umgebung resultieren kann (Bale, 2015; Bock, Wainstock, Braun u. Segal, 2015; Palma-Gudiel, Córdova-Palomera, Eixarch, Deuschle u. Fañanás, 2015; Teh et al., 2014). Die intergenerationale Übertragung der Folgen einer kindlichen Traumatisierung von der Mutter auf das Kind kann weiterhin durch Veränderungen im Zytoplasma der Eizellen (wie Mitochondrien, Proteine und RNA-Moleküle) stattfinden (Buss et al., 2017). Die Anhäufung von Proteinen und Metaboliten im Zytoplasma der mütterlichen Eizellen als Reaktion auf physiologischen Stress und andere Bedingungen könnte die embryonale und fötale Entwicklung beeinflussen (Kovalchuk, 2012), wobei diese Übertragungswege nicht hinreichend erforscht wurden.

An der *Charité – Universitätsmedizin Berlin* untersucht die Arbeitsgruppe um Claudia Buss Übertragungswege der Folgen einer kindlichen Traumatisierung der Mutter auf ihr Kind, die über eine veränderte Schwangerschaftsphysiologie vermittelt werden (Buss et al., 2017). Es ist gut belegt, dass eine physiologische Stressbelastung, also beispielsweise eine hohe Glucocorticoidexposition, während der intrauterinen Phase zu langfristigen programmierenden Effekten in den sich entwickelnden Organen, einschließlich des Gehirns, führen kann, welche die Krankheitsanfälligkeit im späteren Leben erhöhen. Weiterhin ist gut belegt, dass eine kindliche Traumatisierung zu langfristigen Veränderungen in der endokrinen und immunologischen Physiologie führt. Es kann also vermutet werden, dass der Fötus einer Mutter, die in ihrer Kindheit traumatisiert wurde, einem anderen physiologischen Milieu ausgesetzt ist als der Fötus einer nicht belasteten Mutter. Neuere Erkenntnisse deuten darauf hin, dass schwangere Frauen mit einer Vorgeschichte von sexuellem Missbrauch in der Kindheit signifikant höhere Cortisolspiegel aufweisen als schwangere Frauen ohne eine Vorgeschichte von sexuellem Missbrauch (Bublitz, Parade u. Stroud, 2014; Bublitz u. Stroud, 2012, 2013). Außerdem weisen Frauen, die körperlicher Misshandlung oder sexuellem Missbrauch ausgesetzt waren, während der Schwangerschaft erhöhte Cortisolkonzentrationen im Haar auf (Schreier, Hacker, Ritz, Gennings u. Wright, 2015). Eine kindliche Traumatisierung von schwangeren Frauen ist außerdem mit einer erhöhten Produktion von plazentalem CRH assoziiert, wobei das plazentale CRH direkt für Entwicklungsprozesse im fötalen Gehirn und anderen Systemen relevant ist (Moog et al., 2016). In der Kindheit traumatisierte Frauen zeigen außerdem eine subklinische Hypothyreose während der Schwangerschaft (Moog et al., 2017), was das Risiko für neurologische Entwicklungsstörungen beim Kind erhöht (Moog et al., 2015). Schließlich zeigen schwangere Frauen mit kindlicher Traumatisierung erhöhte Entzündungsmarker, insbesondere dann, wenn sie unter einer Depression leiden (Kleih et al., 2022). Schwangere Frauen mit kindlicher Traumatisierung haben ein erhöhtes Risiko, in der Schwangerschaft an einer Depression zu erkranken sowie Schwangerschaftskomplikationen zu entwickeln, die sich wiederum auf ein verändertes endokrines und immun entzündliches intrauterines Milieu auswirken (Entringer, Buss u. Wadhwa, 2010). Solche Veränderungen infolge der kindlichen Traumatisierung der schwangeren Frau können also die fötale Entwicklung beeinträchtigen und die Nachkommen für psychische und physische Gesundheitsstörungen prädisponieren.

Darüber hinaus gibt es empirische Belege aus Tiermodellen, die eine Auswirkung von mütterlichem Stress auf die Zusammensetzung der Muttermilch (Hinde et al., 2015) sowie auf die Zusammensetzung und Vielfalt des Mikrobioms (Jasarevic, Howerton, Howard u. Bale, 2015) belegen. So besteht die Möglichkeit einer direkten postnatalen biologischen Übertragung von Stressfolgen von der Mutter auf das

Kind über das Stillen und/oder über den Austausch der Mikrobiota (Pembrey, Saffery u. Bygren, 2014). Auswirkungen einer elterlichen Stressbelastung auf die Nachkommen können auch durch Veränderungen der Telomerlänge an die Nachkommen weitergegeben werden. Die Weitergabe einer veränderten Telomerlänge kann über die gleichen Mechanismen wie oben beschrieben werden: Sie ist möglich 1) durch Veränderungen im elterlichen Verhalten, welche die Stressexposition der Nachkommen postnatal beeinflussen und dadurch Telomere verkürzen, 2) durch direkte Veränderung der Telomerlänge in der Keimbahn, welche vererbt wird, oder 3) durch Auswirkungen der mütterlichen Stressmediatoren auf die Telomere des Fötus während der intrauterinen Phase (Haussmann u. Heidinger, 2015).

Die Ausführungen zur intergenerationalen Übertragung der Folgen einer lebensgeschichtlich frühen Traumatisierung verdeutlichen, dass frühe Interventionen bereits an der Schnittstelle der Übertragung der biologischen und psychischen Folgen von einer Generation in die nächste ansetzen sollten. Das bedeutet, dass Traumaambulanzen nicht nur für Kinder aufgebaut werden sollten, sondern auf die frühzeitige Erkennung und Behandlung von schwangeren Müttern mit einer Traumatisierung in der Vorgeschichte sowie auf betroffene Mutter-Kind-Dyaden ausgeweitet werden sollten, um den Kreislauf der Übertragung der Folgen von Traumatisierung möglichst frühzeitig und gezielt zu unterbrechen.

3.8 Implikationen für Interventionen bei traumatisierten Kindern: Verhinderung der biologischen Einbettung?

Die in diesem Kapitel dargestellten wissenschaftlichen Ergebnisse zeigen eindrücklich, dass eine kindliche Traumatisierung ein tiefgreifender und über die gesamte Lebensspanne anhaltender Risikofaktor für ein breites Spektrum von psychischen und körperlichen Erkrankungen ist. Dieses Risiko ist unspezifischer Natur und besitzt Gültigkeit für eine breite Palette an frühen Belastungen und für ein ebenso breites Spektrum an Erkrankungen. Frühe stressreiche oder traumatische Erfahrungen werden »biologisch eingebettet« auf Ebene der molekularen Regulation mit Folgen für endokrine und immunologische Regulationssysteme, die Entwicklung von neuronalen

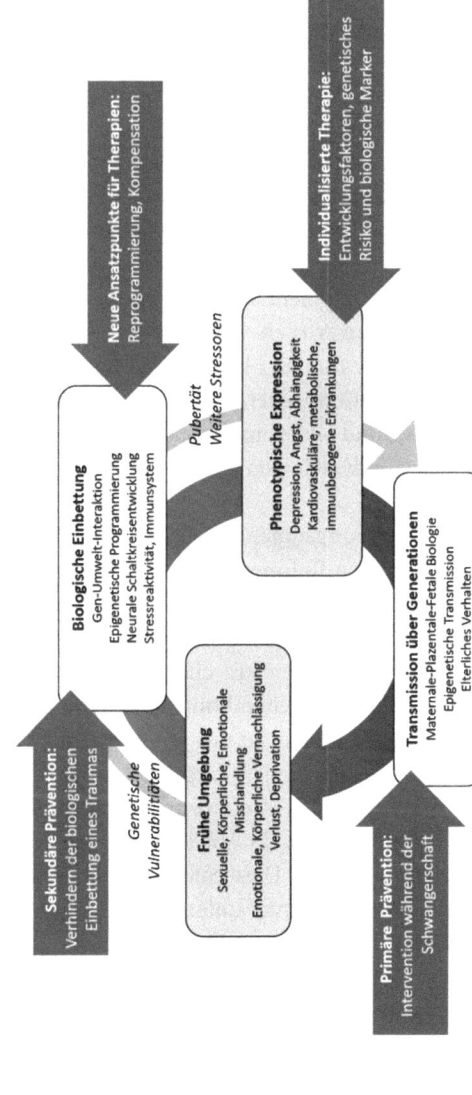

Abbildung 3.5: Kreislauf der biologischen Einbettung von frühkindlichem Stress, Krankheitsmanifestation und intergenerationaler Übertragung: Ableitung spezifischer Ziele für Interventionen (adaptiert und übersetzt aus Heim et al., 2019)

Schaltkreisen und Zellalterungsprozesse. Diese Änderungen beeinflussen die weitere Anpassungsfähigkeit über die gesamte Lebensspanne. Die unmittelbaren Prozesse der biologischen Einbettung führen zu störungsübergreifenden Mechanismen, die das Gehirn und den Organismus für Stress »programmieren«. Während einige der Änderungen möglicherweise adaptiv sind und die Überlebensfähigkeit kurzfristig erhöhen, können die Folgen der biologischen Einbettung des Traumas mittelfristig zur Manifestation psychischer und körperlicher Gesundheitsfolgen führen. Zusätzliche Stressoren oder Entwicklungsprozesse während der Pubertät können dieses Risiko verstärken. Genetische und soziale Schutzfaktoren hingegen können die Folgen mildern. Solche Faktoren können in entwicklungsabhängigen Zeitfenstern wirken. Die phänotypische Manifestation der biologischen Einbettung der kindlichen Traumatisierung kann an die nächste Generation weitergegeben werden, vielleicht schon in der fötalen Phase, und bildet einen Teufelskreis aus Misshandlung und negativen Gesundheitsfolgen (siehe Abbildung 3.5).

Die bisherigen Forschungsergebnisse bieten einen interessanten, wenn auch lückenhaften Rahmen für die Entwicklung neuartiger Interventionsstrategien, die auf verschiedene Abschnitte dieses Teufelskreises, also auf verschiedene Entwicklungsstadien, abzielen:
1. Bei erwachsenen Personen mit einer Depression oder anderen Störungen, die eine Behandlung aufsuchen, sollte das Vorliegen einer frühen Traumatisierung grundsätzlich berücksichtigt werden. Die in diesem Kapitel dargestellten Forschungsergebnisse deuten auf Subtypen von Störungen innerhalb einer Diagnose (wie der Depression) in Abhängigkeit des Vorliegens früher Stresserfahrungen hin. Diese Subtypen sind neurobiologisch unterscheidbar und sprechen unterschiedlich gut auf Medikamente oder Psychotherapie an. Die Berücksichtigung des Vorliegens einer frühen Traumatisierung kann individuelle Behandlungsentscheidungen bei erwachsenen Patienten verbessern. Es wird seit Langem argumentiert, dass in der Psychiatrie ein Bedarf an empirisch abgeleiteten Prädiktoren für das individuelle Ansprechen auf spezifische Behandlungsmethoden besteht und neue Algorithmen für differenzielle Behandlungsentscheidungen

auf der Grundlage von Biomarkern, genetischen Faktoren und Symptomkonstellationen entwickelt werden sollten. Eine solche Präzisionsmedizin in der Psychiatrie könnte zu personalisierten oder stratifizierten Interventionen führen, was den Behandlungserfolg deutlich verbessern könnte (Perna, Grassi, Caldirola u. Nemeroff, 2017). Die Ergebnisse zu den Folgen einer frühen Traumatisierung legen nahe, dass Entwicklungsfaktoren in solche Algorithmen einbezogen werden sollten, um ihre prognostische Validität zu verbessern (Heim et al., 2019).
2. Gemäß den Prinzipien der erfahrungsgesteuerten Plastizität könnte es jedoch wesentlich effizienter sein, bereits früher in den Kreislauf einzugreifen und zu versuchen, der biologischen Einbettung der kindlichen Stresserfahrung entgegenzuwirken und diese umzukehren oder zu kompensieren. Das Ziel wäre hier, den Mechanismus zu behandeln und nicht die Störungen oder Symptome, nachdem diese sich bereits manifestiert haben. Eine systematische Erforschung der Mechanismen über die Zeit ist erforderlich, um solche Ansätze der Gegenwirkung, Umkehrbarkeit oder Kompensation zu entwickeln und zu bewerten. Die in diesem Kapitel beschriebenen Längsschnittstudien sind ein erster Schritt, um diesen klinischen Bedarf zu adressieren. Möglicherweise können etablierte psychotherapeutische Interventionen eine kompensatorische »Top-down«-Regulierung bewirken, wobei durch Neubewertungen, Extinktionslernen oder Aufarbeitung von traumatischen Erfahrungen schließlich eine Normalisierung der neuronalen, physiologischen und molekularen Regulationssysteme eintreten könnte. Beispielsweise konnte gezeigt werden, dass die Inanspruchnahme von Hilfsdienstleistungen bei misshandelten Kindern innerhalb von sechs Monaten nach der Traumatisierung zu einem Wiederanstieg der Methylierung im FKBP5-Gen (rs1360780) führte, aber nur bei denjenigen Kindern, die die schützende Allelvariante trugen. Zusätzliche Stressoren hingegen führten zu einer weiteren Demethylierung des FKBP5-Gens bei misshandelten Kindern (Parade et al., 2017). Diese Studie zeigt eindrücklich, dass eine Dynamik auf molekularer Ebene in Abhängigkeit von förderlichen und weiteren belastenden Faktoren besteht. Die in diesem Kapitel dargestellten Forschungs-

ergebnisse bieten weiterhin die Möglichkeit, gezielte »Bottom-up«-Ansätze zu entwickeln, die die grundlegenden biologischen Mechanismen verändern. In diesem Zusammenhang wird beispielsweise der Einsatz von FKBP51-Blockern in Tiermodellen erprobt. Diese neuartigen Substanzen könnten den biologischen Einbettungseffekten von frühen Traumatisierungen, nämlich der beschriebenen Überexpression des FKBP51-Proteins direkt entgegenwirken (Gaali et al., 2015). Außerdem gibt es bahnbrechende Forschungsarbeiten, die sich mit einem genauen Verständnis der molekularen Mechanismen beschäftigen, die die Öffnung und Schließung sensibler Phasen in der Hirnentwicklung bestimmen (Hensch, 2005). Ein Verständnis dieser molekularen Mechanismen würde völlig neuartige Behandlungsansätze ermöglichen, die »Bremsen« der Plastizität im späteren Leben entfernen und eine sensible Periode wieder öffnen, um dann die Programmierungseffekte zu entfernen und das System neu zu programmieren (vgl. Bavelier, Levi, Li, Dan u. Hensch, 2010). Solche zukünftigen Perspektiven sind theoretisch denkbar, erfordern allerdings eine behutsame Erforschung, bevor eine Translation in den Humanbereich möglich sein wird.

3. Idealerweise sollten Interventionen sogar zu einem früheren Zeitpunkt in dem hier dargestellten Kreislauf erfolgen, um zu versuchen, die biologische Einbettung kindlicher Traumatisierung zu verhindern, bevor sie geschieht. Im Gegensatz zu den obigen Ausführungen geht es hier also um eine Vorbeugung und Hemmung der biologischen Veränderungen – und nicht um eine Kompensierung oder Umkehrung der bereits eingetretenen biologischen Veränderungen. Hier wird die Herausforderung darin bestehen, zu entscheiden, welche biologischen Veränderungen tatsächlich Anpassungen sind, die dem Kind helfen, die frühe Traumatisierung zu überwinden, und welche Prozesse schädlich sind und pathophysiologische Mechanismen darstellen. Auch die zeitliche Dimension muss berücksichtigt werden, da bestimmte Reaktionen zunächst schützend wirken, aber im Laufe der Zeit zur Pathologie führen können. Ein Beispiel für die Vermeidbarkeit der Auswirkungen von kindlichen Stresserfahrungen stammt aus einer Studie von Brenhouse und Andersen (2011), die darauf

hindeutet, dass die Verabreichung von entzündungshemmenden Substanzen die Auswirkungen der mütterlichen Trennung auf die neuronalen Folgen in Nagetiermodellen tatsächlich verhindern kann. Im Humanbereich wurde gezeigt, dass die Adoption von rumänischen Waisenkindern in Familien langfristige Folgen auf die Größe der Amygdala verhinderte (oder umkehrte), aber nur dann, wenn die Adoption vor dem Alter von zwei Jahren erfolgte (Tottenham et al., 2010).

4. Schließlich liegt der früheste Zeitpunkt für eine Intervention in oder vor der Schwangerschaft, um die intergenerationale Übertragung des durch die frühe Traumatisierung der Mutter bedingten Risikos an die Nachkommen zu unterbrechen. Wie oben beschrieben, existieren verschiedene Übertragungswege während der Konzeption, der intrauterinen Phase und der postnatalen Phase, wobei molekulare, physiologische und verhaltensbezogene Pfade der Übertragung möglich sind. Mütter mit kindlicher Traumatisierung, die schwanger werden, sollten entsprechende Interventionen erhalten, die helfen, dem Risiko entgegenzuwirken. In einer Studie wurde gezeigt, dass die Effekte von pränatalem Stress auf den Hippocampus durch das mütterliche Fürsorgeverhalten nach der Geburt verhindert werden konnten (Buss et al., 2012). Eine andere Studie hat gezeigt, dass die Verfügbarkeit von protektiven Schutz- und Resilienzfaktoren während der Schwangerschaft mit einer Verlängerung der Telomere bei den Neugeborenen einherging (Verner et al., 2021). Möglicherweise könnten auch die biologischen Mechanismen der intergenerationalen Übertragung durch ein Mutter-Kind-Training oder durch supportive Interventionen während der Schwangerschaft abgemildert werden. Neue Strategien sollten erforscht werden, um die Mechanismen der intergenerationalen Übertragung des Risikos auf den Fötus und das Kind indirekt und direkt zu verhindern.

Der in Abbildung 3.5 dargestellte Kreislauf bietet weiterhin die Möglichkeit der Entwicklung von diagnostischen Biomarkern, die es erlauben werden, Risikoverläufe frühzeitig zu erkennen, bevor es zur Manifestation von Störungen kommt. Schließlich bietet der Kreislauf die Möglichkeit, anhand von Biomarkern zu entscheiden, welches Individuum zu welchem Zeitpunkt von welcher Intervention spezifisch profitieren könnte. Ein vollständiges Verständnis des Kreislaufs wird es weiterhin ermöglichen, Mechanismen zu identifizieren, die Resilienz zugrunde liegen, was in neue Ansätze zur Resilienzförderung übertragen werden könnte. Obwohl die primäre Prävention von Kindesmisshandlung und anderen widrigen Umgebungsfaktoren ein übergeordnetes Ziel sein muss, ist es unabdingbar, intensiv neue Strategien und Ansatzpunkte zur Verhinderung oder Umkehr der biologischen Einbettung kindlicher Traumatisierung zu erforschen und diese Erkenntnisse in die klinische Praxis zu überführen.

3.9 Ausblick

In diesem Kapitel wurden biologische Folgen kindlicher Traumatisierung dargestellt, die das Risiko für die Entwicklung eines breiten Spektrums psychischer und körperlicher Störungen markant und lebenslang erhöhen und zu einer verminderten Lebenserwartung beitragen. Die Störungen manifestieren sich häufig in Zusammenhang mit weiteren Belastungen, wobei eine Sensibilisierung und Fehladaptation in neuralen, endokrinen, immunologischen und molekularen Regulationssystemen zu dieser Vulnerabilität beitragen. Die tiefgreifenden Folgen früher Stresserfahrungen werden vermutlich in frühen sensiblen Phasen der erfahrungsgesteuerten Plastizität langfristig über Regulationssysteme hinweg »biologisch eingebettet«. Diese biologische Einbettung hat Folgen für die kognitive, emotionale und verhaltensbezogene Entwicklung und Anpassungsfähigkeit sowie physiologische Konsequenzen in verschiedenen Organsystemen. Über diese Mechanismen wird das Risiko erhöht, über die Lebensspanne hinweg zu erkranken. Dieses Risiko wird in nachfolgende Generationen übertragen.

Ein genaues Verständnis der beteiligten Mechanismen und temporalen Prozesse wird es ermöglichen, gezielt in diese Kaskade einzugreifen und das Risiko für die Entwicklung von psychischen und körperlichen Erkrankungen infolge früher traumatischer Lebenserfahrungen zu verhindern oder umzukehren. Hierbei können existierende psychotherapeutische Interventionen möglicherweise frühzeitig die biologische Einbettung verhindern oder abmildern. Das

Verständnis der Mechanismen wird aber auch die Entwicklung neuartiger Interventionen ermöglichen, die biologischen Einbettungsprozesse direkt zu modulieren. Die Forschung zeigt, dass aversive Einflüsse im frühen Leben langfristig und exponentiell eine systemweite Fehlregulation und Krankheitsanfälligkeit programmieren. Diese frühe Entwicklungsplastizität, die zu den langfristigen schädlichen Folgen kindlicher Traumatisierung führt, eröffnet aber auch ein »Fenster der Möglichkeit«, frühzeitig und gezielt einzugreifen und damit ebenso langfristige und exponentielle positive Auswirkungen auf die Entwicklung, Anpassungsfähigkeit und Gesundheit von Kindern zu bewirken. Es sollten gezielte Strategien entwickelt werden, die die langfristigen negativen Folgen der Traumatisierung bei betroffenen Kindern abmildern oder verhindern, um für diese Kinder einen gesunden und erfolgreichen Lebensweg zu fördern. Angesichts der hohen Prävalenz kindlicher Traumatisierung und der verheerenden Folgen dieser Erfahrungen für die Entwicklung und Gesundheit der Kinder über die Lebensspanne hinweg und in die nachfolgende Generation müssen gezielte Strategien zur Erkennung und frühzeitigen Behandlung der betroffenen Kinder großflächig in das Gesundheitssystem integriert werden. Die Implementierung von Traumaambulanzen für Kinder und Jugendliche zur frühzeitigen Erkennung und Behandlung von betroffenen Kindern ist von kritischer Bedeutung, um das Leid der betroffenen Kinder und Jugendlichen gezielt abzuwenden und damit eines der größten und einflussreichsten Gesundheitsprobleme in unserer Gesellschaft zu adressieren und zu lindern.

Literatur

Anacker, C., O'Donnell, K. J., Meaney, M. J. (2014). Early life adversity and the epigenetic programming of hypothalamic-pituitary-adrenal function. Dialogues in Clinical Neuroscience, 16 (3), 321–333.

Appel, K., Schwahn, C., Mahler, J., Schulz, A., Spitzer, C., Fenske, K., Stender, J., Barnow, S., John, U., Teumer, A., Biffar, R., Nauck, M., Völzke, H., Freyberger, H. J., Grabe, H. J. (2011). Moderation of adult depression by a Polymorphism in the FKBP5 Gene and childhood physical abuse in the general population. Neuropsychopharmacology, 36 (10), 1982–1991.

Austin, M. K., Chen, E., Ross, K. M., McEwen, L. M., Maclsaac, J. L., Kobor, M. S., Miller, G. E. (2018). Early-life socioeconomic disadvantage, not current, pre-

dicts accelerated epigenetic aging of monocytes. Psychoneuroendocrinology, 97, 131–134.
Baldwin, J. R., Sallis, H. M., Schoeler, T., Taylor, M. J., Kwong, A. S. F., Tielbeek, J. J., Barkhuizen, W., Warrier, V., Howe, L. D., Danese, A., McCrory, E. J., Rijsdijk, F., Larsson, H., Lundström, S., Karlsson, R., Lichtenstein, P., Munafò, M. R., Pingault, J. (2022). A genetically informed Registered Report on adverse childhood experiences and mental health. Nature Human Behaviour, 7, 269–290.
Bale, T. L. (2015). Epigenetic and transgenerational reprogramming of brain development. Nature Reviews Neuroscience, 16 (6), 332–344.
Baumeister, D., Akhtar, R., Ciufolini, S., Pariante, C. M., Mondelli, V. (2016). Childhood trauma and adulthood inflammation: a meta-analysis of peripheral C-reactive protein, interleukin-6 and tumour necrosis factor-α. Molecular Psychiatry, 21 (5), 642–649.
Bavelier, D., Levi, D. M., Li, R., Dan, Y., Hensch, T. K. (2010). Removing brakes on adult brain plasticity: From molecular to behavioral interventions. The Journal of Neuroscience, 30 (45), 14964–14971.
Belsky, J. (2016). The differential susceptibility hypothesis. JAMA Pediatrics, 170 (4), 321–322.
Belsky, J., Hartman, S. (2014). Gene-environment interaction in evolutionary perspective: differential susceptibility to environmental influences. World Psychiatry, 13 (1), 87–89.
Bet, P. M., Penninx, B. W., Bochdanovits, Z., Uitterlinden, A. G., Beekman, A. T., Van Schoor, N. M., Deeg, D. J. H., Hoogendijk, W. J. (2009). Glucocorticoid receptor gene polymorphisms and childhood adversity are associated with depression: New evidence for a gene-environment interaction. American Journal of Medical Genetics – Neuropsychiatric Genetics, 150 (5), 660–669.
Bierhaus, A., Wolf, J. M., Andrassy, M., Rohleder, N., Humpert, P. M., Petrov, D., Ferstl, R., Von Eynatten, M., Wendt, T., Rudofsky, G., Joswig, M., Morcos, M., Waisman, A., McEwen, B. S., Kirschbaum, C., Nawroth, P. P. (2003). A mechanism converting psychosocial stress into mononuclear cell activation. Proceedings of the National Academy of Sciences of the United States of America, 100 (4), 1920–1925.
Binder, E. B. (2009). The role of FKBP5, a co-chaperone of the glucocorticoid receptor in the pathogenesis and therapy of affective and anxiety disorders. Psychoneuroendocrinology, 34, 186–195.
Binder, E. B., Salyakina, D., Lichtner, P., Wochnik, G. M., Ising, M., Pütz, B., Papiol, S., Seaman, S. R., Ising, M., Kohli, M., Nickel, T., Künzel, H. E., Fuchs, B., Majer, M., Pfennig, A., Kern, N., Brunner, J., Modell, S., Baghai, T. C., Deiml, T., Zill, P., Bondy, B., Rupprecht, R., Messer, T., Köhnlein, O., Dabitz, H., Brückl, T., Müller, N., Pfister, H., Lieb, R., Mueller, J. C., Lohmussaar, E., Strom, T. M., Bettecken, T., Meitinger, T., Uhr, M., Rein, T., Holsboer, F., Müller-Myhsok, B. (2004). Polymorphisms in FKBP5 are associated with increased recurrence of depressive episodes and rapid response to antidepressant treatment. Nature Genetics, 36 (12), 1319–1325.

Blackburn, E. H. (2005). Telomeres and telomerase: their mechanisms of action and the effects of altering their functions. FEBS Letters, 579 (4), 859–862.
Bock, J., Wainstock, T., Braun, K., Segal, M. (2015). Stress in utero: Prenatal programming of brain plasticity and cognition. Biological Psychiatry, 78 (5), 315–326.
Bogdan, R., Salmeron, B. J., Carey, C. E., Agrawal, A., Calhoun, V. D., Garavan, H., Hariri, A. R., Heinz, A., Hill, M. R., Holmes, A. B., Kalin, N. H., Goldman, D. (2017). Imaging genetics and genomics in psychiatry: A critical review of progress and potential. Biological Psychiatry, 82 (3), 165–175.
Bouvette-Turcot, A., Fleming, A. J., Wazana, A., Sokolowski, M. B., Gaudreau, H., Gonzalez, A. H., Deslauriers, J., Kennedy, J. F., Steiner, M., Meaney, M. J. (2015). Maternal childhood adversity and child temperament: An association moderated by child 5-HTTLPR genotype. Genes, Brain and Behavior, 14 (3), 229–237.
Bradley, R., Binder, E. B., Epstein, M. P., Tang, Y., Nair, H. P., Liu, W., Gillespie, C. F., Berg, T., Evces, M., Newport, D. J., Stowe, Z. N., Heim, C., Nemeroff, C. B., Schwartz, A. G., Cubells, J. F., Ressler, K. J. (2008). Influence of child abuse on adult depression. Archives of General Psychiatry, 65 (2), 190–200.
Brenhouse, H. C., Andersen, S. L. (2011). Nonsteroidal anti-inflammatory treatment prevents delayed effects of early life stress in rats. Biological Psychiatry, 70 (5), 434–440.
Briere, J., Elliott, D. M. (2003). Prevalence and psychological sequelae of self-reported childhood physical and sexual abuse in a general population sample of men and women. Child Abuse & Neglect, 27 (10), 1205–1222.
Broyles, S. T., Staiano, A. E., Drazba, K. T., Gupta, A., Sothern, M. S., Katzmarzyk, P. T. (2012). Elevated c-reactive protein in children from risky neighborhoods: Evidence for a stress pathway linking neighborhoods and inflammation in children. PLOS ONE, 7 (9), e45419.
Bublitz, M. H., Parade, S. H., Stroud, L. R. (2014). The effects of childhood sexual abuse on cortisol trajectories in pregnancy are moderated by current family functioning. Biological Psychology, 103, 152–157.
Bublitz, M. H., Stroud, L. R. (2012). Childhood sexual abuse is associated with cortisol awakening response over pregnancy: Preliminary findings. Psychoneuroendocrinology, 37 (9), 1425–1430.
Bublitz, M. H., Stroud, L. R. (2013). Maternal history of child abuse moderates the association between daily stress and diurnal cortisol in pregnancy: a pilot study. Stress, 16 (6), 706–710.
Burghy, C. A., Stodola, D. E., Ruttle, P. L., Molloy, E. K., Armstrong, J. M., Oler, J. A., Fox, M., Hayes, A. G., Kalin, N. H., Essex, M. J., Davidson, R. J., Birn, R. M. (2012). Developmental pathways to amygdala-prefrontal function and internalizing symptoms in adolescence. Nature Neuroscience, 15 (12), 1736–1741.
Buss, C., Davis, E. P., Shahbaba, B., Pruessner, J. C., Head, K., Sandman, C. A. (2012). Maternal cortisol over the course of pregnancy and subsequent child amygdala and hippocampus volumes and affective problems. Proceedings of the National Academy of Sciences of the United States of America, 109 (20), E1312–E1319.

Buss, C., Entringer, S., Moog, N. K., Toepfer, P., Fair, D. A., Simhan, H. N., Heim, C., Wadhwa, P. D. (2017). Intergenerational transmission of maternal childhood maltreatment exposure: Implications for fetal brain development. Journal of the American Academy of Child and Adolescent Psychiatry, 56 (5), 373–382.

Calem, M., Bromis, K., McGuire, P., Morgan, C., Kempton, M. J. (2017). Meta-analysis of associations between childhood adversity and hippocampus and amygdala volume in non-clinical and general population samples. NeuroImage: Clinical, 14, 471–479.

Caspi, A., Sugden, K., Moffitt, T. E., Taylor, A. M., Craig, I. W., Harrington, H. L., McClay, J. L., Mill, J., Martin, J., Braithwaite, A. W., Poulton, R. (2003). Influence of life stress on depression: Moderation by a polymorphism in the 5-htt gene. Science, 301 (5631), 386–389.

Chen, S., Epel, E. S., Mellon, S. H., Lin, J., Reus, V. I., Rosser, R., Kupferman, E., Burke, H., Mahan, L., Blackburn, E. H., Wolkowitz, O. M. (2014). Adverse childhood experiences and leukocyte telomere maintenance in depressed and healthy adults. Journal of Affective Disorders, 169, 86–90.

Cicchetti, D. (2013). Annual Research Review: Resilient functioning in maltreated children – past, present, and future perspectives. Journal of Child Psychology and Psychiatry, 54 (4), 402–422.

Collishaw, S., Dunn, J., O'Connor, T. G., Golding, J. (2007). Maternal childhood abuse and offspring adjustment over time. Development and Psychopathology, 19 (02) 367–383.

Dammering, F., Martins, J., Dittrich, K., Czamara, D., Rex-Haffner, M., Overfeld, J., De Punder, K., Buss, C., Entringer, S., Winter, S., Binder, E. B., Heim, C. (2021). The pediatric buccal epigenetic clock identifies significant ageing acceleration in children with internalizing disorder and maltreatment exposure. Neurobiology of Stress, 15, 100394.

Danese, A., Caspi, A., Williams, B. W., Ambler, A., Sugden, K., Mika, J., Werts, H., Freeman, J. B., Pariante, C. M., Moffitt, T. E., Arseneault, L. (2011). Biological embedding of stress through inflammation processes in childhood. Molecular Psychiatry, 16 (3), 244–246.

Danese, A., McEwen, B. S. (2012). Adverse childhood experiences, allostasis, allostatic load, and age-related disease. Physiology & Behavior, 106 (1), 29–39.

Danese, A., Moffitt, T. E., Pariante, C. M., Ambler, A., Poulton, R., Caspi, A. (2008). Elevated inflammation levels in depressed adults with a history of childhood maltreatment. Archives of General Psychiatry, 65 (4), 409–415.

Danese, A., Pariante, C. M., Caspi, A., Taylor, A. M., Poulton, R. (2007). Childhood maltreatment predicts adult inflammation in a life-course study. Proceedings of the National Academy of Sciences of the United States of America, 104 (4), 1319–1324.

Dannlowski, U., Stuhrmann, A., Beutelmann, V., Zwanzger, P., Lenzen, T., Grotegerd, D., Domschke, K., Hohoff, C., Ohrmann, P., Bauer, J., Lindner, C., Postert, C., Konrad, C., Arolt, V., Heindel, W., Suslow, T., Kugel, H. (2012). Limbic scars: Long-term consequences of childhood maltreatment revealed

by functional and structural magnetic resonance imaging. Biological Psychiatry, 71 (4), 286–293.
De Brito, S. A., Viding, E., Sebastian, C. L., Kelly, P. F., Mechelli, A., Maris, H., McCrory, E. (2013). Reduced orbitofrontal and temporal grey matter in a community sample of maltreated children. Journal of Child Psychology and Psychiatry, 54 (1), 105–112.
Desai, H. D., Jann, M. W. (2000). Women's health series major depression in women: A review of the literature. Journal of the American Pharmacists Association, 40 (4), 525–537.
Douglass, F. (1845). Narrative of the life of Frederick Douglass, an American Slave. Boston: Anti-Slavery Office.
Drury, S. S., Theall, K. P., Gleason, M. M., Smyke, A. T., De Vivo, I., Wong, J., Fox, N. A., Zeanah, C. H., Nelson, C. (2012). Telomere length and early severe social deprivation: linking early adversity and cellular aging. Molecular Psychiatry, 17 (7), 719–727.
Edwards, V. J., Holden, G. W., Felitti, V. J., Anda, R. F. (2003). Relationship between multiple forms of childhood maltreatment and adult mental health in community respondents: Results from the adverse childhood experiences study. American Journal of Psychiatry, 160 (8), 1453–1460.
Ellis, B. J., Boyce, W. T., Belsky, J., Bakermans-Kranenburg, M. J., Van IJzendoorn, M. H. (2011). Differential susceptibility to the environment: An evolutionary–neurodevelopmental theory. Development and Psychopathology, 23 (1), 7–28.
Entringer, S., Buss, C., Wadhwa, P. D. (2010). Prenatal stress and developmental programming of human health and disease risk: concepts and integration of empirical findings. Current Opinion in Endocrinology, Diabetes and Obesity, 17 (6), 507–516.
Entringer, S., Buss, C., Wadhwa, P. D. (2012). Prenatal stress, telomere biology, and fetal programming of health and disease risk. Science Signaling, 5 (248).
Entringer, S., Buss, C., Wadhwa, P. D. (2015). Prenatal stress, development, health and disease risk: A psychobiological perspective – 2015 Curt Richter Award Paper. Psychoneuroendocrinology, 62, 366–375.
Entringer, S., De Punder, K., Buss, C., Wadhwa, P. D. (2018). The fetal programming of telomere biology hypothesis: An update. Philosophical Transactions of the Royal Society B, 373 (1741), 20170151.
Entringer, S., De Punder, K., Overfeld, J., Karaboycheva, G., Dittrich, K., Buss, C., Winter, S., Binder, E. B., Heim, C. (2020). Immediate and longitudinal effects of maltreatment on systemic inflammation in young children. Development and Psychopathology, 32 (5), 1725–1731.
Fang, X., Brown, D. S., Florence, C. S., Mercy, J. A. (2012). The economic burden of child maltreatment in the United States and implications for prevention. Child Abuse & Neglect, 36 (2), 156–165.
Felitti, V. J., Anda, R. F., Nordenberg, D., Williamson, D. F., Spitz, A. M., Edwards, V. J., Koss, M. P., Marks, J. G. (1998). Relationship of childhood abuse and household dysfunction to many of the leading causes of death in adults. American Journal of Preventive Medicine, 14 (4), 245–258.

Flory, J. D., Bierer, L. M., Yehuda, R. (2011). Maternal exposure to the holocaust and health complaints in offspring. Disease Markers, 30 (2–3), 133–139.

Fransquet, P. D., Wrigglesworth, J., Woods, R. L., Ernst, M. E., Ryan, J. (2019). The epigenetic clock as a predictor of disease and mortality risk: A systematic review and meta-analysis. Clinical Epigenetics, 11 (1), 62.

Frodl, T., Reinhold, E., Koutsouleris, N., Reiser, M. F., Meisenzahl, E. M. (2010). Interaction of childhood stress with hippocampus and prefrontal cortex volume reduction in major depression. Journal of Psychiatric Research, 44 (13), 799–807.

Gaali, S., Kirschner, A. K. T., Cuboni, S., Hartmann, J., Kozany, C., Balsevich, G., Namendorf, C., Fernandez-Vizarra, P., Sippel, C., Zannas, A. S., Draenert, R., Binder, E. B., Almeida, O. F. X., Rühter, G., Uhr, M., Schmidt, M. V., Touma, C., Bracher, A., Hausch, F. (2015). Selective inhibitors of the FK506-binding protein 51 by induced fit. Nature Chemical Biology, 11 (1), 33–37.

Gapp, K., Jawaid, A., Sarkies, P., Bohacek, J., Pelczar, P., Prados, J., Farinelli, L., Miska, E. A., Mansuy, I. M. (2014). Implication of sperm RNAs in transgenerational inheritance of the effects of early trauma in mice. Nature Neuroscience, 17 (5), 667–669.

Grabe, H. J., Wittfeld, K., Van Der Auwera, S., Janowitz, D., Hegenscheid, K., Habes, M., Homuth, G., Barnow, S., John, U., Nauck, M., Völzke, H., Schwabedissen, H. E. M. Z., Freyberger, H. J., Hosten, N. (2016). Effect of the interaction between childhood abuse and rs1360780 of theFKBP5gene on gray matter volume in a general population sample. Human Brain Mapping, 37 (4), 1602–1613.

Grant, M. M., Cannistraci, C. J., Hollon, S. D., Gore, J. C., Shelton, R. C. (2011). Childhood trauma history differentiates amygdala response to sad faces within MDD. Journal of Psychiatric Research, 45 (7), 886–895.

Grant, M. M., White, D., Hadley, J., Hutcheson, N. L., Shelton, R. C., Sreenivasan, K. R., Deshpande, G. (2014). Early life trauma and directional brain connectivity within major depression. Human Brain Mapping, 35 (9), 4815–4826.

Halldorsdottir, T., Binder, E. B. (2017). Gene × environment interactions: From molecular mechanisms to behavior. Annual Review of Psychology, 68 (1), 215–241.

Hamlat, E. J., Prather, A. A., Horvath, S., Belsky, J., Epel, E. S. (2021). Early life adversity, pubertal timing, and epigenetic age acceleration in adulthood. Developmental Psychobiology, 63 (5), 890–902.

Hammen, C., Henry, R. M., Daley, S. E. (2000). Depression and sensitization to stressors among young women as a function of childhood adversity. Journal of Consulting and Clinical Psychology, 68 (5), 782–787.

Han, L. K., Aghajani, M., Clark, S. L., Chan, R. B., Hattab, M. W., Shabalin, A. A., Zhao, M., Kumar, G., Xie, L., Jansen, R., Milaneschi, Y., Dean, B., Aberg, K. A., Van Den Oord, E. J. C. G., Penninx, B. W. (2018). Epigenetic aging in major depressive disorder. American Journal of Psychiatry, 175 (8), 774–782.

Hannum, G., Guinney, J., Zhao, L., Zhang, L., Hughes, G., Sadda, S. R., Klotzle, B., Bibikova, M., Fan, J., Gao, Y., Deconde, R., Chen, M., Rajapakse, I., Friend, S. H., Ideker, T., Zhang, K. (2013). Genome-wide methylation profiles reveal quantitative views of human aging rates. Molecular Cell, 49 (2), 359–367.

Hanson, J. L., Chung, M. K., Avants, B. B., Shirtcliff, E. A., Gee, J. C., Davidson, R. J., Pollak, S. D. (2010). Early stress is associated with alterations in the orbitofrontal cortex: A tensor-based morphometry investigation of brain structure and behavioral risk. The Journal of Neuroscience, 30 (22), 7466–7472.

Häuser, W., Schmutzer, G., Brähler, E., Glaesmer, H. (2011). Maltreatment in Childhood and Adolescence. Deutsches Arzteblatt International, 108 (17), 287–294.

Haussmann, M. F., Heidinger, B. J. (2015). Telomere dynamics may link stress exposure and ageing across generations. Biology Letters, 11 (11), 20150396.

Heim, C., Binder, E. B. (2012). Current research trends in early life stress and depression: Review of human studies on sensitive periods, gene–environment interactions, and epigenetics. Experimental Neurology, 233 (1), 102–111.

Heim, C., Dammering, F., Entringer S. (2020). Frühe Programmierung von Gesundheit und Krankheit. In U. T. Egle, C. Heim, B. Strauß, von Känel, R. (Hrsg.), Psychosomatik (S. 185–191). Stuttgart: Kohlhammer.

Heim, C., Entringer, S., Buss, C. (2019). Translating basic research knowledge on the biological embedding of early-life stress into novel approaches for the developmental programming of lifelong health. Psychoneuroendocrinology, 105, 123–137.

Heim, C., Mayberg, H. S., Mletzko, T., Nemeroff, C. B., Pruessner, J. C. (2013). Decreased cortical representation of genital somatosensory field after childhood sexual abuse. American Journal of Psychiatry, 170 (6), 616–623.

Heim, C., Mletzko, T., Purselle, D., Musselman, D. L., Nemeroff, C. B. (2008). The dexamethasone/corticotropin-releasing factor test in men with major depression: Role of childhood trauma. Biological Psychiatry, 63 (4), 398–405.

Heim, C., Nemeroff, C. B. (1999). The impact of early adverse experiences on brain systems involved in the pathophysiology of anxiety and affective disorders. Biological Psychiatry, 46 (11), 1509–1522.

Heim, C., Nemeroff, C. B. (2001). The role of childhood trauma in the neurobiology of mood and anxiety disorders: preclinical and clinical studies. Biological Psychiatry, 49 (12), 1023–1039.

Heim, C., Newport, D. J., Heit, S., Graham, Y. P., Wilcox, M. M., Bonsall, R. W., Miller, A. H., Nemeroff, C. B. (2000). Pituitary-adrenal and autonomic responses to stress in women after sexual and physical abuse in childhood. JAMA, 284 (5), 592–597.

Heim, C., Newport, D. J., Mletzko, T., Miller, A. H., Nemeroff, C. B. (2008). The link between childhood trauma and depression: Insights from HPA axis studies in humans. Psychoneuroendocrinology, 33 (6), 693–710.

Heim, C., Plotsky, P. M., Nemeroff, C. B. (2004). Importance of studying the contributions of early adverse experience to neurobiological findings in depression. Neuropsychopharmacology, 29 (4), 641–648.

Heim, C., Young, L. J., Newport, D. J., Mletzko, T. M., Miller, A. A., Nemeroff, C. B. (2009). Lower CSF oxytocin concentrations in women with a history of childhood abuse. Molecular Psychiatry, 14 (10), 954–958.

Hensch, T. K. (2005). Critical period plasticity in local cortical circuits. Nature Reviews Neuroscience, 6 (11), 877–888.

Hinde, K., Skibiel, A. L., Foster, A. J., Del Rosso, L. A., Mendoza, S. P., Capitanio, J. P. (2015). Cortisol in mother's milk across lactation reflects maternal life history and predicts infant temperament. Behavioral Ecology, 26 (1), 269–281.

Hofer, S. B., Mrsic-Flogel, T. D., Bonhoeffer, T., Hübener, M. (2009). Experience leaves a lasting structural trace in cortical circuits. Nature, 457 (7227), 313–317.

Horvath, S. (2013). DNA methylation age of human tissues and cell types. GenomeBiology.com (London. Print), 14 (10), R115.

Horvath, S., Erhart, W., Brosch, M., Ammerpohl, O., Von Schönfels, W., Ahrens, M., Heits, N., Bell, J. T., Tsai, P. S., Spector, T. D., Deloukas, P., Siebert, R., Sipos, B., Becker, T., Röcken, C., Schafmayer, C., Hampe, J. (2014). Obesity accelerates epigenetic aging of human liver. Proceedings of the National Academy of Sciences of the United States of America, 111 (43), 15538–15543.

Hubel, D. H., Wiesel, T. N. (1963). Receptive fields of cells in striate cortex of very young, visually inexperienced kittens. Journal of Neurophysiology, 26 (6), 994–1002.

Ising, M., Depping, A., Siebertz, A., Unschuld, P. U., Kloiber, S., Horstmann, S., Uhr, M., Müller-Myhsok, B., Holsboer, F. (2008). Polymorphisms in the FKBP5 gene region modulate recovery from psychosocial stress in healthy controls. European Journal of Neuroscience, 28 (2), 389–398.

Jasarevic, E., Howerton, C. L., Howard, C. J., Bale, T. L. (2015). Alterations in the vaginal microbiome by maternal stress are associated with metabolic reprogramming of the offspring gut and brain. Endocrinology, 156 (9), 3265–3276.

Joseph, J., Buss, C., Knop, A. J. J., de Punder, K., Winter, S. M., Spors, B., Binder, E., Haynes, J.-D., Heim, C. (o. J.). Maltreatment predicts smaller brain volume with implication for intellectual ability in young children. Unveröffentlichtes Manuskript.

Jovanovic, T., Vance, L. A., Cross, D., Klengel, T., Kilaru, V., Michopoulos, V., Klengel, T., Smith, A. K. (2017). Exposure to violence accelerates epigenetic aging in children. Scientific Reports, 7 (1), 8962–7

Kananen, L., Surakka, I., Pirkola, S., Suvisaari, J., Lönnqvist, J., Peltonen, L., Ripatti, S., Hovatta, I. (2010). Childhood adversities are associated with shorter telomere length at adult age both in individuals with an anxiety disorder and controls. PLOS ONE, 5 (5), e10826.

Karg, K., Burmeister, M., Shedden, K., Sen, S. (2011). The serotonin transporter promoter variant (5-HTTLPR), stress, and depression meta-analysis revisited. Archives of General Psychiatry, 68 (5), 444–454.

Kirschbaum, C., Pirke, K., Hellhammer, D. H. (1993). The »Trier Social Stress Test« – A tool for investigating psychobiological stress responses in a laboratory setting. Neuropsychobiology, 28 (1–2), 76–81.

Kleih, S. E., Entringer, S., Scholaske, L., Kathmann, N., DePunder, K., Heim, C. H., Wadhwa, P. D., Buss, C. (2022). Exposure to childhood maltreatment and systemic inflammation across pregnancy: The moderating role of depressive symptomatology. Brain Behavior and Immunity, 101, 397–409.

Klengel, T., Mehta, D., Anacker, C., Rex-Haffner, M., Pruessner, J. C., Pariante, C. M., Pace, T. W., Mercer, K. B., Mayberg, H. S., Bradley, B., Nemeroff, C. B., Holsboer, F., Heim, C., Ressler, K. J., Rein, T., Binder, E. B. (2013). Allele-specific FKBP5 DNA demethylation mediates gene–childhood trauma interactions. Nature Neuroscience, 16 (1), 33–41.

Kovalchuk, I. (2012). Transgenerational epigenetic inheritance in animals. Frontiers in Genetics, 3:76.

Labonté, B., Suderman, M., Maussion, G., Navaro, L., Yerko, V., Mahar, I., Bureau, A., Mechawar, N., Szyf, M., Meaney, M. J., Turecki, G. (2012). Genome-wide epigenetic regulation by early-life trauma. Archives of General Psychiatry, 69 (7), 722–731.

Lupien, S. J., McEwen, B. S., Gunnar, M. R., Heim, C. (2009). Effects of stress throughout the lifespan on the brain, behaviour and cognition. Nature Reviews Neuroscience, 10 (6), 434–445.

Mackes, N. K., Golm, D., Sarkar, S., Kumsta, R., Rutter, M., Fairchild, G., Mehta, M. A., Sonuga-Barke, E. J. (2020). Early childhood deprivation is associated with alterations in adult brain structure despite subsequent environmental enrichment. Proceedings of the National Academy of Sciences of the United States of America, 117 (1), 641–649.

Marini, S., Davis, K. A., Soare, T. W., Zhu, Y., Suderman, M., Simpkin, A. J., Smith, A., Wolf, E. J., Relton, C. L., Dunn, E. C. (2020). Adversity exposure during sensitive periods predicts accelerated epigenetic aging in children. Psychoneuroendocrinology, 113, 104484.

Martins, J., Czamara, D., Sauer, S., Rex-Haffner, M., Dittrich, K., Dörr, P., De Punder, K., Overfeld, J., Knop, A., Dammering, F., Entringer, S., Winter, S., Buss, C., Heim, C., Binder, E. B. (2021). Childhood adversity correlates with stable changes in DNA methylation trajectories in children and converges with epigenetic signatures of prenatal stress. Neurobiology of Stress, 15, 100336.

Mayer, S. E., Prather, A. A., Epel, E. S., Lin, J., Arenander, J., Coccia, M., Shields, G. S., Slavich, G. M., Epel, E. S. (2019). Cumulative lifetime stress exposure and leukocyte telomere length attrition: The unique role of stressor duration and exposure timing. Psychoneuroendocrinology, 104, 210–218.

McEwen, B. S. (1999). Stress and hippocampal plasticity. Annual Review of Neuroscience, 22 (1), 105–122.

McEwen, B. S., Seeman, T. E. (1999). Protective and damaging effects of mediators of stress: elaborating and testing the concepts of allostasis and allostatic load. Annals of the New York Academy of Sciences, 896 (1), 30–47.

McEwen, L. M., O'Donnell, K., McGill, M. G., Edgar, R. D., Jones, M. J., MacIsaac, J. L., Lin, D., Ramadori, K. E., Morin, A. M., Gladish, N., Garg, E., Unternaehrer, E., Pokhvisneva, I., Karnani, N., Kee, M. Z. L., Klengel, T., Adler, N. E., Barr, R. D., Letourneau, N., Giesbrecht, G. F., Reynolds, J. N., Czamara,

D., Armstrong, J. M., Essex, M. J., de Weerth, C., Beijers, R., Tollenaar, M. S., Bradley, B., Jovanovic, T., Ressler, K. J., Steiner, M., Entringer, S., Wadhwa, P. D., Buss, C., Bush, N. R., Binder, E. B., Boyce, W. T., Meaney, M. J., Horvath, S., Kobor, M. S. (2020). The PedBE clock accurately estimates DNA methylation age in pediatric buccal cells. Proceedings of the National Academy of Sciences of the United States of America, 117 (38), 23329–23335.

McGowan, P. O., Sasaki, A., D'Alessio, A. C., Dymov, S., Labonté, B., Szyf, M., Turecki, G., Meaney, M. J. (2009). Epigenetic regulation of the glucocorticoid receptor in human brain associates with childhood abuse. Nature Neuroscience, 12 (3), 342–348.

McGowan, P. O., Suderman, M., Sasaki, A., Huang, T. J., Hallett, M., Meaney, M. J., Szyf, M. (2011). Broad epigenetic signature of maternal care in the brain of adult rats. PLOS ONE, 6 (2), e14739.

Miranda, J. K., De La Osa, N., Granero, R., Ezpeleta, L. (2013). Maternal childhood abuse, intimate partner violence, and child psychopathology. Violence Against Women, 19 (1), 50–68.

Mitchell, C., Hobcraft, J., McLanahan, S., Siegel, S. K., Berg, A., Brooks-Gunn, J., Garfinkel, I., Notterman, D. A. (2014). Social disadvantage, genetic sensitivity, and children's telomere length. Proceedings of the National Academy of Sciences of the United States of America, 111 (16), 5944–5949.

Moog, N. K., Buss, C., Entringer, S., Shahbaba, B., Gillen, D. L., Hobel, C. J., Wadhwa, P. D. (2016). Maternal exposure to childhood trauma is associated during pregnancy with placental-fetal stress physiology. Biological Psychiatry, 79 (10), 831–839.

Moog, N. K., Cummings, P. D., Jackson, K. L., Aschner, J. L., Barrett, E. S., Bastain, T. M., Blackwell, C. K., Enlow, M. B., Breton, C. V., Bush, N. R., Deoni, S. C. L., Duarte, C. S., Ferrara, A., Grant, T. L., Hipwell, A. E., Jones, K., Leve, L. D., Lovinsky-Desir, S., Miller, R. K., Monk, C., Oken, E., Posner, J., Schmidt, R. J., Wright, R. J., Entringer, S., Simhan, H. N., Wadhwa, P. D., O´Connor, T. G., Musci, R. J., Buss, C. (2023). Intergenerational transmission of the effects of maternal exposure to childhood maltreatment in the USA: a retrospective cohort study. The Lancet Public health, 8 (3), e226–e237.

Moog, N. K., Entringer, S., Heim, C., Wadhwa, P. D., Kathmann, N., Buss, C. (2015). Influence of maternal thyroid hormones during gestation on fetal brain development. Neuroscience, 342, 68–100.

Moog, N. K., Entringer, S., Rasmussen, J. M., Styner, M., Gilmore, J. H., Kathmann, N., Heim, C., Wadhwa, P. D., Buss, C. (2018). Intergenerational effect of maternal exposure to childhood maltreatment on newborn brain anatomy. Biological Psychiatry, 83 (2), 120–127.

Moog, N. K., Heim, C., Entringer, S., Kathmann, N., Wadhwa, P. D., Buss, C. (2017). Childhood maltreatment is associated with increased risk of subclinical hypothyroidism in pregnancy. Psychoneuroendocrinology, 84, 190–196.

Moog, N. K., Heim, C., Entringer, S., Simhan, H. N., Wadhwa, P. D., Buss, C. (2022). Transmission of the adverse consequences of childhood maltreatment across generations: Focus on gestational biology. Pharmacology, Biochemistry and Behavior, 215, 173372.

Murgatroyd, C., Wu, Y., Bockmühl, Y., Spengler, D. (2010). Genes learn from stress: How infantile trauma programs us for depression. Epigenetics, 5 (3), 194–199.

Myhre, M. C., Dyb, G., Wentzel-Larsen, T., Grøgaard, J. B., Thoresen, S. (2014). Maternal childhood abuse predicts externalizing behaviour in toddlers: A prospective cohort study. Scandinavian Journal of Public Health, 42 (3), 263–269.

Nemeroff, C. B. (2016). Paradise lost: The neurobiological and clinical consequences of child abuse and neglect. Neuron, 89 (5), 892–909.

Nemeroff, C. B., Heim, C., Thase, M. E., Klein, D. N., Rush, A. J., Schatzberg, A. F., Ninan, P. T., McCullough, J. P., Weiss, P. S., Dunner, D. L., Rothbaum, B. O., Kornstein, S. G., Keitner, G. I., Keller, M. B. (2003). Differential responses to psychotherapy versus pharmacotherapy in patients with chronic forms of major depression and childhood trauma. Proceedings of the National Academy of Sciences of the United States of America, 100 (24), 14293–14296.

Nevalainen, T., Kananen, L., Marttila, S., Jylhävä, J., Mononen, N., Kähönen, M., Raitakari, O. T., Hervonen, A., Jylhä, M., Lehtimäki, T., Hurme, M. (2017). Obesity accelerates epigenetic aging in middle-aged but not in elderly individuals. Clinical Epigenetics, 9 (1), 20.

Noll, J. G., Zeller, M. H., Trickett, P. K., Putnam, F. W. (2007). Obesity risk for female victims of childhood sexual abuse: A prospective study. Pediatrics, 120 (1), e61–e67.

Norman, R. E., Byambaa, M., De, R., Butchart, A., Scott, J., Vos, T. (2012). The longterm health consequences of child physical abuse, emotional abuse, and neglect: A systematic review and meta-analysis. PLOS Medicine, 9 (11), e1001349.

O'Donovan, A., Epel, E. S., Lin, J., Wolkowitz, O. M., Cohen, B. E., Maguen, S., Metzler, T. J., Lenoci, M., Blackburn, E. H., Neylan, T. C. (2011). Childhood trauma associated with short leukocyte telomere length in posttraumatic stress disorder. Biological Psychiatry, 70 (5), 465–471.

Owens, M. J., Nemeroff, C. B. (1991). Physiology and pharmacology of corticotropin-releasing factor. Pharmacological Reviews, 43 (4), 425–473.

Pace, T. W., Mletzko, T., Alagbe, O., Musselman, D. L., Nemeroff, C. B., Miller, A. H., Heim, C. (2006). Increased stress-induced inflammatory responses in male patients with major depression and increased early life stress. American Journal of Psychiatry, 163 (9), 1630–1633.

Palma-Gudiel, H., Córdova-Palomera, A., Eixarch, E., Deuschle, M., Fañanás, L. (2015). Maternal psychosocial stress during pregnancy alters the epigenetic signature of the glucocorticoid receptor gene promoter in their offspring: a meta-analysis. Epigenetics, 10 (10), 893–902.

Parade, S. H., Parent, J., Rabemananjara, K., Seifer, R., Marsit, C. J., Yang, B., Zhang, H., Tyrka, A. R. (2017). Change in FK506 binding protein 5 (FKBP5) methylation over time among preschoolers with adversity. Development and Psychopathology, 29 (5), 1627–1634.

Pembrey, M., Saffery, R., Bygren, L. O. (2014). Human transgenerational responses to early-life experience: potential impact on development, health and biomedical research. Journal of Medical Genetics, 51 (9), 563–572.
Perna, G., Grassi, M., Caldirola, D., Nemeroff, C. B. (2017). The revolution of personalized psychiatry: will technology make it happen sooner? Psychological Medicine, 48 (5), 705–713.
Perna, L. W., Zhang, Y., Mons, U., Holleczek, B., Saum, K. U., Brenner, H. (2016). Epigenetic age acceleration predicts cancer, cardiovascular, and all-cause mortality in a German case cohort. Clinical Epigenetics, 8 (1): 64.
Plant, D., Barker, E. D., Waters, C. S., Pawlby, S., Pariante, C. M. (2013). Intergenerational transmission of maltreatment and psychopathology: the role of antenatal depression. Psychological Medicine, 43 (3), 519–528.
Provençal, N., Arloth, J., Cattaneo, A., Anacker, C., Cattane, N., Wiechmann, T., Roeh, S., Ködel, M., Klengel, T., Czamara, D., Müller, N. S., Lahti, J., Team, P., Räikkönen, K., Pariante, C. M., Binder, E. B. (2020). Glucocorticoid exposure during hippocampal neurogenesis primes future stress response by inducing changes in DNA methylation. Proceedings of the National Academy of Sciences of the United States of America, 117 (38), 23280–23285.
Provençal, N., Binder, E. B. (2015). The effects of early life stress on the epigenome: From the womb to adulthood and even before. Experimental Neurology, 268, 10–20.
Raabe, F., Spengler, D. (2013). Epigenetic risk factors in ptsd and depression. Frontiers in Psychiatry, 4, 80.
Racine, N., Plamondon, A., Madigan, S., McDonald, S., Tough, S. (2018). Maternal adverse childhood experiences and infant development. Pediatrics, 141 (4), e20172495.
Rao, U., Hammen, C., Ortiz, L. A., Chen, L., Poland, R. E. (2008). Effects of early and recent adverse experiences on adrenal response to psychosocial stress in depressed adolescents. Biological Psychiatry, 64 (6), 521–526.
Rentscher, K. E., Carroll, J. E., Mitchell, C. (2020). Psychosocial stressors and telomere length: A current review of the science. Annual Review of Public Health, 41 (1), 223–245.
Ridout, K. K., Levandowski, M. L., Ridout, S. J., Gantz, L., Goonan, K. A., Palermo, D., Price, L. H., Tyrka, A. R. (2018). Early life adversity and telomere length: a meta-analysis. Molecular Psychiatry, 23 (4), 858–871.
Rijlaarsdam, J., Stevens, G. W. J. M., Jansen, P. W., Ringoot, A. P., Jaddoe, V. W. V., Hofman, A., Ayer, L., Verhulst, F. C., Hudziak, J. J., Tiemeier, H. (2014). Maternal childhood maltreatment and offspring emotional and behavioral problems. Child Maltreatment, 19 (2), 67–78.
Roberts, A. L., Galea, S., Austin, S. B., Corliss, H. L., Williams, M. A., Koenen, K. C. (2014). Women's experience of abuse in childhood and their children's smoking and overweight. American Journal of Preventive Medicine, 46 (3), 249–258.

Roberts, A. L., Lyall, K., Rich-Edwards, J. W., Ascherio, A., Weisskopf, M. G. (2013). Association of maternal exposure to childhood abuse with elevated risk for autism in offspring. JAMA Psychiatry, 70 (5), 508–515.

Schaefer, J. D., Cheng, T. W., Dunn, E. C. (2022). Sensitive periods in development and risk for psychiatric disorders and related endpoints: A systematic review of child maltreatment findings. The Lancet Psychiatry, 9 (12), 978–991.

Schmider, J., Lammers, C., Gotthardt, U., Dettling, M., Holsboer, F., Heuser, I. (1995). Combined dexamethasone/corticotropin-releasing hormone test in acute and remitted manic patients, in acute depression, and in normal controls: I. Biological Psychiatry, 38 (12), 797–802.

Schreier, H. M., Hacker, M. R., Ritz, T., Gennings, C., Wright, R. J. (2015). Childhood abuse is associated with increased hair cortisol levels among urban pregnant women. Journal of Epidemiology and Community Health, 69 (12), 1169–1174.

Shalev, I., Moffitt, T. E., Sugden, K., Williams, B. F., Houts, R., Danese, A., Mill, J., Arseneault, L., Caspi, A. (2013). Exposure to violence during childhood is associated with telomere erosion from 5 to 10 years of age: a longitudinal study. Molecular Psychiatry, 18 (5), 576–581.

Shenk, C. E., O'Donnell, K., Pokhvisneva, I., Kobor, M. S., Meaney, M. J., Bensman, H. E., Allen, E., Olson, A. E. (2021). Epigenetic age acceleration and risk for posttraumatic stress disorder following exposure to substantiated child maltreatment. Journal of Clinical Child and Adolescent Psychology, 51 (5), 651–661.

Shonkoff, J. P., Garner, A. J. P. (2012). The lifelong effects of early childhood adversity and toxic stress. Pediatrics, 129 (1), e232–e246.

Smith, M., Gotman, N., Yonkers, K. A. (2016). Early childhood adversity and pregnancy outcomes. Maternal and Child Health Journal, 20 (4), 790–798.

Smith, Z. A., Chan, M., Mikkelsen, T. S., Gu, H., Gnirke, A., Regev, A., Meissner, A. (2012). A unique regulatory phase of DNA methylation in the early mammalian embryo. Nature, 484 (7394), 339–344.

Stein, M. B., Koverola, C., Hanna, C., Torchia, M., McClarty, B. (1997). Hippocampal volume in women victimized by childhood sexual abuse. Psychological Medicine, 27 (4), 951–959.

Stewart, S. A., Weinberg, R. A. (2006). Telomeres: Cancer to human aging. Annual Review of Cell and Developmental Biology, 22 (1), 531–557.

Sumner, J. A., Colich, N. L., Uddin, M., Armstrong, D., McLaughlin, K. A. (2019). Early experiences of threat, but not deprivation, are associated with accelerated biological aging in children and adolescents. Biological Psychiatry, 85 (3), 268–278.

Surtees, P. G., Wainwright, N. B., Pooley, K. A., Luben, R., Khaw, K., Easton, D. F., Dunning, A. M. (2011). Life stress, emotional health, and mean telomere length in the european prospective investigation into cancer (epic)-norfolk population study. The Journals of Gerontology, 66A (11), 1152–1162.

Szyf, M. (2009). Epigenetics, DNA methylation, and chromatin modifying drugs. Annual Review of Pharmacology and Toxicology, 49 (1), 243–263.

Teh, A. L., Pan, H., Chen, L., Ong, M., Dogra, S. K., Wong, J., MacIsaac, J. L., Mah, S. M., McEwen, L. M., Saw, S., Godfrey, K. M., Chong, Y. S., Kwek, K., Kwoh, C. K., Soh, S. E., Chong, M. F., Barton, S. J., Karnani, N., Cheong, C. Y., Buschdorf, J. P., Stünkel, W., Kobor, M. S., Meaney, M. J., Gluckman, P. D., Holbrook, J. D. (2014). The effect of genotype and in utero environment on interindividual variation in neonate DNA methylomes. Genome Research, 24 (7), 1064–1074.

Teicher, M. H., Anderson, C. S., Polcari, A. (2012). Childhood maltreatment is associated with reduced volume in the hippocampal subfields CA3, dentate gyrus, and subiculum. Proceedings of the National Academy of Sciences of the United States of America, 109 (9), E563–572.

Teicher, M. H., Samson, J. A. (2013). Childhood maltreatment and psychopathology: A case for ecophenotypic variants as clinically and neurobiologically distinct subtypes. American Journal of Psychiatry, 170 (10), 1114–1133.

Teicher, M. H., Samson, J. A., Anderson, C. S., Ohashi, K. (2016). The effects of childhood maltreatment on brain structure, function and connectivity. Nature Reviews Neuroscience, 17 (10), 652–666.

Tomoda, A., Suzuki, H., Rabi, K., Sheu, Y., Polcari, A., Teicher, M. H. (2009). Reduced prefrontal cortical gray matter volume in young adults exposed to harsh corporal punishment. NeuroImage, 47, T66–T71.

Tottenham, N., Hare, T. A., Millner, A., Gilhooly, T., Zevin, J. D., Casey, B. C. (2011). Elevated amygdala response to faces following early deprivation. Developmental Science, 14 (2), 190–204.

Tottenham, N., Hare, T. A., Quinn, B., McCarry, T., Nurse, M., Gilhooly, T., Millner, A. J., Galván, A., Davidson, M. G., Eigsti, I., Thomas, K. M., Freed, P. J., Booma, E. S., Gunnar, M. R., Altemus, M., Aronson, J., Casey, B. C. (2010). Prolonged institutional rearing is associated with atypically large amygdala volume and difficulties in emotion regulation. Developmental Science, 13 (1), 46–61.

Treadway, M. T., Grant, M. M., Ding, Z., Hollon, S. D., Gore, J. C., Shelton, R. C. (2009). Early adverse events, HPA activity and rostral anterior cingulate volume in MDD. PLOS ONE, 4 (3), e4887.

Tyrka, A. R., Price, L. H., Kao, H., Porton, B., Marsella, S. A., Carpenter, L. L. (2010). Childhood maltreatment and telomere shortening: Preliminary support for an effect of early stress on cellular aging. Biological Psychiatry, 67 (6), 531–534.

Tyrka, A. R., Ridout, K. K., Parade, S. H., Paquette, A. G., Marsit, C. J., Seifer, R. (2015). Childhood maltreatment and methylation of FK506 binding protein 5 gene (FKBP5). Development and Psychopathology, 27 (4pt2), 1637–1645.

Ulrich-Lai, Y. M., Herman, J. G. (2009). Neural regulation of endocrine and autonomic stress responses. Nature Reviews Neuroscience, 10 (6), 397–409.

Van Harmelen, A., Van Tol, M., Van Der Wee, N. J., Veltman, D. J., Aleman, A., Spinhoven, P., Van Buchem, M. A., Zitman, F. G., Penninx, B. W., Elzinga, B. M. (2010). Reduced medial prefrontal cortex volume in adults reporting childhood emotional maltreatment. Biological Psychiatry, 68 (9), 832–838.

Verner, G., Epel, E. S., Lahti-Pulkkinen, M., Kajantie, E., Buss, C., Lin, J. C., Blackburn, E. H., Räikkönen, K., Wadhwa, P. D., Entringer, S. (2021). Maternal psychological resilience during pregnancy and newborn telomere length: A prospective study. American Journal of Psychiatry, 178 (2), 183–192.

Vythilingam, M., Heim, C., Newport, J., Miller, A. H., Anderson, E., Bronen, R. A., Brummer, M. E., Staib, L. H., Vermetten, E., Charney, D. S., Nemeroff, C. B., Bremner, J. D. (2002). Childhood trauma associated with smaller hippocampal volume in women with major depression. American Journal of Psychiatry, 159 (12), 2072–2080.

Weaver, I. C. G., Cervoni, N., Champagne, F. A., D'Alessio, A. C., Sharma, S., Seckl, J. R., Dymov, S., Szyf, M., Meaney, M. J. (2004). Epigenetic programming by maternal behavior. Nature Neuroscience, 7 (8), 847–854.

Weiss, M. J., Wagner, S. H. (1998). What explains the negative consequences of adverse childhood experiences on adult health? Insights from cognitive and neuroscience research. American Journal of Preventive Medicine, 14 (4), 356–360.

Wildeman, C., Emanuel, N., Leventhal, J. M., Putnam-Hornstein, E., Waldfogel, J., Lee, H. (2014). The prevalence of confirmed maltreatment among US children, 2004 to 2011. JAMA Pediatrics, 168 (8), 706–713.

Winter, S., Dittrich, K., Dörr, P., Overfeld, J., Moebus, I., Murray, E. C., Karaboycheva, G., Zimmermann, C., Knop, A., Voelkle, M. C., Entringer, S., Buss, C., Haynes, J. A., Binder, E. B., Heim, C. (2022). Immediate impact of child maltreatment on mental, developmental, and physical health trajectories. Journal of Child Psychology and Psychiatry, 63 (9), 1027–1045.

Wolf, E. J., Logue, M. W., Morrison, F. G., Wilcox, E., Stone, A., Schichman, S. A., McGlinchey, R. E., Milberg, W. P., Miller, M. W. (2019). Posttraumatic psychopathology and the pace of the epigenetic clock: A longitudinal investigation. Psychological Medicine, 49 (5), 791–800.

Wolf, E. J., Maniates, H., Nugent, N. R., Maihofer, A. X., Armstrong, D., Ratanatharathorn, A., Ashley-Koch, A. E., Garrett, M. E., Kimbrel, N. A., Lori, A., Workgroup, V. M. M., Aiello, A. E., Baker, D. G., Beckham, J. C., Boks, M. P., Galea, S., Geuze, E., Hauser, M. A., Kessler, R. C., Koenen, K. C., Miller, M. W., Ressler, K. J., Risbrough, V., Rutten, B. P. F., Stein, M. B., Ursano, R. J., Vermetten, E., Vinkers, C. H., Uddin, M., Smith, A. K., Nievergelt, C. M., Logue, M. W. (2018). Traumatic stress and accelerated DNA methylation age: A meta-analysis. Psychoneuroendocrinology, 92, 123–134.

Zhang, Y., Zhang, X., Shi, J., Tuorto, F., Li, X., Liu, Y., Liebers, R., Zhang, L., Qu, Y., Qian, J., Pahima, M., Liu, Y., Yan, M., Cao, Z., Lei, X., Cao, Y., Peng, H., Liu, S., Wang, Y., Zheng, H., Woolsey, R., Quilici, D., Zhai, Q., Li, L., Zhou, T., Yan, W., Lyko, F., Zhang, Y., Zhou, Q., Duan, E., Chen, Q. (2018). Dnmt2 mediates intergenerational transmission of paternally acquired metabolic disorders through sperm small non-coding RNAs. Nature Cell Biology, 20 (5), 535–540.

4 Traumafolgestörung und Therapie

Claudia Calvano

Es gibt ein breites Spektrum von Traumafolgestörungen im Kindes- und Jugendalter. Wie das genau aussieht, beschreibt dieses Kapitel, das auch auf Risiko- und Schutzfaktoren eingeht und darauf aufbauend Aspekte der traumainformierten Beratung, der Erstversorgung sowie des psychotherapeutischen Vorgehens in ihren Grundlagen vorstellt.

4.1 Traumafolgestörungen im Kindes- und Jugendalter

Traumafolgestörungen im Kindes- und Jugendalter sind durch eine bestimmte Phänomenologie charakterisiert. Zu beachten ist dabei, dass sowohl ihre Symptomatik als auch das therapeutische Vorgehen alters- und entwicklungsabhängig ist. Bei einer phänomenologischen Beschreibung muss deshalb auch immer auf die Besonderheiten im Entwicklungsverlauf eingegangen werden.

4.1.1 Klassifikation von Traumafolgestörungen im Kindes- und Jugendalter

Die zentrale Traumafolgestörung ist auch im Kindes- und Jugendalter die posttraumatische Belastungsstörung (PTBS; F43.1 nach ICD-10; 6B40 nach ICD-11). Das Störungsbild ist durch eine infolge der traumatischen Erfahrung entstandene, andauernde Kernsymptomatik aus Intrusionen (das heißt Wiedererleben des Ereignisses z. B. in Form von Albträumen oder lebhaften, aufdringlichen Erinnerungen), Hypervigilanz (das heißt erhöhte Schreckhaftigkeit und Arousal) und Vermeidung (von Reizen oder Personen, die an das Ereignis erinnern) gekennzeichnet (Bundesinstitut für Arzneimittel und Medizinprodukte, 2022). Anders als in der ICD-10 wird dabei in der ICD-11 spezifiziert, dass die Hypervigilanz auf eine anhaltende Wahrnehmung einer erhöhten gegenwärtigen Bedrohung zurückzuführen ist. Nach dem DSM-5 sind auch Wutausbrüche und riskantes Verhalten Indikatoren für die Hypervigilanz. Die in der ICD-10 genannte negative Veränderung von Kognition und Stimmung, welche auch Teil der DSM-5-Kriterien ist, fiel in der ICD-11 weg. Einen Überblick über die unterschiedlichen Kriterien gibt Tabelle 4.1. Nichtsdestotrotz sind Depressionen beziehungsweise eine depressive Symptomatik im klinischen Kontext bei Patient:innen mit PTBS häufig zu beobachten und auch Suizidalität spielt nicht selten eine Rolle. Das DSM-5 unterscheidet anders als ICD-10 und ICD-11 bereits zwischen altersspezifischer Symptomatik für Kinder bis einschließlich sechs Jahren. Diese sind stichpunktartig in Tabelle 4.1 den Diagnosekriterien nach ICD-11 sowie DSM-5 ab sechs Jahren gegenübergestellt.

Weiterhin beobachten wir auch Anpassungsstörungen an belastende Lebensereignisse, die nicht das typische klinische Bild einer PTBS aufweisen. Anpassungsstörungen sind gekennzeichnet durch vielfältige andere Störungen im Affekt, den Emotionen sowie dem Verhalten (depressive Stimmung, Angst, Sozialverhalten oder eine Kombination), treten in der Regel innerhalb eines Monats (ICD-11) beziehungsweise bis zu drei Monate nach dem Ereignis (DSM-5) auf und klingen spätestens sechs Monate nach Ende der Belastung beziehungsweise deren Folgen wieder ab. Die Symptomatik verursacht klinisch bedeutsames Leiden oder soziale, berufliche oder sonstige Funktionsbeeinträchtigungen, welche unverhältnismäßig zum Schweregrad und zur Intensität des Belastungsfaktors sind.

Tabelle 4.1: Diagnosekriterien der PTBS nach ICD-11 und DSM-5

Kriterium	ICD-11	DSM-5 (> 6 Jahre)	DSM-5 (≤ 6 Jahre)
Trauma	Einem extrem bedrohlichen oder schrecklichen Ereignis oder einer Reihe von Ereignissen ausgesetzt zu sein	Erleben von tatsächlichem/drohendem Tod, ernsthafter Körperverletzung, sexueller Gewalt auf mindestens eine Art: 1. direktes Erleben 2. direkte Zeugenschaft 3. Erfahren, dass nahestehender Person ein Trauma widerfahren ist 4. wiederholte extreme Konfrontation mit aversiven Details eines Traumas	Erleben von tatsächlichem/drohendem Tod, ernsthafter Körperverletzung, sexueller Gewalt auf mindestens eine Art: 1. direktes Erleben 2. direkte Zeugenschaft 3. Erfahren, dass nahestehender Person ein Trauma widerfahren ist 4. entfällt (siehe Abbildung 2.1)
Wiedererleben	• Wiedererleben des Traumas in Form von lebhaften aufdringlichen Erinnerungen, Rückblenden oder Albträumen • kann über eine oder mehrere Sinnesmodalitäten erfolgen • typischerweise von starken Emotionen und körperlichen Empfindungen begleitet	eines oder mehrere der folgenden Symptome: 1. Intrusionen 2. wiederkehrende, belastende Träume 3. dissoziative Reaktionen 4. psychische Belastung bei Konfrontation 5. deutliche körperliche Reaktion bei Konfrontation	wie für > 6 Jahre, *aber beachte*: zu 1.: müssen nicht belastend wirken, können auch spielerisch inszeniert werden zu 2.: ein Zusammenhang der Träume mit dem Trauma kann evtl. nicht gesichert werden
Vermeidung	mindestens eines der folgenden Symptome: 1. Vermeidung von Gedanken und Erinnerungen	mindestens eines der folgenden Symptome: 1. Vermeidung von Erinnerungen, Gedanken, Gefühlen	mindestens eines der folgenden Symptome: 1. Vermeidung von Aktivitäten, Orten, Gegenständen

Kriterium	ICD-11	DSM-5 (> 6 Jahre)	DSM-5 (≤ 6 Jahre)
	2. Vermeidung von Aktivitäten, Situationen oder Personen	2. Vermeidung von Personen, Orten, Umweltreizen	2. Vermeidung von Personen, Gesprächen, zwischenmenschlichen Situationen 3. deutlich häufiger auftretende negative emotionale Zustände 4. vermindertes Interesse oder verminderte Teilnahme an wichtigen Aktivitäten 5. soziales Rückzugsverhalten 6. dauerhaft verminderter Ausdruck positiver Emotionen
Veränderungen von Kognition und Stimmung	*in ICD-11 weggefallen*	mindestens zwei der folgenden Symptome: 1. dissoziative Amnesie 2. negative Überzeugungen oder Erwartungen gegenüber sich/anderen 3. verzerrte Kognitionen hinsichtlich Ursache und Folgen 4. andauernder negativer emotionaler Zustand 5. vermindertes Interesse oder verminderte Teilnahme an wichtigen Aktivitäten 6. Gefühle der Abgetrenntheit oder Entfremdung von anderen	

Kriterium	ICD-11	DSM-5 (> 6 Jahre)	DSM-5 (≤ 6 Jahre)
		7. Unfähigkeit, positive Gefühle zu empfinden	
Veränderungen des Erregungsniveaus	• anhaltende Wahrnehmung einer erhöhten aktuellen Bedrohung • zeigt sich z. B. durch Hypervigilanz oder verstärkte Schreckreaktion auf Reize	mindestens 2 der folgenden Symptome: 1. Reizbarkeit und Wutausbrüche 2. riskantes/selbstzerstörerisches Verhalten 3. Hypervigilanz 4. übertriebene Schreckreaktion 5. Konzentrationsschwierigkeiten 6. Schlafstörungen	wie für > 6 Jahre
Zeitkriterium	Symptome dauern > einige Wochen	Symptome dauern > 1 Monat	wie für > 6 Jahre
Leid	erhebliche Beeinträchtigungen in persönlichen, familiären, sozialen, schulischen, beruflichen oder anderen wichtigen Funktionsbereichen	klinisch bedeutsames Leiden oder Beeinträchtigungen in sozialen, beruflichen oder anderen wichtigen Funktionsbereichen	klinisch bedeutsames Leiden oder Beeinträchtigungen in Beziehungen zu Eltern, Geschwistern, Peers, anderen Bezugspersonen oder im schulischen Verhalten
Ausschluss	• akute Belastungsreaktion • komplexe PTBS (siehe unten) • Burn-out	nicht infolge der Wirkung einer Substanz oder eines medizinischen Krankheitsfaktors	nicht infolge der Wirkung einer Substanz oder eines medizinischen Krankheitsfaktors

Es sei hervorzuheben, dass sich im Kindes- und Jugendalter jenseits der PTBS und der Anpassungsstörungen ein viel breiteres Bild der Traumafolgestörungen zeigt – dies insbesondere beim Vorliegen von interpersoneller, meist chronischer Gewalterfahrung (Alisic et al., 2014). Viele Kinder und Jugendliche zeigen depressive Störungen sowie auch externalisierende Störungen Norman, Byambaa, De, Butchart, Scott u. Vos, 2012).

Eine wesentliche Neuerung in der ICD-11 ist die Einführung der komplexen PTBS, welche sich durch das Vorliegen einer PTBS mit zusätzlichen Symptomen in der Affektregulation, dem Selbstkonzept sowie in der Aufrechterhaltung zwischenmenschlicher Beziehungen zeigt (Sachser et al., 2022). Chronische interpersonelle Traumatisierung erhöht das Risiko für die Entwicklung einer komplexen PTBS (Redican et al., 2022). Dennoch ist diese Störung vom fachlich-umgangssprachlichen »komplex traumatisierten Fall« abzugrenzen, da nicht alle »komplex traumatisierten« Kinder und Jugendlichen die Diagnosekriterien erfüllen (Spinazzola, Ford, Zucker, Smith u. Blaustein, 2005). In diesem Zusammenhang soll im folgenden Abschnitt auf die von der komplexen PTBS abzugrenzende entwicklungsbezogene Traumafolgestörung eingegangen werden, da diese – auch wenn nicht in die aktuellen Klassifikationssysteme übernommen – die Symptomatik von Kindern und Jugendlichen nach chronischer interpersoneller Gewalt klinisch nachvollziehbar und eindrücklich darstellt.

4.1.2 Entwicklungsbezogene Traumafolgestörung

Die frühen Arbeiten zu komplex traumatisierten Kindern und Jugendlichen, deren Phänomenologie sich sowohl durch die Art der Exposition (chronisch, andauernd, interpersonell) als auch durch die breite, eher unspezifische psychische Symptomatik definiert, betonen, dass die PTBS als Traumafolgestörung diesen Fällen nicht gerecht wird. Nach Spinazzola et al. (2005) zeigen komplex traumatisierte Kinder Auffälligkeiten in der Bindung, Biologie, Affektregulation, Dissoziation, Verhaltenskontrolle, Kognition sowie im Selbstkonzept. Somit ist eine Vielzahl der Lebensbereiche von Kindern und Jugendlichen betroffen. Tabelle 4.2 fasst die Merkmale komplexer Traumatisierung nach Cook et al. (2005) zusammen.

Tabelle 4.2: Merkmale komplexer Traumatisierung nach Cook et al. (2005)

Kriterium	Betroffene Bereiche
Bindung	• Probleme mit Grenzen • Misstrauen • Soziale Isolierung
Biologie	• Sensumotorische Entwicklungsstörungen • Analgesie • Häufigere medizinische Erkrankungen
Affektregulation	• Schwierigkeiten mit emotionaler Regulation • Schwierigkeiten, Emotionen zu benennen und auszudrücken • Schwierigkeiten, Wünsche und Bedürfnisse zu äußern
Dissoziation	• Amnesie • Depersonalisation und -realisation • Deutlich veränderte Bewusstseinszustände
Verhaltenskontrolle	• Mangelnde Impulskontrolle • Schlaf- und Essstörungen • Oppositionelles Verhalten
Kognition	• Schwierigkeiten in der Aufmerksamkeitsregulation • Mangel an anhaltender Neugierde • Konzentrationsschwierigkeiten
Selbstkonzept	• Fehlen eines kontinuierlichen, vorhersehbaren Selbstbildes • Mangelndes Gefühl der Abgrenzung • Geringes Selbstvertrauen

Eine Weiterentwicklung war im Folgenden die Beschreibung der *entwicklungsbezogenen Traumafolgestörung* bei Kindern und Jugendlichen in den Jahren 2003–2005 von der Arbeitsgruppe um Bessel van der Kolk (Cook, Henderson u. Jentoft, 2003; van der Kolk, 2005, 2009). Sie soll insbesondere die komplexe Symptomatik von vorwiegend chronisch misshandelten und vernachlässigten Kindern und Jugendlichen abbilden.

Es gibt Vor- und Nachteile dieser Störungskategorie in Hinblick auf Forschung, klinische Praxis und Politik (Rosner u. Steil, 2012). Während hinsichtlich Forschung und Wissenschaft für diese Diagnose immer noch zu wenige Befunde vorliegen, muss sie hinsichtlich der Bedeutung für die klinische Praxis dennoch gewürdigt werden: Als einzige Diagnose beschreibt sie die meist schwerwiegende, übergreifende psychische Symptomatik von Kindern und Jugendlichen nach meist chronischer Misshandlung und/oder Vernachlässigung (Rosner u. Steil, 2012). Tabelle 4.3 fasst die von der Arbeitsgruppe um van der Kolk (van der Kolk et al., 2009) definierten diagnostischen Kriterien der Entwicklungsbezogenen Traumafolgestörung zusammen:

Tabelle 4.3: Diagnostische Kriterien der Entwicklungsbezogenen Traumafolgestörung nach van der Kolk et al. (2009)

Kriterium	Ereignis
Kriterium A	Ereigniskriterium: traumatische Erfahrungen und Vernachlässigung A1: Multiple oder chronische interpersonelle Traumatisierung (direkt oder indirekt) A2: Verlust protektiver Bezugspersonen als Folge von Veränderungen, wiederholte Trennung von den Bezugspersonen oder schwerer und überdauernder emotionaler Missbrauch
Kriterium B	Affektive und physiologische Dysregulation (mindestens zwei Kriterien) B1: Unfähigkeit, extreme Gefühlszustände zu verändern, auszuhalten und sich selbstständig wieder zu beruhigen (Furcht, Wut, Scham) B2: Schwierigkeiten bei der Regulierung von Körperfunktionen und Sinneswahrnehmungen (Schlafen, Essen, Überempfindlichkeit für Berührung, Lärm etc.) B3: Verringertes Bewusstsein/Dissoziation von Wahrnehmung, Emotionen und körperlichen Zuständen B4: Eingeschränkte Fähigkeit, eigene Emotionen und körperliche Zustände zu beschreiben
Kriterium C	Dysregulation von Aufmerksamkeit und Verhalten (mindestens drei Kriterien) C1: Übermäßige Beschäftigung mit Bedrohungen oder eine mangelnde Wahrnehmung einer solchen (fehlerhafte Einschätzung von Sicherheit und Gefahr) C2: Eingeschränkte Fähigkeit zum Selbstschutz (risikosuchendes Verhalten) C3: Unangemessene Methoden der Selbstberuhigung C4: Habituelles oder reaktives selbstverletzendes Verhalten C5: Unfähigkeit, zielbezogenes Verhalten zu entwickeln oder aufrechtzuerhalten
Kriterium D	Schwierigkeiten der Selbstregulation und Beziehungsgestaltung (mindestens drei Kriterien) D1: Intensive Beschäftigung hinsichtlich der Sicherheit von Bezugspersonen oder anderen geliebten Personen; Schwierigkeiten, Trennungen auszuhalten

Kriterium	Ereignis
	D2: Negatives Selbstbild, insbesondere Hilflosigkeit, Wertlosigkeit, ein Gefühl von Beschädigung, mangelnde Selbstwirksamkeitserwartungen D3: Misstrauen, kein angemessenes reziprokes Verhalten gegenüber anderen D4: Reaktive physische oder verbale Aggression D5: Unangemessene Versuche, intime Beziehungen herzustellen; übermäßiges Zutrauen zu weitestgehend unbekannten Erwachsenen oder Gleichaltrigen D6: Unfähigkeit zu angemessener Empathie
Kriterium E	Symptome aus dem posttraumatischen Spektrum Mindestens ein Symptom aus zwei der PTBS-Symptom-Cluster
Kriterium F	Dauer von mindestens sechs Monaten
Kriterium G	Funktionelle Beeinträchtigungen in mindestens einem wichtigen Lebensbereich

Gerade »komplex traumatisierte« Kinder und Jugendliche sind vielfach Opfer interpersoneller Typ-II-Traumata geworden und stellen somit eine relevante Subgruppe für die Erstversorgung in Traumaambulanzen dar. Die von der führenden Arbeitsgruppe um Cook und Spinazolla (Cook et al., 2005; Spinazzola et al., 2005) erarbeiteten Behandlungsgrundsätze in der Psychotherapie lassen sich wie folgt zusammenfassen:

1. äußere Sicherheit herstellen und Sicherheitsbedürfnisse des Kindes befriedigen;
2. selbstregulatorische Fähigkeiten (emotional, körperlich, verhaltensbezogen) fördern und etablieren;
3. Bindungs- und Beziehungsfähigkeiten durch Einlassen auf Kontakt und Beziehung entwickeln;
4. Selbst-Reflexivität entwickeln, das heißt Aufmerksamkeit für das Jetzt, Vergangenheit narrativ rekonstruieren und von der Gegenwart abgrenzen, exekutive Funktionen entwickeln wie Planung, Antizipation, Entscheidungsfähigkeit;
5. positives Erleben fördern (Freude, Kreativität, Zukunftshoffnung, Selbstwirksamkeitserleben);
6. traumatische Erfahrungen integrieren.

4.1.3 Traumafolgesymptomatik im Entwicklungsverlauf

Die psychischen Reaktionen auf belastende Lebensereignisse sind stark entwicklungsabhängig. Dabei zeigen Kinder und Jugendliche einerseits verschiedene altersübergreifende Belastungssymptome, welche sich zum Teil deutlich von den Belastungssymptomen im Erwachsenenalter unterscheiden.

Nachfolgend soll zunächst die Traumafolgesymptomatik, die sich über alle Altersstufen zeigt, dargestellt werden. Anschließend werden Überschneidungen zwischen dem Vorschul- und Grundschulalter sowie zwischen dem Grundschul- und Jugendalter herausgestellt.

Über alle Altersstufen hinweg können Kinder und Jugendliche vermehrt psychosomatische Beschwerden wie z. B. Bauch- oder Kopfschmerzen zeigen. Zudem kann es vermehrt zu Wutausbrüchen, einer verminderten Aufmerksamkeit und sozialem Rückzug kommen. Auch Über- oder Unterreaktionen auf Körperkontakt, helles Licht, plötzliche Bewegungen oder laute Geräusche (z. B. Glocken, zuschlagende Türen oder Sirenen) können vorkommen. Der Leidensdruck der Kinder und Jugendlichen kann sich in starker Reizbarkeit, ungewöhnlicher Weinerlichkeit und launischem Verhalten äußern. Darüber können Unruhe, Angst und Sorgen um die Sicherheit von sich selbst, aber auch von anderen auftreten, da die Befürchtung, dass sich das traumatische Ereignis wiederholen könnte, die Kinder und Jugendlichen ständig begleitet.

Im Vorschulalter sowie auch im Grundschulalter kann sich die Belastungssymptomatik in der Wiederholung des Ereignisses durch z. B. wiederholtes Sprechen über das Ereignis oder das »Nachspielen« und Zeichnen des Ereignisses äußern. Eine vermehrte Beschäftigung mit dem Tod ist in diesem Alter ebenfalls zu beobachten, welche sich durch Fragen und Aussagen zu Tod und Sterben äußert.

Im Grundschul- sowie im Jugendalter sind infolge des Traumas auch häufiger die spezifischen PTBS-Symptome des Erwachsenenalters wie Hyperarousal (z. B. Schlafstörungen, Tendenz, sich leicht erschrecken zu lassen), Wiedererleben des Traumas (z. B. Albträume oder störende Erinnerungen während des Tages) sowie Vermeidungsverhalten (z. B. die Vermeidung, Orte aufzusuchen, die sie an das Ereignis erinnern) zu beobachten. Gleichzeitig kann es auch zu emotionaler Betäubung kommen, sodass es scheint, dass die Betroffenen keine Gefühle im Zusammenhang mit dem Ereignis haben. Weiterhin kommt es häufig zu einer Veränderung der schulischen Leistungen und Schulabsentismus. Die Heranwachsenden können auch ein Misstrauen gegenüber anderen entwickeln, das sowohl auf den Umgang mit Erwachsenen als auch mit Gleichaltrigen Auswirkungen haben kann. Dabei sind Schwierigkeiten mit Autorität und Kritik keine Seltenheit. Darüber hinaus lassen sich je nach Altersgruppe spezifische Reaktionen identifizieren, die in Tabelle 4.4 dargestellt sind.

Tabelle 4.4: Altersspezifische Traumasymptomatik, adaptiert nach National Child Traumatic Stress Network Schools Committee (2008)

	Symptomatik
Vorschulalter	Veränderungen im Verhalten (z. B. Appetit)
	Trennungsangst oder Anhänglichkeit gegenüber Lehrern oder primären Bezugspersonen
	Regression in früher gemeisterte Entwicklungsphasen (z. B. Babysprache oder Bettnässen/Toilettenunfälle)
	Mangelnder Entwicklungsfortschritt (z. B. nicht auf demselben Niveau wie Gleichaltrige)
	Schwierigkeiten beim Schlafen oder beim Zubettgehen (z. B. Schlafvermeidung, Aufwachen oder Albträume)
	Neue Ängste (z. B. Angst vor der Dunkelheit, Tieren oder Monstern)
Grundschulalter	Veränderte Fähigkeit, soziale Signale zu interpretieren und angemessen darauf zu reagieren
Jugendalter	Zunahme der Impulsivität und des risikofreudigen Verhaltens
	Unbehagen mit Gefühlen (z. B. beunruhigende Rachegedanken)
	Wiederholte Diskussion des Ereignisses und Konzentration auf spezifische Details des Geschehens
	Erhöhtes Risiko für Drogenmissbrauch

Traumafolgesymptomatik im Vorschulalter

Die hohe Alterssensitivität der Traumafolgesymptomatik ist im DSM-5 zumindest für Kinder unter sechs Jahren berücksichtigt, in ICD-10 und ICD-11 ist dies nicht der Fall. Das Wissen um die altersspezifische Symptomatik von Traumafolgestörungen ist jedoch von großer Bedeutung, um Verhaltensweisen sowohl im Umgang mit den Betroffenen als auch unter dem Gesichtspunkt der Identifikation von traumatisierten Kindern und Jugendlichen einordnen zu können.

Daten zu Traumafolgesymptomen bei Kindern im Vorschulalter sind selten. Die Berliner Kinderstudie (Winter et al., 2022) untersuchte zwischen 2016 und 2018 insgesamt achtzig Kinder im Alter von drei bis fünf Jahren mit verifizierter Misshandlungserfahrung, verglichen mit einer Kontrollgruppe ohne Misshandlungserfahrung.

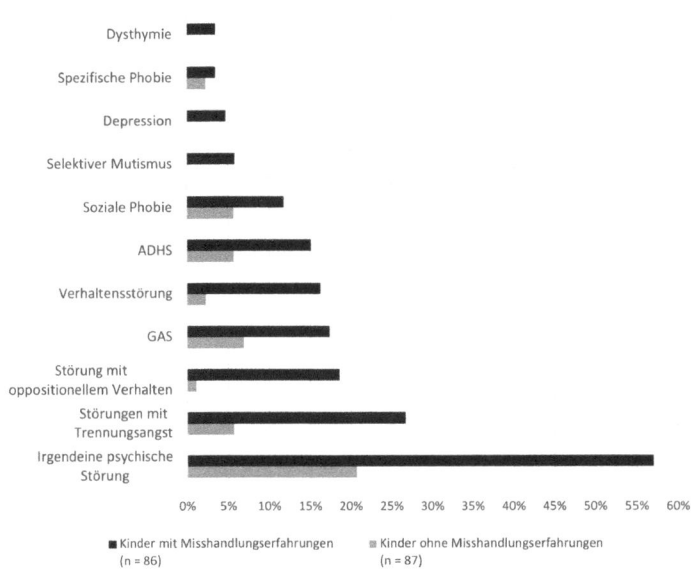

Abbildung 4.1: Ergebnisse zu psychischen Störungen bei drei- bis fünfjährigen Kindern nach Misshandlung und Vernachlässigung aus der Berliner Kinderstudie, im Vergleich zu Kindern ohne Misshandlungserfahrungen.

Anmerkung: ADHS = Aufmerksamkeitsdefizithyperaktivitätssyndrom, GAS = generalisierte Angststörung.

Die psychische Diagnostik mittels klinischen Interviews zeigte das zuvor erwähnte breite Spektrum an Symptomen (vgl. Abbildung 4.1).

Von affektiven Störungen über Angststörungen bis zu Verhaltensstörungen zeigten sich deutlich erhöhte Prävalenzen bei Kindern mit Misshandlungserfahrungen. Insgesamt war das Auftreten irgendeiner psychischen Störung in der Gruppe mit Misshandlungserfahrung mit fast 60 % beinahe dreimal so hoch wie in der Vergleichsgruppe. Dieses Verhältnis blieb über die weiteren Messzeitpunkte bis hin zu zwei Jahren stabil.

4.1.4 Risiko und Schutzfaktoren

Nicht alle Traumata führen mit der gleichen Wahrscheinlichkeit zur gleichen Folgesymptomatik. Die Forschung zeigt, dass sich Merkmale der Traumata als Risikofaktoren identifizieren lassen. Dazu zählen die Schwere des erlebten Traumas, die Häufigkeit der Traumatisierung (einmalig versus mehrmals versus chronisch) sowie interpersonelle, allen voran sexuelle Traumatisierung (Smith, Dalgleish u. Meiser-Stedman, 2019). Weiterhin zeigen auch nicht alle Kinder und Jugendlichen die gleiche Reaktion auf das gleiche traumatische Ereignis. Es lassen sich auf unterschiedlichen Ebenen Risiko- und Schutzfaktoren identifizieren, die zusammenfassend in Tabelle 4.5 dargestellt sind.

Abschließend sei aufgrund des Hintergrunds dieses Buches mit besonderem Augenmerk die Verfügbarkeit von Gesundheitseinrichtungen als protektiver Faktor auf der kommunalen Ebene genannt. Diese Funktion erfüllen die Traumaambulanzen auf besondere Weise, da sie zeitnahe und besonders niederschwellige Unterstützung bieten.

4.2 Psychotherapeutisches Vorgehen bei Kindern und Jugendlichen mit Gewalterfahrungen

Die psychotherapeutische Versorgung von Kindern und Jugendlichen mit Gewalterfahrungen ist abhängig vom Setting, vom Ausmaß der psychischen Belastung, dem Vorhandensein von Risiko- und Schutzfaktoren sowie aktuellen psychosozialen, potenziell destabilisierenden Belastungen.

Tabelle 4.5: Wesentliche Risiko- und Schutzfaktoren für die Entwicklung von Traumafolgestörungen auf individueller, interpersoneller sowie kommunaler Ebene (Austin, Lesak u. Shanahan, 2020; Mitchell, Brennan, Curran, Hanna u. Dyer, 2017; Smith et al., 2019)

Sozioökologische Ebene	Risikofaktoren	Schutzfaktoren
Individualebene	Alter des Kindes	Selbstregulationsfähigkeiten
	Besondere gesundheitliche Bedürfnisse oder Behinderungen	Soziale Kompetenzen Anpassungsfähigkeit
	Negativer Bewertungsstil	Selbstwert
	Ethnische Minderheit	Sozioökonomischer Status
	Psychische Störungen des Kindes	Männliches Geschlecht
	Kritische Lebensereignisse	Hohe Intelligenz
Interpersonelle Ebene	Armut in der Familie und materielle Nöte	Unterstützende, nährende elterliche Beziehungen
	Psychische Störungen der Eltern	Soziale und emotionale Unterstützung der Eltern durch Familie und Freunde
	Elterliche Substanzkonsumstörungen	
	Häusliche Gewalt	
Kommunale Ebene	Kriminalität und Gewalt in der Nachbarschaft	Sozialer Zusammenhalt und Kontrolle in der Nachbarschaft
	Benachteiligung und Ausgrenzungserleben	Verfügbarkeit von Gesundheits-, Sozial- und Bildungsdienstleistungen

Die folgenden Abschnitte skizzieren zunächst das im deutschen Sprachraum bislang wenig etablierte Konzept der traumainformierten Versorgung. Darauf aufbauend wird die Möglichkeit der Erstversorgung, wie sie in den Traumaambulanzen umgesetzt wird, vorgestellt. Abschließend sollen die Grundsätze der traumafokussierten Psychotherapie zusammenfassend dargestellt werden.

4.2.1 Traumainformierte Gesundheitsversorgung

Traumainformierte Versorgung stellt keine spezifische Form der Psychotherapie dar, sondern beschreibt einen ganzheitlichen Ansatz der Sensibilisierung aller Beschäftigten in allen Bereichen des Gesundheitssystems für das Thema Trauma und für den Umgang mit betroffenen Patient:innen (SAMHSA's Trauma and Justice Strategic Initiative, 2014). Ziel der traumainformierten Versorgung ist es, die weitreichenden Auswirkungen von Traumata zu erkennen und Wege zur Genesung zu verstehen, Anzeichen für Traumata bei Patient:innen, Familien und Personal zu erkennen, Wissen über Traumata in Richtlinien, Verfahren und Praktiken der jeweiligen Institution zu integrieren und eine Retraumatisierung aktiv zu vermeiden. So sollen nicht nur in der Psychiatrie und Psychotherapie die Rolle von Traumata berücksichtigt werden, sondern in vielfältigen anderen Bereichen wie z. B. Gynäkologie oder Zahnmedizin. Die Mitarbeitenden sollen sensibilisiert und befähigt werden, Trauma anzusprechen und die Patient:innen im weiteren Bedarf zu unterstützen. Dabei gelten neben einem traumainformierten Vorgehen die folgenden Grundsätze (SAMHSA's Trauma and Justice Strategic Initiative, 2014):

1. Sicherheit vermitteln innerhalb der Organisation und gegenüber den Patient:innen.
2. Vertrauenswürdigkeit und Transparenz der Abläufe gewährleisten.
3. Peerunterstützung unter Mitpatient:innen ermöglichen.
4. Zusammenarbeit und Gegenseitigkeit durch flache Hierarchien befördern.
5. Befähigung, Mitsprache und Wahlmöglichkeiten durch Bestärkung der Patient:innen sowie auch der Mitarbeitenden sicherstellen.

Zudem wird auf die Notwendigkeit eines kultur- und geschlechtssensiblen Vorgehens hingewiesen, sodass potenziell von Ausgrenzung betroffene Gruppen (z. B. aufgrund ethnischer Zugehörigkeit, sexueller Orientierung, Geschlechtsidentität und -diversität) explizit unterstützt werden. Eine englischsprachige umfassende Darstellung findet sich auf der Webseite http://www.traumainformedcare.chcs.org.

Im deutschen Sprachraum hat sich das Prinzip der traumainformierten Versorgung bislang wenig bekannt gemacht. Traumaambulanzen spiegeln diesen Ansatz jedoch sehr gut wider und stellen einen ganz spezifischen Teil einer wünschenswerten, umfassenden traumainformierten Versorgung dar. Zudem kann die Existenz von Traumaambulanzen auch übergreifende Effekte auf andere Einrichtungen haben, da für das Thema sensibilisiert wird.

4.2.2 Erstversorgung und Kurzzeitintervention in Traumaambulanzen

Wie in Kapitel 5 dargestellt, stehen Traumaambulanzen in der Regel 18 Sitzungen zur Verfügung. Inkludiert darin sind drei Sitzungen explizit für die Arbeit mit den Bezugspersonen, was sich in der klinischen Praxis sehr bewährt hat. Besondere Bedeutung erlangen Traumaambulanzen unter anderem dadurch, dass dort zumeist der Erstkontakt der Betroffenen nach dem Ereignis stattfindet. Inhalte und Umfang der Behandlung und Beratung in Traumaambulanzen unterscheiden sich individuell. Erfahrungsgemäß können singuläre Traumata von Fremdtäter:innen (wie z. B. ein Einbruch im Haushalt) bei hinreichend stabiler psychosozialer Situation gut psychotherapeutisch innerhalb des Stundenkontingents bearbeitet werden. Opfer sexualisierter Gewalt hingegen benötigen meist das volle Kontingent sowie eine psychotherapeutische Weiterbehandlung (siehe Kapitel 11 zur Begleitforschung; Calvano et al., 2021).

In Traumaambulanzen finden traumafokussierte und -informierte Kurzinterventionen statt, die folgende Bereiche inkludieren:
– Unterstützung bei bürokratischen Aspekten (Antrag Opferentschädigung, Vermittlung an Opferhilfe);
– psychotherapeutische Erstintervention mit Stabilisierung zur direkten Entlastung und Symptomlinderung (Entspannung, Skillstraining, Umgang mit Triggern);

- Psychoedukation Trauma, Traumafolgestörung und traumafokussierte Psychotherapie, Thematisierung der aufrechterhaltenden Rolle von Vermeidungsverhalten;
- Diagnostik der Traumafolgestörung und Feststellung des Interventionsbedarfs;
- bei Indikation: Weiterführung der traumafokussierten Psychotherapie nach ausreichender Stabilisierung mit Traumakonfrontation und Integration;
- bei Indikation: Installation weiterer Hilfen, beispielsweise Kinder- und Jugendhilfe;
- Abschluss mit Ressourcenaktivierung und Weitervermittlung an Weiterbehandlung, meist ambulant, zum Teil auch (teil-)stationär.

Da Traumaambulanzen meist den Erstkontakt darstellen, wird ein Teil des Kontingents stets auf Diagnostik, Indikationsstellung, Stabilisierung und Psychoedukation verwandt, sodass bei 18 Sitzungen nicht immer eine traumafokussierte Psychotherapie mit allen drei Phasen (Stabilisierung, Traumakonfrontation, Integration) erfolgen kann. Vielmehr ist die Aufgabe, frühzeitig zu entscheiden unter Einbeziehung der Kinder und Jugendlichen und deren Bezugspersonen, ob in der Traumaambulanz die Traumabehandlung abgeschlossen werden kann oder ob und wann eine Weiterbehandlung notwendig ist. Da insbesondere die Phase des Traumanarrativs eine Kontinuität der Sitzungen und therapeutischen Kontakte sowie eine Anschlussphase benötigt, kann die Umsetzung in Traumaambulanzen an ihre Kapazitätsgrenzen stoßen. Weil das Stundenkontingent nicht erweitert werden kann, stellt die Indikationsstellung einen wesentlichen Teil der Arbeit dar, sodass Anschlussmaßnahmen rechtzeitig angebahnt und Wartezeiten vermieden werden.

4.2.3 Traumafokussierte Psychotherapie

Ausgehend von dem in den vorhergehenden Kapiteln beschriebenen Verständnis von Traumafolgestörungen und den neurobiologischen Veränderungen zielt eine Psychotherapie darauf ab, zum einen Sicherheit, Kontrolle und korrigierende und selbstwirksamkeitsaktivierende Erfahrungen vermitteln zu können, und zum anderen das traumatische Erlebnis neu verarbeiten und integrieren zu können.

Welche allgemeinen Rahmenbedingungen eine traumafokussierte Psychotherapie braucht, Aspekte ihrer therapeutischen Beziehung und des Umfelds sowie worin die verfahrensübergreifenden Inhalte bestehen, führt das Folgende aus. Am Schluss steht eine zusammenfassende Darstellung der häufigsten Verfahren und deren Evidenzlage.

Rahmenbedingungen der traumafokussierten Psychotherapie

Eine traumafokussierte Psychotherapie verlangt in besonderer Weise bestimmte sicherheits- und stabilitätsbezogene Rahmenbedingungen. Zwingende Voraussetzung für die traumafokussierte Psychotherapie ist zunächst die Sicherstellung, dass das traumatische Erleben nicht mehr stattfindet, das heißt, dass sichergestellt ist, dass der Täterkontakt beendet ist. Hieran zeigt sich schon, dass sich intrafamiliäre, chronische Gewalterfahrungen schon im Umgang und den nötigen psychosozialen Maßnahmen komplexer darstellen können als extrafamiliäre, einmalig stattgefundene Traumata. Auch in psychosozialer Sicht sollte eine hinreichende Stabilität vorliegen, was antizipierte Krisen und Lebensereignisse sowie auch die Wohn- und Lebenssituation umfasst. Auch die psychische Stabilität der Bezugspersonen muss beachtet werden. Zudem sind akute Eigen- und Fremdgefährdung der betroffenen Kinder und Jugendlichen (unter anderem Suizidalität und fremdaggressives Verhalten) vorrangig zu behandeln. Es sei darauf hingewiesen, dass wir therapeutisch von einer hinreichenden, jedoch nicht immer »perfekten« psychosozialen Stabilität ausgehen müssen. Dennoch steht der reale Schutz des Kindes stets im Vordergrund.

Therapeutischer Ansatz und therapeutische Beziehung

Einhergehend mit dem stabilisierenden, Sicherheit gebenden und Kontrollerfahrungen ermöglichenden Vorgehen gilt es, strukturierend, ressourcenorientiert und transparent vorzugehen. So wird von Beginn an schon insofern traumafokussiert gearbeitet, als das Erlebte beim Namen genannt und direkt ausgesprochen wird – und nicht »drumherum«. Es gilt, eine informierte Einwilligung sowohl des Kindes als auch der Bezugspersonen herzustellen, indem über das Vorgehen und die Ziele der Intervention aufgeklärt wird. Mit den Ängsten und Vermeidungstendenzen der Familie wird sowohl traumafokussiert als auch empathisch und wohlwollend umgegangen, ohne jedoch das Ziel der Traumabearbeitung aus den Augen zu verlieren.

Insbesondere bei »komplex traumatisierten« Kindern und Jugendlichen, das heißt denjenigen mit chronischer interpersoneller Traumatisierung, kann auch im Rahmen einer Kurzzeitintervention in einer Traumaambulanz die sicherheitsgebende, empathische Beziehung zu einem wichtigen Wirkfaktor werden.

Während die Kinder- und Jugendlichenpsychotherapie per se ressourcenorientiert vorgeht, spielt dieser Wirkfaktor in der Traumatherapie eine ganz besondere Rolle. Kinder und Jugendliche werden in der Stabilisierungsphase durch das ressourcenorientierte Vorgehen der Fachkräfte gestärkt. Durch direkte Aktivierung und Förderung der eigenen Ressourcen werden so die intraindividuellen Resilienzfaktoren aktiviert, um das Kind für die Traumabearbeitung vorzubereiten.

In Traumaambulanzen, die per definitionem eine frühe Erstintervention darstellen, fährt man jedoch auch »auf Sicht«: Man kann nicht in allen Fällen davon ausgehen, alle drei Phasen der traumafokussierten Psychotherapie innerhalb des Stundenkontingents durchlaufen zu können. Zunächst müssen die individuelle Situation der Kinder und Jugendlichen, das Geschehen und die fallbezogenen psychosozialen Rahmenbedingungen kennengelernt und hinreichend Kinderschutz und Sicherheit hergestellt werden.

Phasenablauf der traumafokussierten Psychotherapie

Traumafokussierte Psychotherapie definiert sich – unabhängig von der zugrunde liegenden Therapieschule – durch drei Phasen: Stabilisierung, Traumakonfrontation und Integration.

Phase 1: Stabilisierung

In Ergänzung zu den schon auf Sicherheit und Stabilität fokussierenden Rahmenbedingungen umfasst die Stabilisierungsphase der traumafokussierten Psychotherapie eine somatische, soziale und emotionale Komponente. Bei körperlicher oder sexualisierter Gewalt sind eine hinreichende *somatische* Stabilität und Versorgung von Wunden und Verletzungen wichtige Voraussetzungen für eine Psychotherapie.

In allen Fällen ist hinreichende Stabilität auf *sozialer* Ebene nötig: Die Kinder und Jugendlichen müssen für die Traumabearbeitung ein hinreichendes Maß an sozialer Unterstützung erfahren können, um sich auch in der Zeit zwischen den Sitzungen an Bezugspersonen wenden zu können. Wie schon erläutert, ist insbesondere bei Fällen intrafamiliärer Gewalt das Vorgehen komplexer, wenn im eigentlich gewohnten sozialen Umfeld der Familie zunächst ein Kontaktabbruch zum Täter/zur Täterin geschaffen und dieses Netz erst einmal erschüttert ist. In Fällen intrafamiliärer Gewalt bedarf es in der ersten Therapiephase daher eines höheren Grades an psychosozialen Maßnahmen, die entsprechend eine höhere Anzahl an Sitzungen in Anspruch nehmen.

Die dritte Ebene der Stabilisierung umfasst die *emotionale* Stabilisierung, bei der es um Emotionsedukation und Emotionsregulation geht. Insbesondere bei Kindern geht es zunächst darum, Gefühle erkennen und benennen zu können. Auch die Unterscheidung zwischen Gefühlen, Gedanken und Verhalten sowie deren Zusammenhänge sind hier wichtige Grundlagen für eine Stärkung der Emotionsregulation. Im Jugendalter können Strategien der Emotionsregulation auch schon Aspekte des Skillstrainings der Dialektisch-Behavioralen Therapie umfassen. Zudem können imaginative Verfahren und Entspannungstechniken die Ressourcen der Kinder bereichern und ihnen eine Möglichkeit der Ruhe und inneren Stärkung geben.

Insgesamt geht es daher in der ersten Phase der traumafokussierten Psychotherapie um eine umfassende Stärkung, Ressourcenaktivierung und Stabilisierung der Kinder, Jugendlichen und Bezugspersonen mit dem Ziel, die Familien auf die Traumabearbeitung hinreichend gestärkt und vorbereitet zu haben.

Die erste Phase der Therapie mit den zuvor erläuterten Rahmenbedingungen und dem Aufbau einer empathischen, wertschätzenden, strukturgebenden und transparenten therapeutischen Beziehung ist somit auch diejenige, die in Traumaambulanzen als Einrichtungen der Erstversorgung stets durchlaufen wird. In diesem Setting der frühen Erstversorgung erhalten die genannten Aspekte der Sicherheit, Stabilisierung, des therapeutischen Ansatzes und der ressourcenorientierten therapeutischen Beziehung ganz besondere Relevanz.

Abschließend seien jedoch zwei Anmerkungen gemacht: Während es in der regulären ambulanten Versorgung mit einem höheren Stundenkontingent wichtig ist, dass diese erste Phase einen Abschluss findet und in die Traumabearbeitung übergegangen wird, muss gleichzeitig beachtet werden, dass die Phase der Traumabearbeitung, das Herzstück der traumafokussierten Psychotherapie, nicht unterbrochen werden sollte. Mit Blick auf das begrenzte Stundenkontingent der Traumaambulanzen muss hier abgewogen werden, wie weit man in Phase 2 der traumafokussierten Psychotherapie (Traumakonfrontation) voranschreitet und wann eine ambulante, längerfristige Weiterbehandlung indiziert und möglichst noch eingeleitet werden soll.

Phase 2: Traumabearbeitung oder Traumakonfrontation

Die zweite Phase der Traumabearbeitung ist das Herzstück der traumafokussierten Psychotherapie. Bei der Bearbeitung erfolgt eine aktive, direkte Auseinandersetzung mit dem traumatischen Erlebnis. Oftmals wird auch der Begriff der Traumakonfrontation genutzt, da bei der »Konfrontation« und Bearbeitung des Traumas belastende Gedanken, Gefühle und Erinnerungen hervorkommen, deren Intensität mit wiederholter Konfrontation und Bearbeitung abnimmt.

Wie genau die Phase der Traumabearbeitung ausgestaltet und nach welchem Interventionsprinzip gearbeitet wird, ist über die verschiedenen Verfahren hinweg teilweise sehr unterschiedlich. Allen ist jedoch gemein, dass sich im geschützten Rahmen der Psychotherapie aktiv mit dem Trauma auseinandergesetzt wird. Insbesondere in dieser Phase sollte auf die Kontinuität der Sitzungen geachtet werden, beispielsweise nicht vor einem anstehenden Urlaub und/oder nicht direkt vor oder während wichtiger Schulabschlussprüfungen.

Die Kinder und Jugendlichen können Ängste vor dieser intensiven, emotionalen Phase haben. Auch seitens der Therapeut:innen können Aufschiebetendenzen bestehen, da in der Stabilisierung subjektiv gesehen noch weitere Schritte möglich wären. Dennoch soll auch hier nochmals betont werden, wie wichtig diese zweite Phase in der traumafokussierten Psychotherapie ist – und noch wichtiger, dass sie begonnen wird. Ein Vorschlag, die Hürde möglichst gering zu halten ist, gegenüber den Kindern und Jugendlichen zusammenfassend die bisher geleisteten Schritte und Erfolge darzustellen, und empathisch sowie mit Zuversicht und Sicherheit zu verkünden, »dass heute ein guter Tag ist, mit dem Narrativ zu beginnen/in die nächste Phase der Therapie überzugehen und uns aktiv mit dem Trauma zu beschäftigen«.

Phase 3: Integration

In der abschließenden Phase der traumafokussierten Psychotherapie geht es darum, das Trauma, seine Folgen und Learnings aus der Psychotherapie in die eigene Biografie und Lebenswelt zu integrieren. Es geht darum, zukünftige Sicherheitsstrategien zu erarbeiten, zukunftsgewandt Entwicklungsaufgaben wieder zu verfolgen sowie darum, eine Opferrolle zu verlassen und trotz des erlebten Traumas gestärkt weiterzuleben. Die Integrationsphase hat daher eine sehr supportive, selbstwirksamkeitsstärkende Natur.

Als Beispiel für eine traumafokussierte Kurzzeitintervention, die diese drei Phasen Stabilisierung, Traumabearbeitung und -integration veranschaulicht, wird im Folgenden das Vorgehen der traumafokussierten Verhaltenstherapie nach Cohen, Mannarino und Deblinger (2006) zusammenfassend dargestellt.

Traumafokussierte kognitive Verhaltenstherapie

Traumafokussierte kognitive Verhaltenstherapie (TF-CBT) nach Cohen et al. (2006) ist eine traumaspezifische Kurzzeittherapie mit 12 bis 16 Sitzungen; bei komplexen Traumatisierungen gehen die Autor:innen von bis zu 25 Sitzungen aus (Cohen u. Mannarino, 2015). Sie erfüllt die Kriterien für eine Behandlung der ersten Wahl (»level one treatment«) nach Southam-Gerow und Prinstein (2014) und wird daher einschlägig empfohlen (McGuire, Steele u. Singh, 2021; Xiang et al., 2021).

Die TF-CBT besteht aus drei der auch oben ausgeführten Phasen Stabilisierung, Verarbeitung sowie Konfrontation und Integration, die wiederum aus spezifischen Komponenten bestehen. Grundsätze der Behandlung sind:

1. die phasen- und komponentenbasierte Behandlung;
2. die Reihenfolge der Komponenten und die Proportionalität der Phasen, mit jeweils etwa einem Drittel der Therapiezeit;
3. die Verwendung einer schrittweisen Konfrontation von Beginn an und
4. die Bedeutung der Einbeziehung der Eltern oder anderer primärer Bezugspersonen in die Behandlung.

Die Behandlungskomponenten folgen dem englischen Akronym »PRACTICE« (Psychoedukation und Elternfertigkeiten, Entspannung [Relaxation], affektive Regulation, kognitive Bewältigung und Verarbeitung, Traumanarrativ, In-vivo-Bewältigung, Gemeinsame Eltern-Kind-Sitzungen [engl. »conjoint sessions«], Verbesserung [engl. »enhancing«] zukünftiger Sicherheit und Entwicklung). Für die Behandlung mittels TF-CBT wird zunächst eine hinreichende psychosoziale Stabilität (z. B. Lebenssituation, Ausschluss von Suizidalität) sowie die Sicherheit des Kindes (z. B. kein Täterkontakt) vorausgesetzt. Auch eine stabile therapeutische Beziehung ist naturgemäß eine notwendige Voraussetzung für die Behandlung.

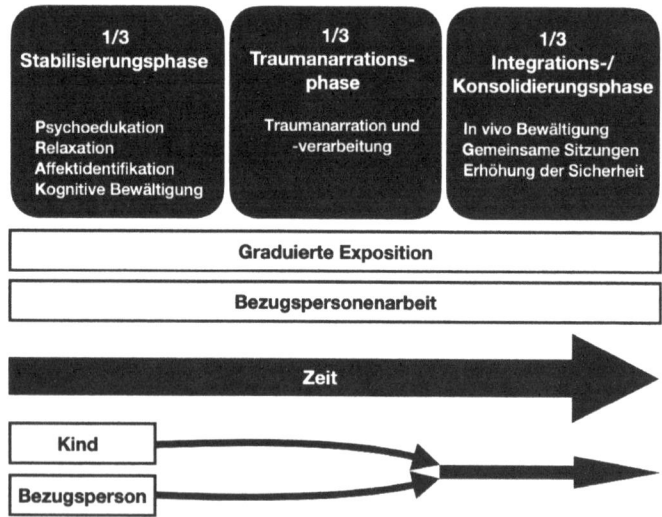

Abbildung 4.2: Struktur der TF-CBT (adaptiert nach Medical University of South Carolina, 2017, in deutscher Übersetzung)

Ein Merkmal der TF-CBT ist das hohe Ausmaß an Bezugspersonenstunden, die 1:1 zu den Sitzungen mit den Kindern und Jugendlichen eingeplant sind. So findet jeweils wöchentlich eine Sitzung mit dem Kind und eine mit den Bezugspersonen statt, in den ersten zwei Phasen der Therapie (Stabilisierung und Traumabearbeitung) getrennt voneinander. Am Ende der Traumabearbeitung erfolgt eine gemeinsame Sitzung, in der das Kind sein Narrativ teilt. Daraufhin wird die dritte Phase der Traumatherapie in der Regel gemeinsam gestaltet. Abbildung 4.2 stellt die Struktur der TF-CBT grafisch dar.

1. Phase: Stabilisierung (4–12 Sitzungen)

Die Stabilisierungsphase verfolgt das Ziel, dem Kind und den Bezugspersonen eine Reihe von Skills an die Hand zu geben, mit der eine Stabilisierung der Emotionen erreicht werden kann. Die Stabilisierungsphase setzt sich zusammen aus den Komponenten Psychoedukation, Elterntraining, Entspannungstraining, Affektregulation und einer ersten Vermittlung kognitiver Techniken. Dabei vermittelt das Elterntraining vor allem Strategien, wie Eltern auf die behaviorale und emotionale Dysregulation ihres Kindes reagieren können. In der Affektregulationskomponente machen sich die Kinder mit dem Ausdruck einer Vielzahl von Gefühlen vertraut und entwickeln Fähigkeiten zur Bewältigung negativer affektiver Zustände. All dies schafft die Voraussetzung für den Übergang in die zweite Phase.

2. Phase: Traumanarration und -verarbeitung (2–6 Sitzungen)

In der zweiten Phase beginnt das Kind in einem interaktiven Prozess, zunehmend Details über seine Traumaerfahrungen (einschließlich Gedanken, Gefühlen und Körperempfindungen, die währenddessen auftraten) zu beschreiben. Das ermöglicht dem Kind, selbst über die am gefürchtetsten traumatischen Erinnerungen zu sprechen und somit eine Bewältigungs- statt einer Vermeidungsreaktion auf diese Erinnerungen zu lernen. Das Traumanarrativ folgt einer bestimmten Struktur, die individuell angepasst werden kann. Als Beispiel ist die Erstellung eines Buches oder einer Geschichte genannt, zu der auch selbstverständlich die Überschrift gehört.

Entsprechend Cohen et al. (2006) kann das Narrativ folgende Unterkapitel haben:
1. Steckbrief: Ich über mich und was mir passiert ist.
2. Wie war es vorher?
3. Was ist passiert?
4. Was ist das Schlimmste, das passiert ist (und ich eigentlich niemandem erzählen möchte)?
5. Wie war es danach?
6. Was habe ich gelernt und was würde ich anderen Kindern raten?
7. Was wünsche ich mir für die Zukunft?

Der Kreativität sind hierbei keine Grenzen gesetzt. So kann das Narrativ handschriftlich erstellt werden, gemalt oder als Power-Point-Folien. Wichtig ist die therapeutische Anleitung und Erfassung des Narrativs, indem gezielt Inhalte und Abfolge des Erlebten erfragt werden und auf die Aufnahme von Gefühlen, Sinneseindrücken, Kognitionen und Verhalten sowie weiteren wichtigen Details der Szenen geachtet wird. Meist wird das Narrativ durch Erzählen der Kinder und Jugendlichen erstellt, ergänzt durch Fragen der Therapeut:in wird das Erzählte konkretisiert. In der TF-CBT werden auch dysfunktionale Kognitionen, z. B. die Schuldfrage, gezielt erfragt, die dann bei der weiteren Bearbeitung des Narrativs besprochen und korrigiert werden können.

Entsprechend dem hohen Maß an Bezugspersoneneinbezug der TF-CBT erfolgen auch in dieser Phase Gespräche mit den Bezugspersonen. Fokus hierbei ist zum einen mit den Eltern das Erlebte zu besprechen, und zum anderen auch sie auf die gemeinsame Sitzung, in der das Narrativ geteilt wird, vorzubereiten. Dabei gilt es, auf die emotionale Belastung der Eltern und mögliche dysfunktionale Kognitionen einzugehen.

In der Praxis können für die getrennten und jeweils wöchentlich stattfindenden Sitzungen von Kind und Bezugsperson organisatorische Hürden auftreten, oftmals aufgrund von Fragen der Kinderbetreuung. Eine mögliche Lösung sind – sofern es die personellen Ressourcen zulassen – aufeinanderfolgende Sitzungen, bei denen das Kind während der Bezugspersonenstunden durch eine:n Mitarbeitende:n der Einrichtung betreut werden kann.

Die gemeinsame Sitzung, in der das Traumanarrativ geteilt wird, ist meistens sehr emotional. Diese Sitzung wird mit den Bezugspersonen vorbesprochen, so auch ganz konkret: Wie reagieren sie am Ende des Narrativs (wertschätzend, sich für das Teilen bedanken, die große Anstrengung des Kindes loben)? Wie antworten sie auf die Fragen des Kindes? In dieser gemeinsamen Sitzung besteht die Möglichkeit, alle offenen und bislang nicht ausgesprochenen Fragen und Gedanken zu teilen und zu klären.

3. Phase: Konfrontation und Integration (2–8 Sitzungen)

Die gemeinsamen Eltern-Kind-Sitzungen beginnen mit dem Teilen des Traumanarrativs und ermöglichen somit und auch im Weiteren die direkte Kommunikation zwischen den Familienmitgliedern über die traumatischen Erfahrungen des Kindes und andere wichtige Themen vor dem Abschluss der Behandlung. Die letzte Phase besteht aus den Komponenten In-vivo-Exposition (optional, insbesondere bei noch bestehendem Vermeidungsverhalten, z. B. gegenüber bestimmten Orten oder Situationen), gemeinsamen Eltern-Kind-Sitzungen und Erhöhung der Sicherheit. Die In-vivo-Exposition stellt die einzige optionale Komponente der TF-CBT dar. Dabei geht es um die Exposition mit (tatsächlich) harmlosen Reizen und/oder Situationen, die durch die traumatische Assoziation vermieden werden. Schließlich dient die Komponente Erhöhung der Sicherheit der Entwicklung praktischer Strategien zur Verbesserung der tatsächlichen Sicherheit (»Was kann ich tun, damit mir so etwas nicht noch einmal passiert?«, »Was würde ich anderen Kindern raten?«) der Kinder sowie emotionaler Mittel zur Stärkung des Gefühls von Sicherheit und Vertrauen des Kindes.

Anpassung der traumafokussierten Verhaltenstherapie an das Vorschulalter

Michael Scheeringa (Scheeringa, 2015) veröffentlichte ein Manual, in dem er das Vorgehen der TF-CBT auf Kinder im Vorschulalter anpasst. In insgesamt zwölf Sitzungen folgt er dem allgemeinen Aufbau mit einer Stabilisierungsphase (Sitzung 1–4: Psychoedukation, oppositionelles Verhalten, Gefühle, Copingskills), der graduierten Exposition und Narration (»Tell the story« – Sitzung 5–10) und einer

Abschlussphase (Sitzung 11–12, Rückfallprävention und Abschluss). Wesentliche Änderung ist neben der Altersangepasstheit der Intervention, dass die Bezugsperson an allen Sitzungen des Kindes teilnimmt, entweder direkt im Behandlungszimmer oder sie beobachtet durch ein Video- oder Scheibensystem. Auch die Phase der Traumabearbeitung ist insofern etwas anders aufgebaut, als es nicht nur darum geht zu erzählen, was genau passiert ist. Im Vorschulalter können Narrative auch die Form von Märchen haben (vgl. Fallbeispiel Kapitel 7). Entsprechend dem Manual nach Scheeringa folgt die Traumabearbeitung einem schrittweise ansteigenden Expositions- und Anspannungsgrad, sodass zuerst mit einem einfachen Aspekt, den das Kind schon gut erzählen und mit dem es gut umgehen kann, begonnen wird (»easy exposure«). Dies wird noch mal in zwei Stufen gesteigert, sodass die weiteren zwei Sitzungen einen mittleren Schweregrad (»medium exposure«) und die darauffolgenden den höchsten Schweregrad haben (»worst exposure«). Diese Sitzungen der Traumanarration sind von wöchentlichen Hausaufgaben begleitet, in denen sich das Kind in vivo konfrontativ vermiedenen und beängstigenden Situationen aussetzen und sie bewältigen soll. Es soll seinen Angstgrad auf einer entsprechend dem Alter reduzierten dreistufigen Smileyskala angeben und auch notieren oder von den Eltern notieren lassen, was sie in der Situation getan haben. Die Eltern werden co-therapeutisch angeleitet, ihr Kind in der Therapie und den Hausaufgaben zu unterstützen.

Weitere Verfahren der traumafokussierten Psychotherapie

Nachfolgende Tabelle 4.6 fasst abschließend die häufigsten traumafokussierten Therapieverfahren schematisch nach Altersgruppe, Umfang, Bezugspersonenarbeit, Traumabearbeitung und Evidenzlage zusammen. Zudem sind Hinweise auf weiterführende Literatur eingefügt.

Tabelle 4.6: Übersicht der häufigsten traumafokussierten Therapieverfahren

	Traumafokussierte Kognitive Verhaltenstherapie (TF-CBT)	Narrative Expositionstherapie bei Kindern und Jugendlichen (KIDNET)	Eye-Movement-Desensitization and Reprocessing (EMDR)	Traumabezogene Spieltherapie
Altersgruppe	ab 3 Jahren	ab 8 Jahren	taktile Stimulation ab Säuglingsalter Standardprotokoll ab 9 Jahren	ab 3 bis ca. 11 Jahren
Gesamtzahl Sitzungen mit dem Kind	12–25	12	abhängig von Traumafolgecharakteristika	nicht vordefiniert
Bezugspersoneneinbezug	kontinuierlich, 1:1, im letzten Drittel gemeinsame Sitzungen	nein (nur Psychoedukation anfangs)	keinen	möglich, in der Regel aber keinen[b]
Ansatzpunkte	Gedanken, Kognitionen, Verhalten, intrafamiliäre Kommunikationsmuster	Bearbeitung des Furchtnetzwerks (Aktivierung assoziativer Gedächtnisspuren	Reorganisation der Kognitionen, Emotionsregulation/ Habituation	»Achtsamkeit, Bewältigungsmechanismen, Impulsregulation, Ressourcenaktivierung
Traumabearbeitung und Wirkweise	• mittels Narrativ; gleicht meist einer Geschichte mit verschiedenen Kapiteln • detailreich im Sinne von Emotionen, Kognitionen und Verhalten	• Narration der Lebenslinie • Durcharbeiten des Traumas: detaillierte Beschreibung, In-sensu-Konfrontation	• Durcharbeiten des Traumas begleitet von bilateraler Stimulation → soll innere Reorganisation der Traumaerfahrung ermöglichen (n. b.[a]) → Integration	Spiel zur kindgerechten Lösung von Konflikten Spiel auf zwei Realitätsebenen: 1. Geltung gesellschaftlich akzeptierter Umgangsregeln, 2. unbegrenzte Bedürfnisbefriedigung → Irritation: Wechsel 2. zu 1.

	Traumafokussierte Kognitive Verhaltenstherapie (TF-CBT)	Narrative Expositionstherapie bei Kindern und Jugendlichen (KIDNET)	Eye-Movement-Desensitization and Reprocessing (EMDR)	Traumabezogene Spieltherapie
	• Habituation • kognitive Umstrukturierung	• Ziel: Aktivierung des Furchtnetzwerkes und Habituation: Unterscheidung damals und Hier und Jetzt • Verbindung »kalter« (Ort, Zeit, Kontext) mit »heißen« (Emotionen) Gedächtnisinhalten durch Narration → Integration	• Habituation → Reduktion der Intensität der Emotionen autobiografischer Erinnerungen • starke Augenbewegungen führen analog zum REM-Schlaf zu einem erhöhten Verarbeitungsmodus (n. b.[a])	Aufbau von Sicherheit und guten inneren Instanzen, Arbeit mit Spaltungen, Integration des Todesthemas, explizite Rekonstruktion und Überwindung traumatischer Bilder
Evidenz	Xiang et al. (2021)	Siehl, Robjant und Krombach (2021)	Xiang et al. (2021)	Xiang et al. (2021)
Quelle zur Vertiefung	Cohen und Mannarino (2015)	Ruf et al. (2012)	Shapiro, Kaslow und Maxfield (2011)	Weinberg und Hensel (2012)

Anmerkung: [a] n. b. = nicht belegt; [b] Traumabezogene Spieltherapie ist nicht manualisiert, der Einbezug der Bezugspersonen soll von Vorteil sein, in der Regel findet dies außer in der ersten Sitzung nicht statt.

Literatur

Alisic, E., Zalta, A. K., van Wesel, F., Larsen, S. E., Hafstad, G. S., Hassanpour, K., Smid, G. E. (2014). Rates of post-traumatic stress disorder in trauma-exposed children and adolescents: Meta-analysis. British Journal of Psychiatry, 204 (5), 335–340.

Austin, A. E., Lesak, A. M., Shanahan, M. E. (2020). Risk and protective factors for child maltreatment: A review. Current Epidemiology Reports, 7 (4), 334–342.

Bundesinstitut für Arzneimittel und Medizinprodukte (2022). ICD-11: Internationale statistische Klassifikation der Krankheiten und verwandter Gesundheitsprobleme (11. Revision). https://www.bfarm.de/DE/Kodiersysteme/Klassifikationen/ICD/ICD-11/uebersetzung/_node.html;jsessionid=5453FE708E5496CA9B44A1D6FE361F80.internet271 (Zugriff am 03.04.2023).

Calvano, C., Murray, E., Bentz, L., Bos, S., Reiter, K., Ihme, L., Winter, S. M. (2021). Evaluation of an early intervention model for child and adolescent victims of interpersonal violence. Children, 8 (10), 941.

Cohen, J. A., Mannarino, A. P. (2015). Trauma-focused cognitive behavior therapy for traumatized children and families. Child and Adolescent Psychiatric Clinics of North America, 24 (3), 557–570.

Cohen, J. A., Mannarino, A. P., Deblinger, E. (2006). Treating trauma and traumatic grief in children and adolescents: A clinician's guide. New York, NY: Guilford Publications.

Cook, A., Henderson, M., Jentoft, K. (2003). Out of the office and into the community. The Boston Trauma Conference, Boston, MA: Presentation.

Cook, A., Spinazzola, J., Ford, J., Lanktree, C., Blaustein, M., Cloitre, M., DeRosa, R., Hubbard, R., Kagan, R., Liautaud, J., Mallah, K., Olafson, E., van der Kolk, B. (2005). Complex trauma in children and adolescents. Psychiatric Annals, 35 (5), 390–398.

McGuire, A., Steele, R. G., Singh, M. N. (2021). Systematic review on the application of trauma-focused cognitive behavioral therapy (TF-CBT) for preschool-aged children. Clinical Child and Family Psychology Review, 24 (1), 20–37.

Medical University of South Carolina (2017). A Course for trauma-focused cognitive behavioral therapy. https://tfcbt2.musc.edu (Zugriff am 13.06.2023).

Mitchell, R., Brennan, K., Curran, D., Hanna, D., Dyer, K. F. W. (2017). A meta-analysis of the association between appraisals of trauma and posttraumatic stress in children and adolescents: Meta-analysis of trauma appraisals in children. Journal of Traumatic Stress, 30 (1), 88–93.

National Child Traumatic Stress Network Schools Committee (2008). Child Trauma Toolkit for Educators. https://www.nctsn.org/sites/default/files/resources/child_trauma_toolkit_educators.pdf (Zugriff am 13.06.2023).

Norman, R. E., Byambaa, M., De, R., Butchart, A., Scott, J., Vos, T. (2012). The long-term health consequences of child physical abuse, emotional abuse, and neglect: A systematic review and meta-analysis. PLoS Medicine, 9 (11), e1001349.

Redican, E., Hyland, P., Cloitre, M., McBride, O., Karatzias, T., Murphy, J., Bunting, L., Shevlin, M. (2022). Prevalence and predictors of ICD-11 posttraumatic stress disorder and complex ptsd in young people. Acta Psychiatrica Scandinavica, 146 (2), 110–125.
Rosner, R., Steil, R. (2012). Komplexe Traumafolgestörungen: Ist es sinnvoll, eine neue Diagnose »Entwicklungsbezogene Traumafolgestörung« einzuführen. In M. Landolt, T. Hensel (Hrsg.), Traumatherapie bei Kindern und Jugendlichen (2. Aufl., S. 46–59). Göttingen: Hogrefe.
Ruf, M., Schauer, M., Neuner, F., Schauer, E., Catani, C., Elbert, T. (2012). KIDNET – Narrative Expositionstherapie (NET) für Kinder. In M. Landolt, T. Hensel (Hrsg.), Traumatherapie bei Kindern und Jugendlichen (2. Aufl., S. 120–149). Göttingen: Hogrefe.
Sachser, C., Berliner, L., Risch, E., Rosner, R., Birkeland, M. S., Eilers, R., Hafstad, G. S., Pfeiffer, E., Plener, P. L., Jensen, T. K. (2022). The child and adolescent Trauma Screen 2 (CATS-2) – Validation of an instrument to measure DSM-5 and ICD-11 PTSD and Complex PTSD in children and adolescents. European Journal of Psychotraumatology, 13 (2), 2105580.
SAMHSA's Trauma and Justice Strategic Initiative (2014). SAMHSA's concept of trauma and guidance for a trauma-informed approach. https://ncsacw.acf.hhs.gov/userfiles/files/SAMHSA_Trauma.pdf (Zugriff am 13.06.2023).
Scheeringa, M. S. (2015). Treating PTSD in preschoolers: A clinical guide. New York, NY: Guilford Publications.
Shapiro, F., Kaslow, F. W., Maxfield, L. (2011). Handbook of EMDR and family therapy processes. Hoboken, NJ: John Wiley & Sons.
Siehl, S., Robjant, K., Crombach, A. (2021). Systematic review and meta-analyses of the long-term efficacy of narrative exposure therapy for adults, children and perpetrators. Psychotherapy Research, 31 (6), 695–710.
Smith, P., Dalgleish, T., Meiser-Stedman, R. (2019). Practitioner review: Posttraumatic stress disorder and its treatment in children and adolescents. Journal of Child Psychology and Psychiatry, 60 (5), 500–515.
Southam-Gerow, M. A., Prinstein, M. J. (2014). Evidence base updates: The evolution of the evaluation of psychological treatments for children and adolescents. Journal of Clinical Child Adolescent Psychology, 43 (1), 1–6.
Spinazzola, J., Ford, J. D., Zucker, M., Smith, S., Blaustein, M. (2005). National survey of complex trauma exposure, outcome, and intervention for children and adolescents. Psychiatric Annals, 35 (5), 1–7.
van der Kolk, B. A. (2005). Developmental trauma disorder: Toward a rational diagnosis for children with complex trauma histories. Psychiatric Annals, 35 (5), 401–408.
van der Kolk, B. (2009). Entwicklungstrauma-Störung: Auf dem Weg zu einer sinnvollen Diagnostik für chronisch traumatisierte Kinder. Praxis der Kinderpsychologie und Kinderpsychiatrie, 58, 572–586.
van der Kolk, B. A., Pynoos, R. S., Cicchetti, D., Cloitre, M., Ford, J. D., Lieberman, A. F., Putnam, F. W., Saxe, G. N., Spinazzola, J., Stolbach, B. C., Teicher,

M. H. (2009). Proposal to include a developmental trauma disorder diagnosis for children and adolescents in DSM-V. https://www.complextrauma.org/wp-content/uploads/2019/03/Complex-Trauma-Resource-3-Joseph-Spinazzola.pdf (Zugriff am 15.04.2023).

Weinberg, D., Hensel, T. (2012). Traumabezogene Spieltherapie. In M. Landolt, T. Hensel (Hrsg.), Traumatherapie bei Kindern und Jugendlichen (2. Aufl., S. 150–174). Göttingen: Hogrefe.

Winter, S. M., Dittrich, K., Dörr, P., Overfeld, J., Moebus, I., Murray, E., Karaboycheva, G., Zimmermann, C., Knop, A., Voelkle, M., Entringer, S., Buss, C., Haynes, J., Binder, E. B., Heim, C. (2022). Immediate impact of child maltreatment on mental, developmental, and physical health trajectories. Journal of Child Psychology and Psychiatry, 63 (9), 1027–1045.

Xiang, Y., Cipriani, A., Teng, T., Del Giovane, C., Zhang, Y., Weisz, J. R., Li, X., Cuijpers, P., Liu, X., Barth, J., Jiang, Y., Cohen, D., Fan, L., Gillies, D., Du, K., Ravindran, A. V., Zhou, X., Xie, P. (2021). Comparative efficacy and acceptability of psychotherapies for post-traumatic stress disorder in children and adolescents: A systematic review and network meta-analysis. Evidence Based Mental Health, 24 (4), 153–160.

5 Rechtliche Grundlagen für Traumaambulanzen im Sozialen Entschädigungsrecht – Opferentschädigungsgesetz (OEG – bis 31.12.2023) und Sozialgesetzbuch XIV (SGB XIV)

Birgid Hollatz

Seit dem 1. Januar 2021 haben Betroffene von Gewalttaten und damit auch Kinder und Jugendliche, die Opfer von Gewalt wurden, einen gesetzlichen Anspruch nach dem Sozialen Entschädigungsrecht auf psychotherapeutische Frühintervention in einer Traumaambulanz. Bis dahin wurden solche Hilfeleistungen im Rahmen des Opferentschädigungsgesetzes zwar bereits in den meisten Bundesländern als schnelle Hilfe zur Verfügung gestellt, ein Rechtsanspruch darauf bestand jedoch nicht.

Derzeit richtet sich die Entschädigung der Opfer von Gewalttaten noch nach dem am 16. Mai 1976 in Kraft getretenen Gesetz über die Entschädigung für Opfer von Gewalttaten (Opferentschädigungsgesetz – OEG). Das OEG ist Teil des Sozialen Entschädigungsrechts, das in Bezug auf das Leistungsspektrum auf dem bis zum 31. Dezember 2023 geltenden für die Versorgung der Kriegsbeschädigten, ihrer Angehörigen und Hinterbliebenen 1950 geschaffenen Bundesversorgungsgesetz (BVG) basiert. In den letzten Jahren wurde immer deutlicher, dass das BVG und das OEG den aktuellen Anforderungen und Bedürfnissen der Opfer von Gewalttaten nicht mehr genügen.

Mit dem am 19. Dezember 2019 verkündeten Gesetz zur Regelung des Sozialen Entschädigungsrechts wurde dieses grundlegend reformiert. Das Soziale Entschädigungsrecht orientiert sich zukünftig an den heutigen Bedarfen der Betroffenen, insbesondere der Opfer von Gewalttaten einschließlich der Opfer von Terrortaten. Kern des Gesetzes zur Regelung des Sozialen Entschädigungsrechts ist das Sozialgesetzbuch XIV (SGB XIV), das mit seinem wesentlichen Inhalt zum 1. Januar 2024 in Kraft treten wird. Mit dem SGB XIV wird unter anderem der Tatsache Rechnung getragen, dass der im Bereich der Gewaltopferentschädigung verwendete Gewaltbegriff nicht mehr umfassend genug ist. Künftig werden auch Opfer psychischer Gewalt Leistungen der Sozialen Entschädigung erhalten (Bundesrat, 2019).

Eine wesentliche Neuerung im gesetzlichen Leistungsspektrum ist die Einführung von sogenannten Schnellen Hilfen – Leistungen des Fallmanagements und Leistungen in Traumaambulanzen – als niedrigschwellige Angebote für Betroffene von Gewalttaten. Der Anspruch auf psychotherapeutische Intervention in einer Traumaambulanz wurde eingeführt, um den Eintritt einer psychischen Gesundheitsstörung oder deren Chronifizierung zu verhindern. Die Regelungen des SGB XIV zu Leistungen in Traumaambulanzen einschließlich der Regelungen zu einem neuen Erleichterten Verfahren für die Inanspruchnahme der Schnellen Hilfen wurden bereits vorzeitig zum 1. Januar 2021 in Kraft gesetzt.

5.1 Anspruchsberechtigter Personenkreis, Entschädigungstatbestände – insbesondere bezogen auf Kinder und Jugendliche

Bevor die in Kapitel 4 Abschnitt 3 des SGB XIV gesetzlich fixierten Regelungen zur Tätigkeit von Traumaambulanzen näher betrachtet werden, soll auf den anspruchsberechtigten Personenkreis und hier insbesondere auf von Gewalt betroffene Kinder und Jugendliche sowie auf Entschädigungstatbestände eingegangen werden. Insofern werden Besonderheiten, die in der Regel nur bei erwachsenen Opfern von Gewalttaten zu beachten sind, nicht betrachtet.

Anspruchsberechtigter Personenkreis

Berechtigte der Sozialen Entschädigung und damit Berechtigte mit Anspruch auf Leistungen der Traumaambulanzen sind grundsätzlich gemäß § 2 SGB XIV die Geschädigten selbst sowie deren Angehörige, Hinterbliebene und Nahestehende. Diese Regelung zu den Berechtigten der Sozialen Entschädigung ist wie die Regelungen zu den Traumaambulanzen bereits zum 1. Januar 2021 in Kraft getreten.

Betrachtet man den Personenkreis der von Gewalt betroffenen Kinder und Jugendlichen, so können also die unmittelbar selbst geschädigten Kinder und Jugendlichen Leistungen der Traumaambulanzen in Anspruch nehmen, aber auch diejenigen, die als Angehörige, Hinterbliebene oder Nahestehende Geschädigter psychotherapeutischer Frühintervention bedürfen: Kinder von Geschädigten (Angehörige), Waisen, Halbwaisen von getöteten Eltern (Hinterbliebene) sowie Geschwister Geschädigter (Nahestehende).

5.1.1 Entschädigungstatbestände

Für die Feststellung, unter welchen Voraussetzungen Betroffene, hier insbesondere Kinder und Jugendliche, Leistungen nach dem Sozialen Entschädigungsrecht geltend machen können, ist bis zum 31. Dezember 2023 das OEG und ab dem 1. Januar 2024 das SGB XIV maßgeblich.

5.1.2 Entschädigungstatbestände nach dem OEG

Nach § 1 OEG haben Betroffene, die infolge eines vorsätzlichen, rechtswidrigen tätlichen Angriffs eine gesundheitliche Schädigung erlitten haben, Anspruch auf Leistungen in entsprechender Anwendung des BVG. Maßgeblich ist der vom Strafrecht geprägte Vorsatzbegriff. In Fällen, in denen dem Täter die Schuldfähigkeit in strafrechtlichem Sinne fehlt, genügt der natürliche Vorsatz beziehungsweise natürliche Handlungswille. Rechtswidrig ist ein tätlicher Angriff, wenn kein Rechtfertigungsgrund (z. B. Notwehr, Festnahmerecht gemäß StPO, Einwilligung des Verletzten) dafür vorliegt. Als tätlicher Angriff ist nach ständiger Rechtsprechung des Bundessozialgerichts (BSG) grundsätzlich eine in feindseliger Willensrichtung unmittelbar auf den Körper eines anderen zielende gewaltsame Einwirkung zu sehen (Gelhausen u. Weiner, 2021).

Psychische Gewalttaten, z. B. Nachstellung oder Nötigung, sind grundsätzlich nicht von den entschädigungsrelevanten Sachverhalten des OEG erfasst. Dementsprechend können Betroffene, die bis zum 31. Dezember 2023 Opfer psychischer Gewalt werden, keine Leistungen nach dem OEG und damit auch keine Leistungen der Traumaambulanzen erhalten. In allen Fällen von vorsätzlich körperlich ausgeübter Gewalt gegen Kinder und Jugendliche, wie z. B. Körperverletzung, Raub, Misshandlung oder sexualisierte Gewalt, sind bei Auftreten gesundheitlicher Störungen Leistungen nach dem OEG und damit auch eine Behandlung in einer Traumaambulanz möglich.

In Bezug auf den Anspruch von Kindern und Jugendlichen auf Leistungen der Traumaambulanzen soll auf folgende besondere Fallgestaltungen aufmerksam gemacht werden, die bereits zum gegenwärtigen Zeitpunkt eine psychotherapeutische Frühintervention nach dem OEG ermöglichen, obwohl sie nicht per se unter den Begriff des tätlichen Angriffs im Sinne des § 1 Abs. 1 OEG fallen. Durch die ständige Rechtsprechung des BSG wurde für Betroffene der folgenden Fallkonstellationen die Möglichkeit eröffnet, einen Anspruch auf Leistungen nach dem OEG zu haben, ohne dass diese Sachverhalte bereits explizit im OEG geregelt sind.

– Ohne Gewaltanwendung ausgeübter sexueller Missbrauch von Kindern:
 Bei einem sexuellen Missbrauch von Kindern geht das BSG in ständiger Rechtsprechung davon aus, dass auch der »gewaltlose« sexuelle Missbrauch eines Kindes ein tätlicher Angriff im Sinne des § 1 Abs. 1 OEG sein kann. Mit der Rechtsprechung des BSG hat der Begriff des tätlichen Angriffs eine erweiterte Auslegung erfahren (Gelhausen u. Weiner, 2021).
– Schockschadensfälle/Sekundäropfer:
 Auch hier hat die ständige Rechtsprechung des BSG es ermöglicht, sogenannte Schockschadensfälle in den Entschädigungsbereich des OEG einzubeziehen. Kinder und Jugendliche, die durch das Miterleben einer schweren Gewalttat oder das Auffinden des Opfers einer Gewalttat selbst psychisch geschädigt werden, haben einen Anspruch auf Leistungen der Traumaambulanz. In diesen Fällen werden die psychischen Auswirkungen einer schweren Gewalttat auf eine weitere Person, ein sogenanntes »Sekundäropfer«, als unmittelbar mit dieser verbunden angesehen. In der Praxis treten diese Fälle häufig im Zusammenhang mit der Tötung oder versuchten Tötung eines Elternteils, aber auch bei schwerer häuslicher Gewalt auf.

5.2 Entschädigungstatbestände nach dem SGB XIV

Mit dem ab dem 1. Januar 2024 geltenden SGB XIV werden als wesentliche Neuerung künftig neben den Opfern physischer auch die Betroffenen psychischer Gewalttaten Leistungen der Sozialen Entschädigung erhalten und damit auch die Leistungen der Traumaambulanzen als eine Form der neu eingeführten Schnellen Hilfen in Anspruch nehmen können. Mit den Betroffenen von psychischer Gewalt wird sich auch der Kreis der anspruchsberechtigten Kinder und Jugendlichen, die der psychotherapeutischen Hilfe einer Traumaambulanz bedürfen, erheblich erweitern. Darauf gilt es sich bei der Weiterführung bestehender und beim Aufbau neuer Traumaambulanzen einzustellen.

Im § 13 SGB XIV ist geregelt, welche Taten ab dem 1. Januar 2024 unter einer Gewalttat im Sinne des neuen, reformierten Sozialen Entschädigungsrechts zu verstehen sind. Im § 14 SGB XIV werden die Taten aufgeführt, die einer Gewalttat gleichgestellt sind und damit ebenfalls einen Entschädigungsanspruch begründen.

Die im § 13 Abs. 1 Ziff.1 SGB XIV definierte physische Gewalttat stimmt im Wesentlichen mit der Definition des § 1 Abs. 1 OEG überein: Betroffene müssen durch einen vorsätzlichen, rechtswidrigen tätlichen Angriff gesundheitlich geschädigt worden sein. Neu ist, wie bereits erwähnt, die Aufnahme psychischer Gewalttaten als entschädigungsauslösende Tatbestände in das Soziale Entschädigungsrecht.

In § 13 Abs. 1 Ziff. 2 SGB XIV findet sich die Definition für eine psychische Gewalttat im entschädigungsrechtlichen Sinne. Unter einer psychischen Gewalttat ist danach ein sonstiges vorsätzliches, rechtswidriges, unmittelbar gegen die freie Willensentscheidung einer Person gerichtetes schwerwiegendes Verhalten zu verstehen. Gewalttaten ohne jegliche körperliche Einwirkung auf das Opfer, die ab diesem Zeitpunkt begangen werden, können damit zu Entschädigungsansprüchen berechtigen.

Es ist zu beachten, dass der Begriff der psychischen Gewalttat nicht jedes Verhalten umfasst, das zu gesundheitlichen Beeinträchtigungen führt. Es muss sich neben den bereits aus dem OEG bekannten vorsätzlichen, rechtswidrigen um ein schwerwiegendes

Verhalten handeln. In § 13 Abs. 2 SGB XIV sind beispielhaft Tatbestände aufgezählt, die ein schwerwiegendes Verhalten näher konkretisieren. Diese Aufzählung ist nicht abschließend, sodass künftig in der Praxis Fälle von vergleichbarer Schwere ebenfalls zu einer Entschädigung führen können (Gelhausen u. Weiner, 2021).

Unter dem Gesichtspunkt der Behandlung von Kindern und Jugendlichen in Traumaambulanzen wird auf die in Absatz 2 aufgezählten Tatbestände des sexuellen Missbrauchs, des sexuellen Übergriffs, der sexuellen Nötigung sowie der Nachstellung in besonders schweren Fällen (§ 238 Abs. 2 und 3 Strafgesetzbuch) ausdrücklich hingewiesen.

Weitere Tatbestände werden mit § 14 SGB XIV einer Gewalttat gleichgestellt und können ebenfalls zu einer Entschädigung berechtigen. An dieser Stelle soll vor dem Hintergrund betroffener Kinder und Jugendlicher auf die folgenden neu in das Gesetz aufgenommenen Tatbestände besonders hingewiesen werden.

In § 14 Abs. 1 SGB XIV sind geregelt:
- **die erhebliche Vernachlässigung von Kindern (Ziffer 5)**
Zum Tatbestand der erheblichen Vernachlässigung von Kindern ist der Gesetzesbegründung zu entnehmen, dass damit Fälle erfasst werden sollen, in denen die Sorgeberechtigten einem Kind keine unmittelbare körperliche Gewalt antun, sie jedoch nicht für sein körperliches und psychisches Wohl sorgen, es sich selbst überlassen, sodass das Kind erheblichen körperlichen oder psychischen Schaden nimmt. Erfasst sind körperliche Vernachlässigungen wie unzureichende Ernährung und Verhinderung medizinisch notwendiger Hilfe. Ebenso erfasst ist psychische Vernachlässigung, sofern sie als dauerhaftes, ausgeprägtes Fehlverhalten der Sorgeberechtigten in Erscheinung tritt. Die Vernachlässigung muss erheblich und als eindeutig falsches Erziehungsverhalten zu werten sein (Bundesrat, 2019).
Bereits nach dem OEG gibt es die Möglichkeit, besonders schwere Fälle von Vernachlässigung unter der Maßgabe zu entschädigen, dass es sich um eine böswillige Vernachlässigung handelt. Künftig kommt es durch die Regelung des § 14 Abs. 1 Ziff. 5 SGB XIV nicht auf das Vorliegen eigensüchtiger Beweggründe, einer Böswilligkeit, als Voraussetzung für eine Entschädigung an. Es ist

davon auszugehen, dass durch die Gleichstellung der erheblichen Vernachlässigung wesentlich mehr betroffene Kinder einen Entschädigungsanspruch haben.
- **die Herstellung, Verbreitung und öffentliche Zugänglichmachung von Kinderpornografie** nach § 184 b Abs. 1 Nr. 1, 3 und 4 Strafgesetzbuch (Ziffer 6)
Während die in § 184b Absatz 1 Nummer 1 Buchstabe a des Strafgesetzbuchs genannte Vornahme sexueller Handlungen bereits durch § 13 Absatz 1 Nummer 1 erfasst ist, kann sich eine darüber hinausgehende Schädigung durch die weiteren in § 184b Abs. 1 Nr. 1, 3 und 4 Strafgesetzbuch genannten Handlungen im Zusammenhang mit Kinderpornografie ergeben. Kinder und Jugendliche können durch die Herstellung, öffentliche Zugänglichmachung etc. von Kinderpornografie schwerste Schäden erleiden, auch wenn diese Handlungen nicht den Tatbestand der Gewalttat im Sinne des § 13 erfüllen. Daher ist es sachgerecht, diese Fallkonstellationen denjenigen des § 13 gleichzustellen (Bundesrat, 2019).

In § 14 Abs. 2 SGB XIV werden die aus der Rechtsprechung zum OEG bekannten nunmehr ausdrücklich gesetzlich normierten sogenannten Schockschadensfälle den Betroffenen einer Gewalttat im Sinne des § 13 SGB XIV gleichgestellt:
- Personen, die infolge des Miterlebens der Tat oder des Auffindens des Opfers eine gesundheitliche Schädigung erlitten haben;
- Personen, die durch die Überbringung der Nachricht vom Tode oder der schwerwiegenden Verletzung des Opfers eine gesundheitliche Schädigung erlitten haben, wenn zwischen diesen Personen und dem Opfer im Sinne des § 13 oder des § 14 Abs. 1 eine enge emotionale Beziehung besteht. Eine solche Beziehung besteht in der Regel mit Angehörigen und Nahestehenden.

Zusammenfassend ist davon auszugehen, dass durch die ab dem 1. Januar 2024 geltenden Regelungen des SGB XIV auch in Bezug auf Kinder und Jugendliche die Zahl der Berechtigten auf Leistungen der Sozialen Entschädigung und damit der Bedarf an Leistungen der Traumaambulanzen erheblich steigen wird.

5.3 Traumaambulanzen, eine Leistung der Schnellen Hilfen – Regelungen im SGB XIV (Auszug aus dem SGB XIV) und in der Traumaambulanz-Verordnung (TAV – Auszug aus dem BGBL)

Bereits vor Inkrafttreten der Regelungen des SGB XIV zu Leistungen in Traumaambulanzen hatte die Mehrzahl der Bundesländer über entsprechende Vereinbarungen mit Traumaambulanzen das Angebot einer psychotherapeutischen Erstintervention für Opfer von Gewalttaten nach dem OEG bereitgestellt, allerdings ohne dass es dafür einen Rechtsanspruch gab. Die Leistung »Traumaambulanz« als Schnelle Hilfe wurde mit dem Ziel in das SGB XIV aufgenommen, diese Einrichtungen flächendeckend im gesamten Bundesgebiet einzuführen, nicht zuletzt auch, um den speziellen Bedürfnissen von Kindern und Jugendlichen Rechnung zu tragen. Zwar gab es schon vor Inkrafttreten der Regelungen des SGB XIV Traumaambulanzen für Kinder und Jugendliche, dieses Angebot ist aber immer noch nicht flächendeckend (Bundesrat, 2019).

Bei Traumaambulanzen im Sinne des SGB XIV handelt es sich nicht um eigenständige Einrichtungen, sondern in der Regel um Kliniken, mit denen durch die Träger der Sozialen Entschädigung entsprechende Vereinbarungen geschlossen wurden. Die Regelungen des SGB XIV zu Leistungen in Traumaambulanzen einschließlich der Regelungen zu einem neuen Erleichterten Verfahren für die Inanspruchnahme der Schnellen Hilfen traten bereits zum 1. Januar 2021 in Kraft.

Die in Kapitel 4 des SGB XIV – Schnelle Hilfen – in Abschnitt 3 in den §§ 31–37 enthaltenen Vorschriften bilden mit der zum 1. Januar 2024 in Kraft tretenden TAV den rechtlichen Rahmen für die von den Traumaambulanzen zu erbringenden Leistungen, die Leistungsvoraussetzungen, den Leistungsumfang und die Anforderungen an die von den Trägern der Sozialen Entschädigung mit den Traumaambulanzen abzuschließenden Vereinbarungen.

Zu den Regelungen der §§ 31–37 SGB XIV
(Auszug SGB XIV §§ 31–37 und 115)

§ 31 Leistungen in einer Traumaambulanz:

Nach § 31 Abs. 1 SGB XIV erbringt eine Traumaambulanz im Sinne des SGB XIV als Leistung psychotherapeutische Intervention, um den Eintritt einer psychischen Gesundheitsstörung oder deren Chronifizierung zu verhindern. Der Begriff der psychotherapeutischen Intervention umfasst als Oberbegriff sowohl die in § 32 geregelte psychotherapeutische Frühintervention als auch die psychotherapeutische Intervention in anderen Fällen. Zweck der Leistung ist in beiden Fällen zu verhindern, dass eine durch ein schädigendes Ereignis verursachte akute psychische Belastung zu einer Gesundheitsstörung oder deren Chronifizierung führt. Berechtigte haben damit nach akuter psychischer Belastung infolge eines schädigenden Ereignisses frühzeitig einen Rechtsanspruch auf psychotherapeutische Behandlung in einer Traumaambulanz.

Mit § 31 Abs. 2 SGB XIV wird klargestellt, dass eine Traumaambulanz im Sinne des SGB XIV nur eine solche ist, mit der die Träger der Sozialen Entschädigung eine Vereinbarung nach § 37 SGB XIV abgeschlossen haben.

§ 32 Psychotherapeutische Frühintervention:

Die Regelung des § 32 stellt den Regelfall für den Zugang zu den Traumaambulanzen dar. Danach sollen Berechtigte psychotherapeutische Frühintervention in einer Traumaambulanz erhalten, wenn die erste Sitzung innerhalb von zwölf Monaten nach dem schädigenden Ereignis oder nach Kenntnisnahme beziehungsweise Kenntniserlangung hiervon erfolgt. Sie unterscheidet zwischen den Geschädigten (Absatz 1) und den Angehörigen, Hinterbliebenen und Nahestehenden (Absatz 2). Als schnelle Hilfe soll die Behandlung der Berechtigten in einer Traumaambulanz möglichst frühzeitig erfolgen, um den in § 31 formulierten Zweck der Leistung zu erreichen. Da in einer Reihe von Fällen psychische Folgen durchaus erst nach einer Latenzzeit von bis zu einem Jahr auftreten, ist die Inanspruchnahme der psychotherapeutischen Frühintervention an eine Frist von zwölf Monaten nach dem schädigenden Ereignis oder der Kenntnisnahme hiervon gebunden (Gelhausen u. Weiner, 2021). Auf die Kenntnisnahme ist bei Geschädigten in den Fällen abzustellen, bei denen Geschädigte durch das schädigende Ereignis in einen komatösen Zustand versetzt werden. Ein entsprechender Zustand könnte auch bei Gewalttaten gegen die sexuelle Selbstbestimmung durch die Gabe von sogenannten K.-o.-Tropfen verursacht werden (Knickrehm u. Rademacher, 2022).

§ 33 Psychotherapeutische Intervention in anderen Fällen:

Mit der Vorschrift des § 33 wird der Zugang zu Traumaambulanzen auch für Fälle eröffnet, in denen das schädigende Ereignis länger als zwölf Monate, nicht selten Jahre zurückliegt. Sie weicht damit scheinbar vom ursprünglichen Konzept der Traumaambulanz als Leistung der Schnellen Hilfe ab. Hierbei handelt es sich jedoch nicht um eine generelle Öffnung für länger zurückliegende schädigende Ereignisse. Der Zugang zu Traumaambulanzen erfordert in diesen Fällen zusätzlich, dass die länger zurückliegende Tat zu einer akuten psychischen Belastung geführt hat (Busse, Fuhrmann u. Wältermann, 2021). Eine akute psychische Belastung könnte vorliegen, wenn Berechtigte lange Zeit ein schädigendes Ereignis verdrängt haben und nunmehr zeitlich verzögert eine psychische Belastungssymptomatik aufgrund dieses schädigenden Ereignisses auftritt und deshalb eine umgehende psychotherapeutische Hilfe erforderlich wird.

Für Fälle, in denen das länger zurückliegende schädigende Ereignis bereits zu einer chronischen psychischen Erkrankung geführt hat, ist die psychotherapeutische Intervention nicht gedacht. Der Zweck der psychotherapeutischen Intervention – Verhinderung des Eintritts beziehungsweise der Chronifizierung einer Gesundheitsstörung – dürfte in diesen Fällen nicht erreicht werden können.

§ 34 Leistungsvoraussetzungen und Leistungsumfang:

Nach § 34 haben erwachsene Berechtigte einen Anspruch auf bis zu 15 Sitzungen. Da bei Kindern und Jugendlichen aufgrund der notwendigen Abstimmung der Traumaambulanz mit den Eltern oder anderen Erziehungsberechtigten sowie weiteren Beteiligten, etwa der Schule, im Einzelfall ein höherer Bedarf an den ersten probatorischen Sitzungen der Traumaambulanz bestehen kann, haben Kinder und Jugendliche einen Anspruch auf bis zu 18 Sitzungen in der Traumaambulanz.

Die ersten fünf beziehungsweise bei Kindern und Jugendlichen die ersten acht Sitzungen dienen insbesondere der Abklärung der psychotherapeutischen Behandlungsbedürftigkeit, der Durchführung der Diagnostik und der erforderlichen Akutmaßnahmen. Für die Inanspruchnahme dieser ersten fünf beziehungsweise acht Sitzungen bedarf es noch keiner Entscheidung der zuständigen Behörde über den Antrag im Erleichterten Verfahren nach § 115. Damit wird ein schneller und niedrigschwelliger Zugang zur psychotherapeutischen Intervention nach einer Gewalttat ermöglicht.

Wenn es erforderlich ist, das heißt eine weitere Behandlungsbedürftigkeit besteht und ein Anspruch auf diese Leistung im Erleichterten Verfahren festgestellt wurde, können Berechtigte nach den ersten fünf beziehungsweise acht Sitzungen bis zu zehn weitere Sitzungen in der Traumaambulanz in Anspruch nehmen. Sollte die zuständige Behörde nicht innerhalb von zwei Wochen nach Vorliegen des Antrages über die Weiterbehandlung in der Traumaambulanz entschieden haben, geht dies nach Absatz 3 Satz 2 nicht zulasten der Berechtigten. Wenn in den vorgenannten Fällen die Traumaambulanz die dringende Behandlungsbedürftigkeit und die geplante Durchführung weiterer Sitzungen angezeigt hat, besteht auch ohne Vorliegen der Entscheidung der Anspruch auf bis zu weitere zehn Sitzungen.

§ 35 Weiterer Bedarf nach Betreuung in der Traumaambulanz:
Besteht nach der Ausschöpfung des gesetzlichen Anspruchs von 15 beziehungsweise bei Kindern und Jugendlichen 18 Sitzungen in der Traumaambulanz ein weiterer psychotherapeutischer Behandlungsbedarf, soll der Träger der Sozialen Entschädigung Berechtigte auf weitere psychotherapeutische Angebote verweisen. Dazu ist es erforderlich, dass die Traumaambulanz diesen weiteren Bedarf so früh wie möglich mitteilt. Eine entsprechende Verpflichtung ist in Absatz 2 geregelt. Die Konsequenzen eines Verstoßes gegen die Informationspflicht sind in den Vereinbarungen mit den Traumaambulanzen festzulegen.

§ 36 Fahrtkosten:
Nach dieser Vorschrift werden die erforderlichen Fahrtkosten von Berechtigten zur nächstgelegenen Traumaambulanz, aber auch die erforderlichen Fahrtkosten für eine notwendige Begleitung oder für Kinder, deren Mitnahme wegen fehlender Betreuungsmöglichkeit nötig ist, übernommen. In Satz 3 ist geregelt, dass auch notwendige Betreuungskosten für zu pflegende oder zu betreuende Familienangehörige übernommen werden. Wie der Gesetzesbegründung zu § 36 zu entnehmen ist, sollen Berechtigte nicht durch die für sie und erforderlichenfalls eine Begleitperson anfallenden Fahrtkosten faktisch gehindert werden, die Leistungen der Traumaambulanz in Anspruch zu nehmen. Das Gleiche gilt im Hinblick auf notwendige Betreuungskosten, die wegen des Besuchs der Traumaambulanz entstehen. Die nächstgelegene Traumaambulanz muss ein altersspezifisches Angebot bereitstellen können und ist für Kinder und Jugendliche die nächste Traumaambulanz mit Angeboten für Kinder und Jugendliche (und entsprechenden freien Kapazitäten; Bundesrat, 2019).

§ 37 Vereinbarungen mit Traumaambulanzen:
Um die Ansprüche Berechtigter auf Leistungen der Traumaambulanz erfüllen zu können, schließen nach Absatz 1 die zuständigen Träger der Sozialen Entschädigung entsprechende Vereinbarungen mit Traumaambulanzen. Diese müssen die Voraussetzungen nach Abschnitt 4 des SGB XIV erfüllen. Da bereits in den meisten Bundesländern Vereinbarungen zum Zeitpunkt des Inkrafttretens dieses Teils des SGB XIV bestanden, stellt Satz 2 klar, dass im Zeitpunkt des Inkrafttretens noch laufende Vereinbarungen mit Traumaambulanzen unberührt bleiben. In Absatz 2 werden die Mindestinhalte der Vereinbarung geregelt. Danach haben die Vereinbarungen zwingend Regelungen über
1. den psychotherapeutisch zu betreuenden Personenkreis,
2. Art und Ziel der Leistung,
3. die Anforderungen an die personelle Ausstattung und an die Qualifikation des Personals,
4. die im Zusammenhang mit der Leistungserbringung bestehenden Pflichten der Traumaambulanz,

5. den Datenschutz sowie
6. die Vergütung der von der Traumaambulanz erbrachten Leistungen

zu enthalten.

Beim Abschluss von Vereinbarungen mit neuen Einrichtungen beziehungsweise nach dem Auslaufen bestehender Vereinbarungen dürfen diese Vereinbarungen nur noch unter den Voraussetzungen des § 37 abgeschlossen werden. Über den zwingenden Inhalt hinaus können die zuständigen Träger mit den Traumaambulanzen weitere Inhalte in die Vereinbarung aufnehmen.

§ 38 Verordnungsermächtigung:

Durch § 38 Satz 1 SGB XIV wird zum einen das Bundesministerium für Arbeit und Soziales (BMAS) ermächtigt, das Nähere zu den Vereinbarungen nach § 37 SGB XIV durch eine Rechtsverordnung zu regeln, und zum anderen bestimmt Satz 2 den Mindestinhalt der Verordnung:
1. zur Qualifikation des Personals der Traumaambulanz, das die Sitzungen durchführt,
2. zur Dauer der einzelnen Sitzung,
3. zur Erreichbarkeit der Traumaambulanz und zum Zeitraum, in welchem die Betroffenen einen Termin dort erhalten müssen, unter Berücksichtigung der örtlichen Gegebenheiten,
4. zu den Dokumentationspflichten,
5. zum Abrechnungsverfahren einschließlich der sich daraus ergebenden Datenübermittlungswege,
6. zur Schweigepflichtentbindung und
7. zur Vertraulichkeit.

5.4 Verordnung über die von den Traumaambulanzen in der Sozialen Entschädigung zu erfüllenden Qualitätskriterien und die Pflichten der Traumaambulanz (Traumaambulanz-Verordnung – TAV)

Die Verordnung über die von den Traumaambulanzen in der Sozialen Entschädigung zu erfüllenden Qualitätskriterien und die Pflichten der Traumaambulanz (Traumaambulanz-Verordnung – TAV) wurde am 20. Oktober 2022 durch den Bundesminister für Arbeit und Soziales erlassen und am 25. Oktober 2022 im Bundesgesetzblatt Teil I Nr. 38 verkündet. Die TAV tritt zum 1. Januar 2024 in Kraft.

Mit der TAV werden bundeseinheitliche Qualitätsstandards der Behandlung von Kindern, Jugendlichen und Erwachsenen definiert, die beim Abschluss der Vereinbarungen zwischen den für das Soziale Entschädigungsrecht zuständigen Behörden und Traumaambulanzen zu beachten sind.

Die in § 38 SGB XIV geforderten Mindestinhalte werden mit der TAV spezifiziert. Ab dem 1. Januar 2024 dürfen nur noch Vereinbarungen über Traumaambulanzen mit Einrichtungen abgeschlossen werden, die die dort geforderten Anforderungen beziehungsweise Voraussetzungen erfüllen. Um bundeseinheitlich eine hohe Qualität der Behandlung in Traumaambulanzen zu erreichen und sicherzustellen, werden neben den Anforderungen an die Qualifikation der Behandelnden auch andere Vorgaben unter anderem zur Erreichbarkeit, zum kurzfristigen Terminerhalt, zur Schweigepflicht und zu Dokumentationspflichten gemacht. Die TAV mit den dazugehörenden Anlagen 1 und 2, die Näheres zu den erforderlichen Qualifikationen der behandelnden Mitarbeiterinnen und Mitarbeiter der Traumaambulanzen regeln, ist im Netz zu finden (TAV, 2022). In Bezug auf die Einrichtung von Traumaambulanzen für Kinder und Jugendliche sind die Qualifikationsanforderungen bei der Behandlung von Kindern und Jugendlichen den §§ 4 und 5 der TAV und der Anlage 2 (zu § 4 Abs. 2 Nr. 2) zu entnehmen (TAV, 2022).

5.5 Erleichtertes Verfahren nach §115 SGB XIV

Da die Leistungen nach dem SGB XIV beziehungsweise bis zum 31. Dezember 2023 nach dem OEG grundsätzlich auf Antrag erbracht werden, ist auch für die Inanspruchnahme der Traumaambulanz ein Antrag zu stellen. Hier gilt allerdings ab dem 1. Januar 2024 die Sonderregelung des § 10 Abs. 5 SGB XIV, wonach es ausreichend ist, wenn der Antrag unverzüglich nach der zweiten Sitzung gestellt wird. Hierauf nimmt auch § 2 TAV Bezug. Im dortigen Absatz 1 ist geregelt, dass die Traumaambulanzen Leistungsberechtigte bei Behandlungsbeginn, jedoch spätestens nach der zweiten Sitzung informieren, dass für eine über die ersten beiden Sitzungen hinausgehende Leistungserbringung eine Antragstellung erforderlich ist. Für die Entscheidung über den Anspruch auf die Leistung der Traumaambulanz gelten seit dem 1. Januar 2021 die Vorschriften für das »Erleichterte Verfahren« nach § 115 SGB XIV.

Nach Absatz 1 werden Leistungen der Schnellen Hilfen, zu denen die Leistungen der Traumaambulanzen gehören, in der Regel im Erleichterten Verfahren erbracht. Damit soll sichergestellt werden, dass diese Leistungen schnell, unbürokratisch und möglichst zeitnah nach dem schädigenden Ereignis erbracht werden.

Für das Erleichterte Verfahren ist es nach Absatz 2 ausreichend, wenn die summarische Prüfung ergibt, dass die antragstellende Person nach dem Sozialen Entschädigungsrecht anspruchsberechtigt sein kann. Der im Antrag dargelegte Sachverhalt ist dabei als wahr zu unterstellen und wird der Entscheidung im Erleichterten Verfahren zugrunde gelegt, wenn dessen Unrichtigkeit nicht offensichtlich ist. Eine umfassende Prüfung der Tatbestandsvoraussetzungen ist für die Inanspruchnahme der Traumaambulanz nicht erforderlich.

Mit Absatz 3 wird klargestellt, dass die Entscheidung im Erleichterten Verfahren nur dieses Verfahren, also nur die Entscheidung über die Schnellen Hilfen betrifft und keine präjudizierende Wirkung für andere Leistungen der sozialen Entschädigung, die über die Schnellen Hilfen hinausgehen, entfaltet (Gelhausen u. Weiner, 2021). Das bedeutet auch, dass Betroffene durchaus ihren Antrag auf Leistungen der Schnellen Hilfen und somit auf Leistungen der Traumaambulanzen beschränken können.

Mit diesem rechtlichen Rahmen sollte es möglich sein, nicht nur für Erwachsene, sondern gerade auch für die Behandlung von gewaltbetroffenen Kindern und Jugendlichen ein Netz von Traumaambulanzen aufzubauen und ihnen eine schnelle und gute psychotherapeutische Frühintervention nach einem traumatischen Ereignis zu ermöglichen. Eine gute und vertrauensvolle Zusammenarbeit der Träger der Sozialen Entschädigung mit den Einrichtungen, die das Angebot der Traumaambulanzen auf der Grundlage der nach § 37 SGB XIV geschlossenen Vereinbarungen bereitstellen, ist im Interesse der Berechtigten eine wichtige Voraussetzung.

Literatur

Bundesrat (2019). Entwurf eines Gesetzes zur Regelung des Sozialen Entschädigungsrechts (Drucksache 351/19). https://dserver.bundestag.de/brd/2019/0351-19.pdf (Zugriff am 10.05.2023).

Busse, S., Fuhrmann, M. M., Wältermann, F. (2021). SGB XIV – Ein Überblick über das neue Soziale Entschädigungsrecht SER. Stuttgart/München: Richard Boorberg.

Gelhausen, R., Weiner, B. (Hrsg.) (2021). SGB XIV/OEG/VersMedV – soziales Entschädigungsrecht: Kommentar (7. Aufl.). München: C. H. Beck.

Knickrehm, S., Rademacher, O. (Hrsg.) (2022). Sozialgesetzbuch XIV – soziale Entschädigung. Lehr- und Praxiskommentar. Baden-Baden: Nomos.

TAV – Traumaambulanz-Verordnung (2022). Verordnung über die von den Traumaambulanzen in der Sozialen Entschädigung zu erfüllenden Qualitätskriterien und die Pflichten der Traumaambulanz vom 20. Oktober 2022. Bundesgesetzblatt Jahrgang 2022 Teil I Nr. 38. https://www.bgbl.de/xaver/bgbl/start.xav?startbk=Bundesanzeiger_BGBl&start=//*%5b@attr_id=%27bgbl122s1816.pdf%27 %5d#__bgbl__%2F%2F*%5B%40attr_id%3D%27bgbl122s1816.pdf%27 %5D__1683798388650 (Zugriff am 11.05.2023).

6 Strukturelle Möglichkeiten der Versorgung über Traumaambulanzen

Sibylle Maria Winter

Auf Basis der Ergebnisse einer Umfrage unter den Traumaambulanzen in Deutschland formuliert dieses Kapitel Voraussetzungen und Handlungsempfehlungen sowie finanzielle und organisationale Möglichkeiten für den Aufbau einer Traumaambulanz, insbesondere unter Berücksichtigung der Qualifikationskriterien nach dem Sozialgesetzbuch XIV.

6.1 Die Umfrage: Strukturen der Traumaambulanzen in Deutschland

Wir schrieben achtzig Traumaambulanzen am 31. August 2022 per E-Mail an mit der Bitte, bis zum 20. September 2022 den Onlinefragebogen zu beantworten. Da der Rücklauf gering war, erinnerten wir am 29. September 2022 erneut und informierten, dass die Umfrage bis 10. Oktober 2022 beantwortet werden konnte. Der Rücklauf betrug 55 %, das heißt, 44 Traumaambulanzen antworteten. Nicht zu allen Items hatten wir vollständige Werte. Fälle mit zu vielen fehlenden Werten (> 50 %) wurden von der Auswertung ausgeschlossen, sodass sich ein N = 20 ergab. Details finden sich im Anhang, der beim Buch online auf der Verlagswebsite zur Verfügung gestellt wird.

Der Onlinefragebogen umfasste 18 Items. Die Beantwortung des Onlinefragebogens dauerte circa zehn Minuten und war komplett anonymisiert über die Plattform SoSci Survey. Es wurden wenige Daten zu den Teilnehmenden (Alter, Geschlecht, Beruf) erfasst, der Schwerpunkt lag auf einer Beschreibung struktureller Aspekte der jeweiligen Traumaambulanz hinsichtlich Eröffnungszeitpunkt, Angliederung an eine Klinik, Anzahl und Qualifikation der Beschäftigten, Finanzierung und Ressourcen. Darüber hinaus wurden Fragen zu Patient:innenanzahl, Zuweiser:innen, Vorstellungsgründen, Wartezeiten, Anzahl der Sitzungen und Anstieg der Patient:innen in den letzten beiden Jahren während der Coronapandemie gestellt.

Insgesamt konnten N = 20 Personen im Alter von M = 52 (SD = 9,28, Min = 34, Max = 63) in die Auswertung einbezogen werden, die stellvertretend für ihre Traumaambulanz den Fragebogen beantwortet hatten. Dabei handelte es sich um 70 % weibliche und 25 % männliche Personen sowie eine Person mit diverser Geschlechtsangabe.

Bei den zwanzig Teilnehmer:innen handelt es sich um sechs Fachärzt:innen für Kinder- und Jugendpsychiatrie- und -psychotherapie, acht approbierte Psychotherapeut:innen, eine:n Mediziner:in in Facharztweiterbildung und fünf weitere Berufsgruppen, unter anderem ein:e Kinder- und Jugendlichentherapeut:in und drei Diplom-Pädagog:innen. In Bezug auf die Qualifizierung der Mitarbeitenden der zwanzig teilnehmenden Traumaambulanzen (TA) zeigte sich Folgendes: In 15 TA waren Fachärzt:innen für Kinder- und Jugendpsychiatrie und -psychotherapie, in zwei TA auch Weiterbildungsassistent:innen für Kinder- und Jugendpsychiatrie und -psychotherapie tätig. Psychologische Psychotherapeut:innen waren in neun, Kinder- und Jugendlichenpsychotherapeut:innen (Grundberuf: Psychologie) in zehn und Kinder- und Jugendlichenpsychotherapeut:innen (Grundberuf: Sozialpädagogik) in vier TA beschäftigt. 13 TA verfügten über Mitarbeiter:innen mit traumatherapeutischer Zusatzweiterbildung. Psychotherapeut:innen in Ausbildung waren nur in drei TA angestellt.

An der Umfrage beteiligten sich neun Bundesländer (Bayern, Brandenburg, Bremen, Hessen, Niedersachsen, Saarland, Sachsen, Schleswig-Holstein, Nordrhein-Westfalen). Erste Gründungen von TA hatten 2003 stattgefunden, die letzten Eröffnungen waren 2021. Alle TA gaben an, dass eine Kooperation mit einer Klinik besteht. Diese Kooperation wurde von 13 TA auch als sehr gut eingestuft. Die Größen der TA wurden als sehr unterschiedlich angegeben: Zwischen einem und sieben Mitarbeitenden waren in den TA tätig und zwischen einer und 35 Wochenstunden (M = 10,7, SD = 10,14) dort in Teilzeit beschäftigt.

Es wurde eine breite Range angegeben, wie viele Patient:innen die TA im letzten Jahr 2021 betreute, von Min n = 2 bis Max = 521 (M = 112,56, SD = 153). Zehn TA gaben an, dass sie in den letzten zwei Jahren einen Anstieg der Patient:innenanfragen verzeichnet hätten. Hierfür wurden folgende Gründe angegeben: *gegebenenfalls durch Pandemielockdown, neue gesetzliche Bestimmungen zu OEG/SER, Öffentlichkeitsarbeit und Anstieg als Folge von Corona, Traumaambulanz für Erwachsene eröffnet und vorgestellt.*

Zehn TA gaben an, durchschnittlich 1–6 Sitzungen anzubieten, neun TA 7–13 Sitzungen und eine TA gab 14–18 Sitzungen im Durchschnitt an.

Die Wartezeit wurde wie folgt angegeben: Bei fünf TA besteht keine Wartezeit, bei neun TA unter einem Monat, bei vier TA einer bis zwei Monate, und bei jeweils einer TA drei bis vier sowie mehr als sechs Monate.

Die Zuweiser:innen sind bei 18 TA überwiegend Selbstmelder:innen, gefolgt vom Jugendamt (15), klinikinterner Zuweisung (15), Weißer Ring (14), Polizei (13), Kinderärzt:in (12) und ambulante:r Psychotherapeut:in (10) sowie durch andere (6), z. B. Beratungsstellen und Leistungserbringer im psychosozialen Bereich. Die häufigsten Vorstellungsgründe waren sexualisierte Gewalt (18), körperliche Gewalt (16), Zeug:innenschaft von körperlicher Gewalt (11), Überfall durch Fremdtäter:innen oder Peers (7) und andere (4) wie schwere emotionale Gewalt in Kombination mit physischer oder sexualisierter Gewalt.

Sechs TA gaben an, sich selbst finanzieren zu können. 14 Ambulanzen dagegen berichteten, dass sie zusätzlich auf Gelder angewiesen seien durch: *Amt für Versorgung und Integration Bremen; angegliederte Klinik; Bezirk; Finanzierung im Rahmen der »normalen« Tätigkeit der kinder- und jugendpsychiatrischen PIA/TK; hauptsächliche Finanzierung über PIA; Landschaftsverband Rheinland; weitere Projektmittel; Teil der stationären KJP mit unserer Ambulanz.* Elf TA gaben an, dass ihnen genügend Ressourcen zur Verfügung stehen. Acht TA berichteten, dass ungenügend Ressourcen bestünden und es ihnen vor allem an *Ärzt:innen, Psychotherapeut:innen, Körpertherapeut:innen, Fachpersonal, Kapazitäten der Mitarbeiter, Mitarbeitenden* und *traumaspezifischer Supervision* mangele.

Zehn TA gaben an, dass sie mit anderen TA kooperieren, bei fünf bestehe keine Kooperation und vier waren sich unsicher. Fünf TA gaben infolgedessen an, dass sie sich eine Kooperation mit anderen TA wünschen würden.

Zusammenfassend zeigte unsere Untersuchung: TA werden seit 2003 kontinuierlich gegründet und sind mehrheitlich an eine Klinik angegliedert. Sechs von zwanzig TA geben an, sich selbst finanzieren zu können. Die Größe der TA ist sehr unterschiedlich, entsprechend die Anzahl der Beschäftigten und der Patient:innen, die versorgt werden. Zehn von zwanzig TA haben einen Anstieg der Anfragen verzeichnet, unter anderem wird als Grund die Coronapandemie angegeben Die Qualifikation in den Traumaambulanzen ist sehr hoch, überwiegend sind Fachärzt:innen oder Psychotherapeut:innen tätig. In 13 von zwanzig TA gibt es Personen mit einer traumatherapeutischen Zusatzausbildung. 19 von zwanzig TA führen bis zu 13 Behandlungsstunden durch, bei 14 von zwanzig TA besteht keine oder eine Wartezeit von unter einem Monat. Zuweiser:innen sind in erster Linie Selbstmelder:innen, Jugendamt, Klinik, Weißer Ring, Polizei sowie niedergelassene Kinderärzt:innen oder Psychotherapeut:innen. Als Vorstellungsgrund gaben die Kinder und Jugendlichen überwiegend an, körperliche oder sexualisierte Gewalt erfahren zu haben oder Zeug:innen von Gewalt gewesen zu sein.

6.2 Modellhafte Möglichkeiten zum Aufbau einer Traumaambulanz

Zukünftige Projekte können von der Umfrage unter den bereits bestehenden Traumaambulanzen profitieren, wenn sie die richtigen Schlussfolgerungen bezüglich Finanzierung, Personal und Versorgung ziehen.

6.2.1 Finanzierung und Personal

Wenn eine Traumaambulanz initiiert werden soll, steht zu Beginn die Kontaktaufnahme mit der nach Landesrecht für das Soziale Entschädigungsrecht zuständigen Behörde. In Berlin ist dafür das Landesamt für Gesundheit und Soziales zuständig. Mit dieser Behörde muss eine Vereinbarung geschlossen werden, die alles Wesentliche zur Erbringung der Leistung der Traumaambulanz, zur Kooperation und zur Finanzierung festlegt.

Ein wesentlicher Punkt ist eine schlanke Bürokratie im Sinne beschleunigter Beantragungsprozesse. In Berlin konnte dies realisiert werden, indem beschlossen wurde, dass mit Einverständnis der Sorgeberechtigten die Personalien der Kinder und Jugendlichen zur ersten Behandlungsstunde gefaxt werden, die Behandlung in der Traumaambulanz beginnen kann und damit die Verpflichtung zur Bezahlung aufseiten der Behörde besteht. Erst im weiteren Verlauf musste der mehrseitige Antrag auf Opferentschädigung gestellt werden. Darauf kann in der Zwischenzeit im Rahmen der Schnellen Hilfen verzichtet werden. Jedoch muss der Antrag auf Opferentschädigung innerhalb eines Jahres nachgereicht werden, wenn weitere Leistungsansprüche geprüft werden sollen. Im weiteren Verlauf werden zwei einseitige Verlängerungsanträge (nach der achten Stunde und nach der 13. Stunde) per Fax gestellt und erst am Ende der Behandlung wird ein Befundbericht an das Landesamt für Gesundheit und Soziales gesendet.

Die Abrechnung erfolgt über eine Pauschale für jedes betreute Kind und über eine festgelegte Summe für jede Behandlungsstunde. Zudem kann eine bestimmte Summe für Fahrten zum Kind erstattet werden, was die Möglichkeit eröffnet, zur Unterstützung auch in die Wohnumgebung des Kindes zu kommen. Ein wichtiger und entscheidender Punkt ist, dass die Erstattung von Dolmetscherkosten in unserer Vereinbarung berücksichtigt ist. Unter Umständen ist die Finanzierung einer Nachuntersuchung nach drei Monaten ebenfalls berücksichtigt.

Eine große Schwierigkeit ist, dass es keine Vorhaltekosten gibt. Eine große Erleichterung ist, wenn die Klinik bereit ist, in Vorleistung zu gehen und zusätzliches Personal für die Traumaambulanz einzustellen. Im Regelfall ist dies jedoch nicht möglich, insofern gibt es zwei Wege, eine Traumaambulanz aufzubauen:

1. In der Klinik gibt es Mitarbeitende, die Behandlungsstunden und damit Einnahmen ermöglichen, sodass dann im zweiten Schritt Stellenteile für die Traumaambulanz-Tätigkeit generiert werden können.
2. Über Spendengelder können zu Beginn Mitarbeitende eingestellt werden. Allerdings gibt es wenig Stiftungen, die Spendengelder für Personalmittel genehmigen.

Grundsätzlich waren die Laufzeiten der Vereinbarungen mit der zuständigen Behörde bis 31. Dezember 2020 für einen bestimmten Zeitraum festgelegt, sodass die Laufzeiten der Mitarbeiterverträge begrenzt waren, und dies erschwerte, qualifiziertes Personal einzustellen. Zukünftig können die Vereinbarungen auf der Grundlage der TAV unbegrenzt abgeschlossen werden, was für die Laufzeiten der Mitarbeiterverträge einen großen Vorteil darstellt. Zudem sollten koordinierende Fachkräfte, die die Anrufe entgegennehmen, und ein Sozialdienst zur Verfügung stehen. Diese zusätzlichen Fachkräfte können durch die Pauschalen allein nicht finanziert werden. Auch Kreativtherapeut:innen, die für die Behandlung mancher Kinder und Jugendlicher von großem Nutzen sind, müssen zusätzlich finanziert werden. Von musik- oder kunsttherapeutischen Angeboten können vor allem geistig oder körperlich behinderte Kinder und Jugendliche sehr profitieren (siehe Kapitel 10).

Aus all diesen Gründen haben wir in Berlin die Traumaambulanz in den letzten zehn Jahren nur Schritt für Schritt aufbauen können. Zunächst übernahmen zwei Mitarbeiterinnen die Behandlung der Kinder und Jugendlichen zusätzlich. Nach circa einem Jahr konnten so Einnahmen für Stellenanteile von zehn Wochenstunden generiert werden. Im Laufe eines weiteren Jahres konnten diese Stellenanteile auf zwanzig Wochenstunden gesteigert werden.

Inzwischen sind neben der ärztlichen Leitung fünf Mitarbeiter:innen in der Traumaambulanz tätig, zwei approbierte Psychotherapeut:innen mit jeweils zwanzig Wochenstunden, eine Psychologin mit 25 Wochenstunden sowie zwei Psychotherapeut:innen in Ausbildung. Davon haben die Leitung und eine approbierte Psychotherapeutin eine traumatherapeutische Zusatzausbildung. Die Wahl des Geschlechts des Behandelnden ist vonseiten der Kinder und Jugendlichen möglich. Unserer Erfahrung nach können auch weibliche Opfer sexualisierter Gewalt von einem männlichen Therapeuten behandelt werden (siehe Kapitel 9). Zusätzlich gibt es eine Wissenschaftliche Hilfskraft (zehn Wochenstunden) sowie drei psychologische Praktikant:innen, die die koordinierende Fachkraft und die Begleitforschung realisieren. Die Tätigkeit des Sozialdienstes wird von den Therapeut:innen weitgehend selbst übernommen.

6.2.2 Versorgung

Seit der Eröffnung haben wir 625 Kinder und Jugendliche, davon im letzten Jahr 120 behandelt (siehe Kapitel 11). Während der Coronapandemie mussten wir aufgrund der Zunahme der Anfragen eine Warteliste erstellen. Wir haben zeitnah ein Erstgespräch angeboten, um den Bedarf einschätzen zu können. Bei dringenden Fällen konnte zeitnah eine Betreuung angeboten werden. Aktuell besteht keine Wartezeit mehr. Zuweiser:innen sind analog den Angaben der anderen Traumaambulanzen in erster Linie Selbstmelder:innen, Weißer Ring, Jugendamt und Polizei. Darüber hinaus sind klinikinterne Zuweisungen und Zuweisungen über die Rettungsstelle, die Kinderschutzambulanz und das Childhood-Haus Berlin sehr häufig. Wie bei allen Traumaambulanzen sind auch bei uns die Vorstellungsgründe in erster Linie körperliche oder sexualisierte Gewalt sowie Zeugenschaft von Gewalt und Überfälle.

In der Zwischenzeit können wir uns aufgrund der Größe unabhängig finanzieren. Unser Haupt-Ressourcenproblem ist die Raumknappheit. Die Anbindung an die Klinik ist von Vorteil, da die Klinik strukturelle Ressourcenprobleme zumindest zum Teil ausgleichen und bei der gegebenenfalls zusätzlich indizierten ambulanten oder (teil-)stationären psychiatrischen Versorgung der Patient:innen unterstützen kann.

6.3 Handlungsempfehlungen für den Aufbau einer Traumaambulanz

Unsere Empfehlungen für den Aufbau einer Traumaambulanz sind in Tabelle 6.1 zusammengefasst.

Tabelle 6.1: Wichtige Elemente für den Aufbau einer Traumaambulanz

Bereich	Elemente
Struktur	Anbindung an eine Klinik
Verwaltung	Schlanke Bürokratie
Finanzen	Einbezug der kaufmännischen Verwaltung bei der Aushandlung der Kooperationsvereinbarung
	Möglichkeit einer Vorfinanzierung zu Beginn

Bereich	Elemente
Öffentlichkeitsarbeit	Fachtag zur Eröffnung, Vorträge
Personal	Berücksichtigung von Stellenanteilen einer koordinierenden Kraft
	Berücksichtigung von Stellenanteilen eines Sozialdienstes
	Einbezug von psychologischen Praktikant:innen zur Unterstützung
Räume	Rechtzeitige Bereitstellung von Räumen
Qualitätssicherung	Schaffung einer internen und externen Supervision
	Regelmäßige Visiten
	Finanzierung von traumatherapeutischen Zusatzqualifikationen

Wenn die Rahmenbedingungen definiert sind, stellen die Qualifikationsanforderungen an die psychotherapeutischen Mitarbeitenden für die Traumaambulanzen eine große Herausforderung dar. Grundsätzlich ist es nicht leicht, für den Bereich Trauma Mitarbeitende zu gewinnen, da die Fälle häufig sehr komplex sind und das Thema Gewalt immer präsent ist. Eine entscheidende Einschränkung stellt auch die relativ kurze Behandlungsdauer dar. Approbierte Kinder- und Jugendlichenpychotherapeut:innen oder Psychotherapeuten:innen mit Zusatzausbildung für die Behandlung von Kindern und Jugendlichen haben alternativ auch die Möglichkeit, sich niederzulassen. Fachärzt:innen für Kinder- und Jugendpsychiatrie und -psychotherapie sind ebenfalls an einer Niederlassung interessiert oder streben eine oberärztliche Position an, zudem ist häufig das Hauptinteresse nicht Psychotherapie. Anzustreben ist ein Team aus approbierten Kinder- und Jugendpsychotherapeut:innen sowie Fachärzt:innen für Kinder- und Jugendpsychiatrie und -psychotherapie, die eine traumatherapeutische Zusatzausbildung haben, und Mitarbeitenden in Ausbildung. Besonders wichtig ist, dass für das gesamte Team regelmäßig Visiten und Supervisionen etabliert werden sowie die Möglichkeit zum Erwerb traumaspezifischer Zusatzqualifikationen gegeben wird. Die Qualitätskriterien und Pflichten der Traumaambulanz sind ab dem 1. Januar 2024 wie in Tabelle 6.2 dargestellt festgelegt (TAV, 2022).

Tabelle 6.2: Qualitätskriterien und Pflichten der Traumaambulanzen ab Januar 2024

Leistungserbringung	Antragstellung zu Behandlungsbeginn spätestens nach der zweiten Sitzung und Weiterleitung des Antrages an die nach Landesrecht für das Soziale Entschädigungsrecht zuständige Behörde
	Dauer der Behandlungsstunde 50 Minuten (oder 2 × 25 Minuten), mit Dolmetsch-, Übersetzungs- oder Kommunikationshilfeleistungen 75 Minuten
	Wahl des Geschlechts der behandelnden Person sollte ermöglicht werden
	Wechsel der behandelnden Person soll während der Behandlung nicht stattfinden
Qualifikationsanforderungen bei der Behandlung von Kindern und Jugendlichen	Fachärzt:in für Kinder- und Jugendpsychiatrie und -psychotherapie oder in fortgeschrittener Weiterbildung
	Kinder- und Jugendlichentherapeut:in oder in fortgeschrittener Weiterbildung nach Absolvierung PT I und II
	Psychologische:r Psychotherapeut:in mit möglichst abgeschlossener Zusatzqualifikation zur Behandlung von Kindern und Jugendlichen oder in fortgeschrittener Weiterbildung nach Absolvierung PT I und II
	Alle Mitarbeiter:innen müssen über eine traumaspezifische Qualifikation verfügen ein Jahr nach Beginn der Tätigkeit 1. Überblick über die Möglichkeiten der Krisenintervention und die Behandlung akuter Traumafolgen 2. Traumafokussierte Behandlung der PTBS bei Kindern und Jugendlichen
	Mitarbeiter:innen, die Opfer sexualisierter Gewalt behandeln, müssen zusätzlich Kenntnisse haben über • körperliche und emotionale Misshandlung im Kindes- und Jugendalter, • körperliche und emotionale Vernachlässigung im Kindes- und Jugendalter, • sexualisierte Gewalt im Kindes- und Jugendalter, • Folgen der beschriebenen Erfahrungen, • Fertigkeiten im Umgang mit betroffenen Patient:innen und ihren Bezugspersonen sowie Kenntnisse für eine Zusammenarbeit im sozialen Unterstützungssystem von Kindern und Jugendlichen.

	Diese Kenntnisse gelten durch eine mindestens zweijährige Berufserfahrung als nachgewiesen.
	Komplexe Fälle sollen nicht von Mitarbeiter:innen in Psychotherapie-Ausbildung behandelt werden.
Erreichbarkeit	Sitzungstermine zu allgemeinen Geschäftszeiten Webseite, Datenbanken und Portale Telefonische Erreichbarkeit jederzeit, außerhalb der Geschäftszeiten über Anrufbeantworter mit Rückruf am nächsten Werktag Traumasensibler Umgang mit den Anrufenden Ersttermin nach fünf Werktagen nach Kontaktaufnahme, spätestens zehn Werktage
Schweigepflicht	Vertrauliche Behandlung des Sitzungsinhalts, Übermittlung von Informationen nur mit Einverständnis der Sorgeberechtigten
Dokumentationspflichten	Einhaltung der geltenden Dokumentationspflichten
Vernetzung	Qualitätszirkel
Abrechnungsverfahren	Erfolgt unmittelbar zwischen der Traumaambulanz und der nach Landesrecht für das Soziale Entschädigungsrecht zuständigen Behörde Folgende Angaben sind erforderlich: • Anzahl der Sitzungen und Satz pro Sitzung, • gegebenenfalls weitere Aufwendungen, • Personalien, • Ort und Zeit des schädigenden Ereignisses, • eine Pauschale pro Fall (doppelter Satz pro Sitzung).

Literatur

TAV – Traumaambulanz-Verordnung (2022). Verordnung über die von den Traumaambulanzen in der Sozialen Entschädigung zu erfüllenden Qualitätskriterien und die Pflichten der Traumaambulanz vom 20. Oktober 2022. Bundesgesetzblatt Jahrgang 2022 Teil I Nr. 38. https://www.bgbl.de/xaver/bgbl/start.xav?startbk=Bundesanzeiger_BGBl&start=//*%5b@attr_id=%27bgbl122s1816.pdf%27%5d#__bgbl__%2F%2F*%5B%40attr_id%3D%27bgbl122s1816.pdf%27%5D__1683798388650 (Zugriff am 11.05.2023).

7 Aus der Praxis: Psychotherapeutische Versorgung in der Traumaambulanz der Charité

Kathrin Reiter

Die praktische Arbeit in der Traumaambulanz besteht im Wesentlichen aus den Schritten: erste Kontaktaufnahme, Diagnostik, Erstgespräch und drei Behandlungsphasen: Stabilisierung, Traumakonfrontation und Integration. Diese drei Phasen definieren traumafokussierte Psychotherapie unabhängig von der zugrunde liegenden Therapieschule.

Die erste Phase, – die der *Stabilisierung,* enthält beispielsweise Themen wie Psychoedukation, Beziehungsgestaltung, Umgang mit elterlichen Belastungen und die Vermittlung von Skills. In der zweiten Behandlungsphase wird nach der Phase der Stabilisierung die individuelle Behandlung des Kindes oder Jugendlichen begonnen, die *Traumabearbeitung und Traumakonfrontation*. In einer dritten, der abschließenden Phase, wird sich der *Integration* des Traumas gewidmet und somit das Erlebte in die eigene Biografie und Lebenswelt integriert.

7.1 Kontaktaufnahme

Kinder und Jugendliche, die ein Trauma erlebt haben, werden entweder über die Eltern selbst, die hausinterne Kinderschutzambulanz, das Childhood-Haus Berlin oder den Sozialdienst der Kinderrettungsstelle, das Jugendamt, die Polizei, eine Kriseneinrichtung oder andere Stellen in die Traumaambulanz vermittelt. Eine erste Kontaktaufnahme erfolgt innerhalb von 48 Stunden, und innerhalb von zwei Wochen wird ein Erstgespräch angeboten. Daraufhin erfolgt die Zuteilung zu einem:einer der Therapeut:innen der Traumaambulanz. Insgesamt stehen jedem Kind oder Jugendlichen maximal 18 Behandlungsstunden inklusive Bezugspersonenstunden zu.

7.2 Das Erstgespräch in der Traumaambulanz

Sowohl in der Phase der Stabilisierung als auch zu Beginn der Diagnostik empfiehlt sich eine sorgfältige Auswahl der ersten Gesprächsperson. Dies kann entweder eine Bezugsperson sein, die das Kind oder den Jugendlichen angemeldet hat, oder der:die Jugendliche selbst. Bereits bei der meist telefonischen Anmeldung eines Jugendlichen durch die Bezugspersonen oder den Jugendlichen selbst, lässt sich in der Regel gut einschätzen, wer zu einem Erstgespräch in die Traumaambulanz kommen sollte. Wenn der Jugendliche zusammen mit einer oder mehreren Bezugspersonen zum Erstgespräch erscheint, hat es sich bewährt, den Jugendlichen bereits im Wartezimmer über den folgenden Ablauf zu informieren:

»Hallo XY, mein Name ist XY und ich bin eine der behandelnden Therapeutinnen hier. Ich möchte dich gerne fragen, wie du dir den Ablauf unseres Erstgespräches vorstellst. Es gibt zwei Möglichkeiten: Wir können entweder gemeinsam mit deinen Bezugspersonen heute ein Gespräch führen. Du kannst aber auch zuerst allein mit in mein Zimmer kommen und wir holen deine Bezugspersonen am Ende des Gespräches dazu, um den weiteren Ablauf zu besprechen. Was ist dir lieber?«

Erfahrungsgemäß entscheidet sich circa die Hälfte aller Jugendlichen für ein Erstgespräch allein ohne Bezugspersonen. So z. B. Mädchen aus Einrichtungen, die sexuelle Übergriffe erlebt haben und mit männlichen Begleitpersonen zum Erstgespräch erscheinen. Wenn dem Jugendlichen die Wahl freigestellt wird, wie das Erstgespräch ablaufen soll, ist bereits ein erster Beziehungsaufbau zwischen dem Jugendlichen und dem:/der Therapeut:in gelungen, der auch zeigt, dass der:/die Therapeut:in den Jugendlichen ernst nimmt.

Bei Kindern im Kita-Alter erfolgt das erste Kennenlerngespräch meist nur mit den Bezugspersonen ohne Kind, um eine ausführliche Anamnese des Kindes zu erheben sowie die Bezugspersonen von der erlebten Gewalttat des Kindes berichten zu lassen. Dies ergibt Sinn, da der:die behandelnde Therapeut:in in einem zweiten Termin das Kind kennenlernen kann, ohne dass die Bezugspersonen vor dem Kind die erlebte Gewalttat schildern. Zudem erlebt das Kind, dass die Bezugsperson bereits Vertrauen zu dem:der behandelnden Therapeut:in gefasst hat.

7.3 Diagnostik

In den ersten Stunden erfolgt eine ausführliche Traumadiagnostik. Diese besteht aus Fragebögen (z. B. CRIES-8, UCLA-PTBS, CBCL-R, YSR; siehe Kapitel 11.3) für den Jugendlichen sowie separat auch für die Bezugspersonen. Bei Bedarf wird Kontakt zu weiteren Bezugspersonen, wie z. B. Lehrer:innen und Erzieher:innen, oder aktuellen Behandler:innen (z. B. Ärzt:innen, Psychotherapeut:innen) nach Einholung einer Schweigepflichtsentbindung aufgenommen. Der:die behandelnde Therapeut:in erstellt einen psychopathologischen Befund und wägt nach einer ausführlichen Anamnese des Kindes oder Jugendlichen die Risiko- und Schutzfaktoren betreffend die Entstehung einer PTBS oder anderen Traumafolgestörung ab. Bei Bedarf kann Kontakt zu Jugendämtern, der hausinternen Kinderschutzambulanz oder anderen Hilfesystemen mit Einverständnis der Sorgeberechtigten aufgenommen werden. Nur bei gewichtigen Anhaltspunkten für Kindeswohlgefährdung kann auch ohne Einverständnis der Sorgeberechtigten Kontakt zum Jugendamt aufgenommen werden.

Ein besonderes Augenmerk liegt darauf in den Bezugspersonenstunden im Rahmen der Diagnostik, die Risiko- und Schutzfaktoren abzuklären. Oftmals haben z. B. Mütter von sexuell missbrauchten Kindern oder Jugendlichen, die Opfer sexueller Gewalt waren, in der Vergangenheit selbst einen sexuellen Übergriff erlebt und diesen gegenbenfalls bisher nicht aufgearbeitet. Eine Weitervermittlung an eine Traumaambulanz für Erwachsene kann hierbei hilfreich sein, um die Behandlung des Kindes oder Jugendlichen möglichst reibungslos starten zu können.

Risikofaktoren, die die Ausbildung einer posttraumatischen Belastungsstörung oder einer anderen Traumafolgestörung bei Kindern und Jugendlichen wahrscheinlicher machen, können beispielsweise ein mangelndes Selbstbewusstsein oder niedrige Intelligenz sein (siehe Kapitel 4). Hinzu kommen (aktuelle) Trennungsereignisse (z. B. durch einen Umzug) oder eine eigene psychische oder körperliche Erkrankung (oder der Bezugspersonen). Aktuelle Todesfälle und/oder Belastungen der Familie durch Arbeitslosigkeit, Armut und/oder räumliche Enge stellen ebenfalls Risikofaktoren zur Ausbildung einer Traumafolgestörung dar. Zudem können erhebliche Konflikte innerhalb der Familie oder die eigene unbewältigte Traumageschichte der Eltern eine bedeutende Rolle spielen. Das Zusammentreffen mehrerer Belastungsfaktoren erhöht die Wahrscheinlichkeit für die Entstehung einer klinisch relevanten Traumafolgestörung (Krüger, 2012).

Als Schutzfaktoren haben sich folgende Einflussfaktoren herausgestellt, die vor einem Trauma oder einer Traumafolgestörung schützen können: gute soziale Beziehungen (z. B. zu Eltern, Erzieher:innen, Gleichaltrigen), eine durchschnittliche Intelligenz sowie Selbstbewusstsein. Erfolgserlebnisse in Schule/Ausbildung/Freizeit und eine fördernde außerfamiliäre soziale Umwelt gelten ebenfalls als Schutzfaktoren. Letztlich gelten auch eine gute materielle Ausstattung der Familie, emotional kompetente Bezugspersonen sowie das Vorhandensein eines Repertoires an Bewältigungsstrategien bei dem Kind oder Jugendlichen sowie den Bezugspersonen als Schutzfaktoren. Ein Zusammentreffen mehrerer schützender Faktoren erhöht die Wahrscheinlichkeit, dass das Kind oder der Jugendliche keine Traumafolgestörung entwickelt (Krüger, 2012).

7.4 Umgang bei bestehendem Täterkontakt

Zu Beginn der Diagnostik empfiehlt sich die Abklärung, ob weiterhin Täterkontakt besteht (z. B. in der Kindertagesstätte, im Haushalt, in der Nachbarschaft usw.), da eine vollständige Bearbeitung des erlebten Traumas beziehungsweise eine Konfrontation innerhalb der Behandlung mit dem Erlebten bei Täterkontakt meist sehr schwierig beziehungsweise kontraproduktiv sein kann.

Bei noch bestehendem Täterkontakt entscheidet der:die behandelnde Therapeut:in zusammen mit anderen Kolleg:innen in der Visite/Fallvorstellung/Supervision, wie weiter verfahren wird: beispielsweise Anbindung an die hausinterne Kinderschutzambulanz, Gespräch mit den Bezugspersonen, um – falls nicht bekannt – auf den Täterkontakt hinzuweisen, gegebenenfalls Kontaktaufnahme zum Jugendamt, bei akuter Gefahr: geschützte Unterbringung des Kindes oder des Jugendlichen in einer Kriseneinrichtung oder gegebenfalls Unterbringung der Mutter mit dem Kind in einem Frauenhaus.

7.5 Erste Behandlungsphase: Stabilisierung

Die erste Behandlungsphase besteht aus den Aspekten Psychoedukation und Einbeziehung der Bezugspersonen.

7.5.1 Psychoedukation

Einen wichtigen Teil in der Phase der Stabilisierung nimmt die Psychoedukation ein. Diese ist ein wesentlicher Bestandteil für das Kind oder den Jugendlichen sowie gleichzeitig für die Bezugspersonen. Mittels einer ausführlichen und altersgerechten Psychoedukation kann dem Kind oder dem Jugendlichen verständlich gemacht werden, warum sich nach einer Gewalttat Albträume, Ängste oder andere Symptome etabliert haben. Eine Psychoedukation kann je nach Alter des Kindes oder Jugendlichen in Einzelgesprächen oder in gemeinsamen Gesprächen mit den Bezugspersonen erfolgen.

Eine Vermittlung von Wissen zum spezifischen Trauma (z. B. was sexualisierte Gewalt ist, wie oft sie vorkommt, wer die Verantwortung trägt etc.) ist ratsam für jeden individuellen Fall. Die Psychoedukation sollte konkret die Vermittlung von Wissen zu Traumareaktionen und eine Erläuterung der Symptomatik enthalten, z. B. mögliche altersabhängige unspezifische Symptome klären, die Bedeutung von Triggern erläutern sowie das sogenannte kognitive Dreieck erklären (gegenseitige Beeinflussung von Kognitionen, Emotionen, Verhalten und Körperreaktionen). Als eine mögliche altersgerechte Psychoedukation für das Kind, den Jugendlichen und deren Bezugspersonen bezüglich allgemeiner Auswirkungen von Traumata haben sich die in Abbildung 7.1 dargestellte Zeichnung und gleichzeitige Erklärung als sehr anschaulich erwiesen:

> *»Stell dir vor, in deinem Kopf wären verschiedene, kleine Rädchen. Jedes davon ist für etwas anderes zuständig: z. B. Denken, Erinnern oder Konzentrieren. Wenn es dir gut geht und du glücklich bist, drehen sich diese Rädchen ganz allein und du kannst dich z. B. in der Schule gut konzentrieren, bist fröhlich und kannst gut schlafen. Nun hast du aber etwas erlebt, was dir Kopfweh macht und dir Sorgen bereitet. Der Grund ist, dass sich dein Erinnerungsrädchen jeden Tag an das Erlebte erinnert, aber nicht mehr richtig ›rund läuft‹, sondern*

sich vor lauter Denken, ständig verhakt. Und weil das Erinnerungsrädchen ständig hakt, kann es die anderen Rädchen nicht mehr gut anstupsen. Das bedeutet, die anderen Rädchen laufen auch nicht mehr ›rund‹ und du bist unkonzentriert in der Schule, bist nicht mehr glücklich, kannst schlecht schlafen oder hast Ängste. Aufgabe von uns beiden ist es, in der Therapie dein Erinnerungsrädchen wieder zu ölen, sodass dieses wieder richtig laufen kann und damit gleichzeitig die anderen Rädchen ebenfalls wieder antreibt. Ich weiß dazu viele Tricks, die ich dir beibringen kann, wenn du dazu Lust hast.«

Abbildung 7.1: »Was passiert in meinem Kopf?«

7.5.2 Einbezug der Bezugspersonen

In den ersten Bezugspersonenstunden und nach Abklärung der eigenen Belastung derer ist es hilfreich, die Bezugspersonen als Co-Therapeut:innen »mit ins Boot zu holen« und konkrete Handlungsanweisungen weiterzugeben, wie sie mit dem betroffenen Kind oder Jugendlichen umgehen können. Die Bezugspersonen nehmen dies immer dankbar an, da sie meist keine Erfahrung mit dem Umgang der Symptome bei den betroffenen Kindern und Jugendlichen haben.

Als ungünstige Reaktionsstile haben sich in der klinischen Arbeit bei Bezugspersonen Rückzug oder Vermeidung, Überprotektion, sowie angstmachende Reaktionsweisen gezeigt. Günstige Reaktionsstile von Bezugspersonen nach der Traumatisierung eines Kindes oder Jugendlichen dagegen sind beispielsweise das Stellen von Fragen, wie sich das Kind oder die Jugendliche bezogen auf das Ereignis fühlt, das Vergleichen von Verhaltensweisen des Kindes oder Jugendlichen vor und nach dem traumatischen Erlebnis, das Einschätzen der Reaktionen des Kindes oder Jugendlichen auf Grundlage seiner Persönlichkeit, der Vergleich der Verhaltensweisen des Kindes oder Jugendlichen mit dem Verhalten seiner Geschwister sowie der Austausch mit anderen Bezugspersonen, die das Kind oder den Jugendlichen gut kennen (Landolt u. Hensel, 2012).

Da Bezugspersonen eines traumatisierten Kindes oder Jugendlichen eine verantwortungsvolle Aufgabe übernehmen, sollten sie sich über das Erscheinungsbild einer PTBS informieren und dem Kind oder Jugendlichen gegenüber die Normalität der Symptome nach dem traumatischen Ereignis hervorheben. Auch sollten sie ihm vermitteln, dass es nicht »verrückt« ist, und altersgerecht in die eigenen Ängste, Sorgen, Überlegungen sowie die Möglichkeiten, mit dem Ereignis umzugehen, einbeziehen. Wenn Bezugspersonen in ihrer Kindheit selbst Opfer einer Gewalttat wurden beziehungsweise psychisch belastet sind aufgrund der Gewalttat an ihrem Kind (»Schockschaden«), kann die Anbindung an eine Traumaambulanz für Erwachsene sehr hilfreich sein. In Abhängigkeit des Alters und des erlebten Traumas erfolgen in der Phase der Stabilisierung gemeinsame oder separate Sitzungen mit den Bezugspersonen sowie dem Kind oder Jugendlichen.

Beziehungsgestaltung

Grundlegend wichtig ist zu Beginn der Behandlungsphase eine vertrauensvolle Kontakt- und Beziehungsaufnahme mit dem Kind oder Jugendlichen sowie den Bezugspersonen durch ruhiges und bestimmtes Auftreten der Therapeutin beziehungsweise des Therapeuten sowie das Geben von Halt, Sicherheit und Erfahrung im Umgang mit dem Erlebten des Kindes oder Jugendlichen. Für betroffene Kinder und Jugendliche ist eine altersentsprechende Orientierung und Information über das Geschehene sowie den weiteren Ablauf innerhalb der Therapie wichtig, zudem ein einfaches Fragen nach deren Bedürfnissen. Eine zusammenfassende Erörterung dessen, was passiert ist und welche Symptome das Kind oder der Jugendliche zeigt, sowie das Aufnehmen von Gefühlen sind wichtige erste Schritte in der Phase der Stabilisierung. Dabei wird bei der Befragung noch nicht in die Tiefe gegangen, sondern der Status quo aufgenommen. Dabei ist es wichtig, die emotionalen Reaktionen des Kindes oder Jugendlichen zu validieren.

Umgang mit der elterlichen Belastung

Obwohl meist schon in der Phase der Diagnostik angesprochen, kann zu diesem Zeitpunkt erneut die Belastung der Bezugspersonen thematisiert werden (z. B. Anbindung an die Traumaambulanz für Erwachsene), da sich einige Bezugspersonen erst nach einer Phase des Vertrauensaufbaus mit dem Therapeuten beziehungsweise der Therapeut:in emotional öffnen. Zudem sollte noch einmal ein möglicher Täterkontakt geklärt und ausgeschlossen werden.

Installation weiterer Unterstützungssysteme

Eine Klärung, ob externe Hilfen für das Kind, den Jugendlichen oder die Bezugspersonen notwendig sind (z. B. Jugendamt, Tagesklinik, stationär, ambulante Psychotherapie usw.), bietet sich zu diesem Zeitpunkt an.

Vermittlung von Skills für eine Erstintervention bei akuten Spannungszuständen und emotionalen Belastungen

In der Phase der Stabilisierung erfolgt für das Kind oder den Jugendlichen als erste obligatorische Maßnahme der altersgerechte Einsatz der Vermittlung von Skills bei Selbstverletzung, Albträumen, Ängsten usw.

7.6 Zweite und dritte Behandlungsphase: Traumakonfrontation und -integration

Es gibt mehrere Methoden der traumafokussierten Psychotherapie, die in der zweiten und dritten Behandlungsphase eingesetzt werden können. Es geht es darum, das Kind mit dem Erlebten zu konfrontieren, bevor es dieses in seine Biografie und Lebenswelt integrieren kann. Dies kann bei jüngeren Kindern mittels Spieltherapie, bei Jugendlichen mithilfe eines Narrativs geschehen.

Methode 1: Spieltherapie

In Tabelle 7.1 findet sich eine Übersicht über die unterschiedlichen Phasen des traumatischen Spiels von Kindern. Diese sind wichtig zu kennen, um das Spiel eines traumatisierten Kindes richtig deuten und interpretieren zu können.

Im Verlauf einer Spieltherapie gelingt es so der:dem behandelnden Therapeut:in, das Kind in seiner Heilung und in dessen Tempo optimal zu unterstützen. In Gesprächen mit Bezugspersonen lassen sich diese gut schulen und anleiten. Für Bezugspersonen ist es hilf-

Tabelle 7.1: Traumatisches Spiel (Zorzi, 2019)

Heilsames Spiel	Gestörtes Spiel	Posttraumatisches Spiel
Als-ob-Charakter (Fähigkeit zur Symbolbildung)	Fantasielosigkeit (keine Als-ob-Haltung möglich)	Endlose Wiederholungen von Spielhandlungen ohne inhaltliche Entwicklung
Spielfähigkeit (Flexibilität, zwischen Fantasie und Realität zu wechseln)	Ausweitung der Fantasie (Grenzen zur Realität verschwinden)	Automatisierte und wenig differenzierte Verhaltensmuster
Emotionale Resonanz	Abrupter Wechsel (Spielabbrüche) zwischen Spiel und Realität	Abrupte Spielabbrüche bei Überflutung/Dissoziation
Entwicklung im Spielgeschehen		Zunahme von Angst und Verzweiflung mit der Spieldauer

reich, das Spiel eines Kindes beobachten und deuten sowie in angemessener Weise darauf eingehen zu können. Denn Kinder drücken traumatische Erlebnisse spontan auf kreative Weise (z. B. durch Zeichnen, Malen und Basteln) oder im Spiel (z. B. Doktorkoffer, Plastikfiguren, Holztiere, Bauklötze) aus. Dabei wiederholen sie das Erlebte entweder in symbolischer Form oder realitätsgetreu, dem sogenannten »posttraumatischen Spiel«.

Methode 2: Erstellen eines Traumanarrativs

Da sich das Erstellen eines Traumanarrativs als einfache, kreative, hilfreiche und schonende Konfrontationsmethode bewährt hat, soll diese anbei genauer erläutert werden. Das erste Ziel eines Traumanarrativs ist die intrapersonelle Verarbeitung. Hierbei werden Stressoren (Traumata und Trigger) gezielt emotional aktualisiert und zur besseren Verarbeitung in einen ressourcenhaften Kontext gebracht. Durch das Traumanarrativ können Kinder und Jugendliche Ereignisse in einen größeren Kontext stellen und somit als »Großes Ganzes« betrachten.

Die belastenden Erfahrungen können in die persönliche Lebensgeschichte des Kindes oder Jugendlichen integriert und somit abgespeichert werden (im sogenannten »Erinnerungsrädchen«, siehe Abbildung 7.1). Dadurch wird die Kohärenz des Selbst gefördert und eine unterbrochene Entwicklung kann gefördert, angestoßen und wieder in Gang kommen.

Ein weiteres, wichtiges Ziel neben der intrapersonellen Verarbeitung ist die interpersonelle Verbesserung der Beziehungen. Bei Kita – oder Grundschulkindern führt das gemeinsame Erstellen und das gemeinsame Lesen eines Traumanarrativs zu einem empathischen Verstehen des Kindes durch die Bezugspersonen. Gleichzeitig fördert dies eine positive Beziehungs- und Bindungserfahrung zwischen dem Kind und seinen Bezugspersonen.

Ältere Jugendliche können im Rahmen der Behandlungsstunden das Traumanarrativ selbst erstellen. Dies kann je nach Jugendlichen anders geschehen: in Form eines Comics, eines Gedichtes, einer seitenlangen geschriebenen Geschichte, einer Collage, eines Liedes, eines Märchens bei jüngeren Kindern usw.

Die Erstellung eines Traumanarrativs (insbesondere von Jugendlichen) sollte in den Behandlungsräumen geschehen und nicht als »therapeutische Hausaufgabe« mitgegeben werden. Es kann vorkommen, dass Jugendliche an bestimmten Stellen des Traumanarrativs getriggert werden und ein zügiges und aufmerksames Eingreifen der:des behandelnden Therapeut:in erforderlich ist. Dann können der Einsatz der erlernten Skills aus der Phase der Stabilisierung oder andere therapeutische Methoden der Reorientierung für den Jugendlichen hilfreich sein. Meist reicht eine kurze Anleitung oder Erinnerung an diese Methoden aus (Landolt u. Hensel, 2012).

Aufbau Traumanarrativ

Jedes Traumanarrativ beginnt und endet mit Ressourcen, es ist folgendermaßen aufgebaut:
1. Ressourcenteil I:
(Was kann das Kind oder der Jugendliche gut? Wo sind seine Stärken? Wie »schön« war alles vor dem Trauma?)
2. Traumateil: Beschreibung des zu verarbeitenden Erlebnisses (Trauma, Symptome, Trigger)
3. Ressourcenteil II:
Beschreibung der posttraumatischen Zeit (Sicherheit wiedergegeben, Trauma ist vorbei, Bewältigungsmöglichkeiten aufzählen, die das Kind oder der Jugendliche gewonnen hat)

Anbei findet sich ein Traumanarrativ in Form eines Märchens innerhalb der Behandlung eines vierjährigen Kindes. Die Sorgeberechtigten haben uns ihr schriftliches Einverständnis zur Veröffentlichung erteilt.

Die Geschichte vom kleinen Bärchen und dem großen Schreck
In einer großen Stadt lebte einmal eine glückliche Familie: Eltern mit ihrem kleinen Bärchen.
Das kleine Bärchen war schon fast vier Jahre alt. Es ging sogar schon in die Bären-Kita. Dort machte es ihm Freude, mit anderen Bärenkindern zu spielen, zu malen, zu basteln und vieles von den großen Bären zu lernen.

Wenn Papa-Bär das kleine Bärchen von der Kita abholte, verbrachten sie immer eine tolle Zeit auf dem Spielplatz.

Manchmal verreiste die Bärenfamilie und manchmal wurden auch Familienfeste mit Familie und Freunden gefeiert und dann kamen alle Arten von Bären zusammen: große, kleine, Schwarzbären und Eisbären. Dann wurde gegessen, getrunken, viel geredet und gelacht und manchmal auch getanzt. Solche Feste machten dem kleinen Bären besonderen Spaß.

Onkel-Bär kam auch manchmal vorbei. Er verbrachte ansonsten lange Zeit des Jahres in einem fernen Land. Und eines Tages beschloss die Bärenfamilie, ihn dort einmal zu besuchen.

Also machte sich die Bärenfamilie auf eine lange Reise.

Die Tage im warmen Land waren schön: Das kleine Bärchen planschte im Meer oder im Pool und der Sand am Meer war der beste Spielplatz. Manchmal erzählte ihm Onkel-Bär lustige Geschichten. Und manchmal machten sie auch einen Ausflug.

Die Bärenfamilie lernte viele andere Bären kennen und der kleine Bär fand viele neue Freunde.

Eines Morgens geschah etwas Schreckliches. Plötzlich tauchten zwei schwarze, unheimliche Bären auf und schimpften mit dem Onkel-Bär an der offenen Haustüre. Die bösen Bären trugen schwarze Masken. Sie befahlen Onkel-Bär, aus der Haustüre zu treten, und bedrohten ihn mit ihren scharfen Krallen. Sie wollten den ganzen Honig und alle Vorräte für den Winter stehlen!

Papa-Bär lief sofort zu Mama-Bär und erzählte ihr, was da gerade passierte. Das kleine Bärchen stand da, mitten im Flur, wie vom Blitz getroffen und konnte alles beobachten.

Es war so erschrocken über die kräftigen großen Bären mit Masken. Und es sah die großen scharfen Krallen, die auf Onkel-Bär zeigten. Das kleine Bärchen konnte sich nicht rühren und nicht sprechen. Es spürte die Gefahr ganz genau, konnte vor lauter Aufregung die Rufe von Papa-Bär und das Flüstern von Mama-Bär aber nicht hören.

Erst als Mama-Bär das kleine Bärchen vorsichtig und leise an der Tatze zu sich heranzog, konnte sich das kleine Bärchen bewegen und sich mit den Eltern verstecken. Die ganze Familie hatte große Angst und Mama-Bär hielt das kleine Bärchen fest und flüsterte ihm zu, ganz, ganz leise zu sein. Das kleine Bärchen verstand sofort und war ganz, ganz still!

Dann war es plötzlich ganz still und sofort lief die Bärenfamilie zu Onkel-Bär. Er war verletzt und Blut war überall auf dem Fußboden.

An diesem Tag und in den nächsten Tagen war es gar nicht mehr so schön in dem fernen Land. Denn Onkel-Bär war verstorben. Die gesamte Bärenfamilie war sehr, sehr traurig.

Zurück in der Heimat schlief das kleine Bärchen nicht mehr so gut in seinem vertrauten Bett und daher musste nachts immer ein Licht anbleiben. Die Bären-Eltern trösteten das kleine Bärchen immer, wenn es schlecht einschlafen konnte oder schlecht geträumt hatte. Und an manchen Tagen durfte das kleine Bärchen sogar bei den Bären-Eltern im Bett schlafen. Oft war die ganze Familie sehr traurig, dass Onkel-Bär tot war.

Weil das kleine Bärchen Papa-Bär und Mama-Bär so sehr lieb hat, hatte es manchmal Angst, dass einer von den beiden verreist und nicht wiederkommt. Aber das wird nicht passieren! Weil Mama-Bär und Papa-Bär immer wiederkommen und immer auf ihn aufpassen. Bei Mama-Bär und Papa-Bär ist das Bärchen ganz sicher!

Die beiden bösen schwarzen Bären wurden von der Polizei für immer ins Gefängnis gesperrt. Es gibt keine bösen schwarzen Bären mehr, die anderen Bären wehtun!

Und weil das kleine Bärchen eine Weile lang sehr schlecht geschlafen hat und immer Ängste hatte, machten Mama-Bär und Papa-Bär einen Termin bei einer Bären-Therapeutin aus. Mit dieser hat das kleine Bärchen gelernt, wie seine Ängste nicht zu groß werden, wenn es an das Erlebte denkt. Nach ein paar Monaten ist das kleine Bärchen wieder sehr glücklich und kann wieder genauso gut schlafen und hat kaum mehr Ängste, wie alle anderen Bärchen in der Kita auch.

In der Kita für Bärenkinder spielte das kleine Bärchen wieder jeden Tag mit den anderen Bärchen und half den großen Bären sehr gerne bei den täglichen Dingen.

Heute lebt das kleine Bärchen glücklich und zufrieden mit seiner Mama-Bär und seinem Papa-Bär in seinem schönen Zuhause. Und weil das kleine Bärchen inzwischen schon so groß geworden ist, darf es in der Kita schon selbstständig beim Essen kochen helfen. Das kleine Bärchen besucht sogar schon die Musikschule für Bären und kann schon richtig gut Flöte spielen.

7.7 Fallbeispiele

Die folgenden Fallbeispiele veranschaulichen die fachliche Arbeit der Traumaambulanz der Charité. Hierbei wurden bewusst Fälle mit Betroffenen unterschiedlicher Altersstufen gewählt, um die Unterschiede bei Kindern und Jugendlichen aufzuzeigen.

7.7.1 Fallbeispiel I: traumatherapeutische Behandlung von Kindern

Das erste Fallbeispiel schildert die Behandlung eines Kita-Kindes, das den gewaltsamen Tod eines Familienmitgliedes miterleben musste. Die Sorgeberechtigten sind mit der Veröffentlichung des Falles einverstanden.

Symptomatik

Bis zum Zeitpunkt des traumatischen Erlebnisses und Beginn der Traumasymptomatik zeigte das Kind laut Eltern und Erzieherinnen eine unauffällige Entwicklung in allen Bereichen. Die Symptomatik nach dem gewaltsamen Tod eines Familienmitgliedes lässt sich wie folgt zusammenfassen:

Das Kind wechselte rasch zwischen aktivem Erzählen und in sich gekehrtem Verhalten (z. B. ruhiges, lautloses Spielen). Zu Beginn unserer Sitzungen war sein affektives Verhalten durch Traurigkeit bestimmt, in der Interaktion war es aber schnell auslenkbar (z. B. konnte schnell zum Lachen gebracht werden). Es zeigte übertriebene Schreckhaftigkeit sowie Wachsamkeit (Hypervigilanz) und berichtete von Albträumen und Trennungsängsten. Mehrfach sprach es aus »Ich bin so traurig, dass XY tot ist«. Beim Spielen war das Kind eingeschränkt und in seinem Verlauf zunehmend verzweifelt und ängstlich, immer wieder wiederholte es bestimmte Themen wie Krankheit oder Tod. Sobald es mit Hinweisreizen konfrontiert wurde (z. B. Urlaub, Terrasse), zeigte es sich deutlich psychisch belastet. Es entwickelte auch andere Ängste vor Dingen oder Situationen, die offensichtlich traumabezogen waren (z. B. Urlaub, Terrasse). In seinen Affekten war das Kind eingeschränkt. Gleichzeitig gab es bei ihm keinerlei Hinweise auf Ich-Störungen, formale oder inhaltliche Denkstörungen oder Sinnestäuschungen. Es gab keinerlei Anzeichen für Eigen- oder Fremdgefährdung oder Suizidalität. Der klinische Eindruck war, es mit einem durchschnittlich intelligenten Kind zu tun zu haben.

Behandlungsverlauf mit den Bezugspersonen

Der Behandlungsablauf in den Bezugspersonensitzungen mit den Eltern und den Erzieherinnen der Kita gestaltete sich zuerst mittels Psychoedukation. Hierbei erfolgte eine Aufklärung über die Symptome des Kindes und eine Darstellung der Normalität der Symptome. Zusammen mit den Eltern wurde ein Traumanarrativ für das Kind erstellt. In regelmäßigen Elterngesprächen konnten eigene Belastungen seit dem Erlebten formuliert werden sowie Trauerarbeit stattfinden. Zusätzlich wurden effektive und ineffektive Reaktionsformen der Eltern erarbeitet, sodass diese besser und sicherer auf die Symptomatik ihres Kindes zu reagieren lernten. In der Kita fanden regelmäßige Besuche und Beobachtungen statt und die Erzieher:innen wurden bezüglich des Umgangs mit Trauer im Gruppengefüge angeleitet. Eine Schulrückstellung aufgrund des emotionalen Entwicklungsrückstandes erwies sich als hilfreich.

Behandlungsverlauf mit dem Kind

In den Einzeltherapiesitzungen mit dem Kind wurden folgende therapeutische Elemente durchgeführt:

In vielen Stunden Spieltherapie wurden traumatische Szenen nachgespielt. Dabei wurden die Situationen nach und nach verändert, indem die Eltern als Handelnde eingefügt wurden, die das Kind beschützen können. In gemeinsamen Stunden mit den Eltern wurde dem Kind das erstellte Traumanarrativ vorgelesen. Dies geschah mittels Tapping auf Knie oder Oberarme, d. h. während sich das Kind belastende Erlebnisse in Erinnerung ruft, berührt der:die Therapeut:in kurz dessen Knie oder Oberarm. Die Eltern wurden für ihr Zuhause angeleitet, einen sicheren Ort für das Kind (z. B. eine Höhle im Kinderzimmer) und somit einen Rückzugsort zu schaffen.

In den Behandlungsstunden profitierte das Kind von der Erstellung eines Helfertiers, dem Einsatz eines Sorgenfresserchens und der Etablierung des Monsterabwehrtricks. Mittels Trauerarbeit, indem z. B. Bilder gemalt wurden, und dem Einführen von Ritualen mit den Eltern (es wurden zu Hause eine Gedenkecke, eine Gedenkschachtel und ein Erinnerungsbuch angelegt) konnte die Integration des Geschehenen umgesetzt werden.

Abschlussdiagnosen nach ICD-10

Die Abschlussdiagnosen nach ICD-10 lauteten:
1. Achse: Posttraumatische Belastungsstörung (F 43.1), in Remission;
2. Achse: v. a. umschriebene Entwicklungsstörung der motorischen Funktionen (F 82) (laut Angaben der Kita);
3. Achse: Durchschnittliche Intelligenz (klinischer Eindruck);
4. Achse: Keine somatische Diagnose;
5. Achse: Verlust einer liebevollen Beziehung (6.0); unmittelbare, beängstigende Erlebnisse (6.5);
6. Achse: Mäßige soziale Beeinträchtigung.

Im Verlauf der Behandlung konnte die Symptomatik gebessert werden, sodass ein deutlicher Unterschied anhand der Testdiagnostik zwischen Beginn (siehe Abbildung 7.2) und Ende (Abbildung 7.3)

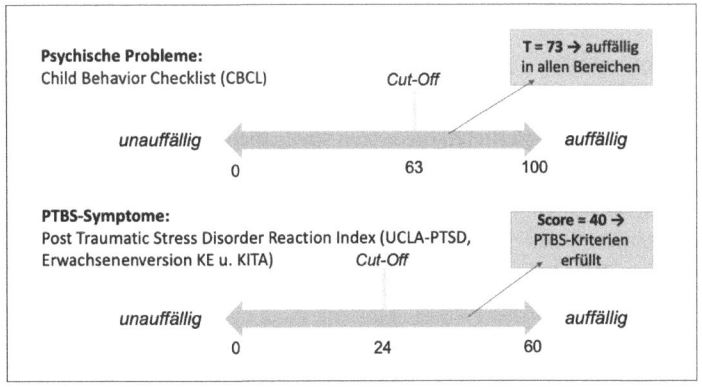

Abbildung 7.2: Testdiagnostik zu Beginn der Behandlung

der Behandlung erkennbar war. Eine Nachuntersuchung nach drei Monaten ergab eine weitere Verbesserung der Symptomatik, sodass keine weiteren Maßnahmen indiziert waren.

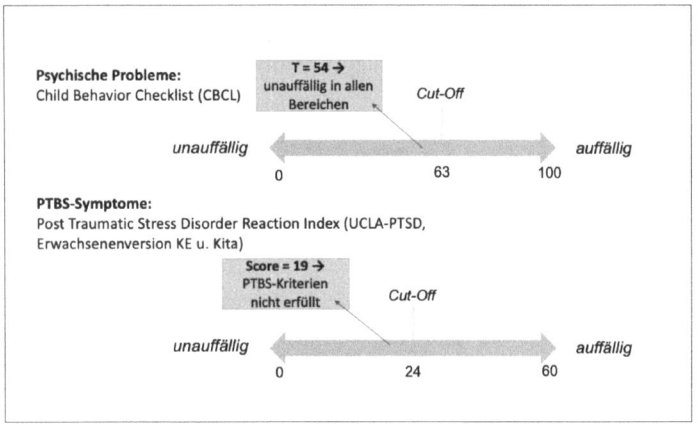

Abbildung 7.3: Testdiagnostik zum Ende der Behandlung

7.7.2 Fallbeispiel II: traumatherapeutische Behandlung von Jugendlichen

Das zweite Fallbeispiel ist die fiktive Darstellung der Behandlung einer 15-jährigen Jugendlichen, die Opfer eines sexuellen Übergriffs wurde.

Symptomatik

Bis zum Zeitpunkt des sexuellen Übergriffs und Beginn der Traumasymptomatik berichteten die Eltern sowie die Jugendliche selbst von einer unauffälligen Entwicklung in allen Bereichen. Die Symptome im Erstgespräch waren Traurigkeit, Ein- und Durchschlafprobleme, Albträume, Grübeln, Konzentrationsprobleme in der Schule, Schuldgefühle, Wiedererleben sowie depressive Symptome.

Behandlungsverlauf: Bezugspersonen

Der Behandlungsablauf der Bezugspersonenstunden mit den Eltern gestaltete sich wie folgt:

Zu Beginn erfolgte eine Aufklärung über Symptomatik und Darstellung der Normalität der Symptome mittels Psychoedukation sowie die Absprache der Behandlungsziele. Da die Eltern Unsicherheiten äußerten, wurden effektive und ineffektive Reaktionsformen bezüglich der Symptome der Tochter erarbeitet und die elterliche Erziehungskompetenz gestärkt. Die Eltern wurden angeleitet, problematische Situationen, in denen ihre Tochter mit Symptomen reagiere, zu erkennen. Gemeinsam wurden dann konkrete Auslösesituationen der traumatischen Reaktionen und depressiven Phasen herausgearbeitet. Nach dem Erlebten zeigten sich die Eltern sehr überbehütend, sodass die Konsequenzen negativer elterlicher Verhaltensweisen in gemeinsamen Stunden aufgezeigt und aufgelöst werden konnten. Auf Wunsch der Patientin wurde in gemeinsamen Gesprächen mit der gesamten Familie über Sexualität allgemein und den erlebten Missbrauch gesprochen. Die Mutter konnte in Einzelgesprächen bezüglich einer sekundären Traumatisierung aufgefangen werden.

Behandlungsverlauf: Jugendliche

Mit der Jugendlichen wurden folgende Themen in Einzelsitzungen bearbeitet:

Im gesamten Behandlungszeitraum wurde der Patientin eine wertschätzende Grundhaltung entgegengebracht. Zu Beginn wurde über die bei ihr vorliegende Symptomatik aufgeklärt, die Normalität der Symptome mittels Psychoedukation dargestellt sowie die Behandlungsziele gemeinsam abgesprochen. In vielen Gesprächen wurde das Wissen vermittelt, was sexuelle Gewalt ist, wie oft sie vorkommt, wer für sie die Verantwortung trägt etc. Das war die Basis, um bei der Bearbeitung von Schuldgefühlen anleiten zu können. Nachdem mit der Patientin ein innerer sicherer Ort sowie ein innerer Helfer erarbeitet worden waren, konnte eine schrittweise Konfrontation mit dem traumatischen Erlebnis und eine erste Integration in das Selbstbild umgesetzt werden. Da die Patientin sehr kreativ war, fiel ihr die Erstellung eines Traumanarratives (in Form eines Comics) nicht schwer und ihr gelang die Überprüfung und Neubeurteilung kognitiver Verzerrungen. Da sich bei der Jugendlichen depressive Symptome zeigten, war es angezeigt, mittels Selbstwertsteigerung und

Wahrnehmung eigener Kompetenzen an den negativen Kognitionen zu arbeiten und negative automatische Gedanken zu identifizieren. Auch von gezielter Ressourcenarbeit konnte die Patientin profitieren. Da sie unter Flashbacks litt, wurde die Patientin ermutigt, Auslösereize zu erkennen und mithilfe von Skills zu vermeiden. Die Fachkräfte unterstützten die Patientin nicht zuletzt bei der Vorbereitung auf Gerichtsverhandlungen sowie bei Polizeiaussagen.

Abschlussdiagnosen nach ICD-10

Die Abschlussdiagnosen bei diesem fiktiven Fallbeispiel lauteten:
1. Achse: Posttraumatische Belastungsstörung (F 43.1), in Remission;
2. Achse: Keine Teilleistungsstörung;
3. Achse: Durchschnittliche Intelligenz (klinischer Eindruck);
4. Achse: Keine somatische Diagnose;
5. Achse: Sexueller Missbrauch (außerhalb der Familie) (6.4); unmittelbare, beängstigende Erlebnisse (6.5);
6. Achse: Mäßige soziale Beeinträchtigung in mindestens ein oder zwei Bereichen.

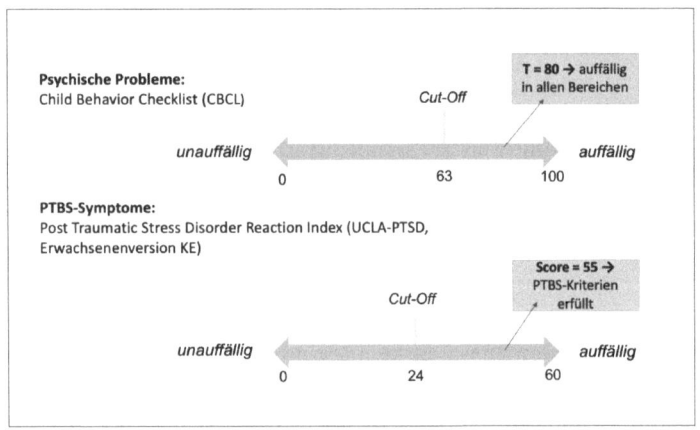

Abbildung 7.4: Testdiagnostik zu Beginn der Behandlung

Im Verlauf der Behandlung konnte die Symptomatik gebessert werden, sodass ein deutlicher Unterschied anhand der Testdiagnostik zwischen Beginn (siehe Abbildung 7.4) und Ende (siehe Abbildung 7.5) der Behandlung ersichtlich werden konnte. Eine Nachuntersuchung nach drei Monaten ergab eine weitere Verbesserung der Symptomatik, sodass keine weiteren Maßnahmen indiziert waren.

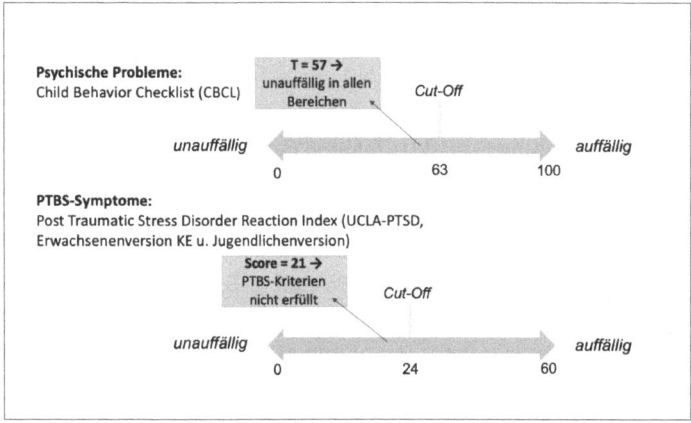

Abbildung 7.5: Testdiagnostik zum Ende der Behandlung

7.8 Abschluss der Behandlung

Zum Abschluss der Behandlung erfolgt die Überprüfung der Anfangsdiagnostik mittels der verwendeten Fragebogen, eines standardisierten Interviews der Bezugspersonen und der Erstellung des psychopathologischen Befundes durch den:die behandelnde Therapeut:in. Im Anschluss wird ein Abschlussbericht erstellt, der sowohl eine Diagnose als auch eine Empfehlung zu weiteren Maßnahmen enthält. Diese können eine ambulante Psychotherapie in Wohnortnähe sein, die Unterbringung außerhalb der elterlichen Wohnung (z. B. therapeutische oder pädagogische Wohngruppe, Kriseneinrichtung usw.), eine tagesklinische oder stationäre Behandlung, die Unterstützung durch das Jugendamt mittels Einzel- oder Familienhilfe oder die Psychotherapie der Bezugspersonen.

7.9 Exkurs: Schwierigkeiten in der Behandlung von traumatisierten Kindern und Jugendlichen

Eine Behandlung von Kindern und Jugendlichen, die ein oder mehrere Traumata erlebt haben, ist häufig mit großen Herausforderungen verbunden. Dies kann schon bei der Beziehungsgestaltung zwischen dem Kind oder dem Jugendlichen und der:dem behandelnden Therapeut:in beginnen. Traumatisierte Kinder und Jugendliche haben oftmals das Vertrauen zu Erwachsenen beziehungsweise Bezugspersonen verloren, weshalb sich in der klinischen Arbeit eine langsame, empathische Kontaktaufnahme und behutsames Bonding bewährt haben.

Zudem kann sich die Bezugspersonenarbeit während der Behandlung eines Kindes oder Jugendlichen sehr schwierig gestalten, wenn diese selbst die Beschuldigten sind (z. B. Vater hat Tochter sexuell missbraucht und hat ein Umgangsrecht) oder die Eltern eine Vorstellung ihres Kindes fremdmotiviert z. B. durch das Jugendamt in der Traumaambulanz veranlassen. Eine weitere Herausforderung ist die permanente Retraumatisierung beziehungsweise Konfrontation des Kindes oder des Jugendlichen im Alltag mit dem erlebten Trauma. Dies ist der Fall, wenn das Kind oder der Jugendliche täglich an der Nachbarwohnung vorbeigehen muss, wo der Beschuldigte wohnt. Fremdmotivierte Kinder und Jugendliche, die selbst keinen Leidensdruck verspüren oder keine Behandlungsmotivation zeigen, jedoch eindeutige Symptome aufweisen, stellen ebenfalls eine Herausforderung für die:den behandelnden Therapeut:in dar. Grundsätzlich erschwert eine hohe psychiatrische Komorbidität bei dem betreffenden Kind oder Jugendlichen die therapeutische Arbeit zusätzlich.

7.10 Fazit

Traumabewältigung ist ein langwieriger Prozess und mit vielen Herausforderungen für alle Beteiligten verbunden. Ihn früh anzugehen, lohnt sich, da Kindern und Jugendlichen meist ziemlich rasch und in einer frühen Phase der Behandlung geholfen werden kann, was sie deutlich unmittelbar entlastet. So berichtete eine 15-jährige

Patientin nach der dritten Behandlungsstunde und erfolgreichen Psychoedukation mittels »Kopfbild« (siehe Abbildung 7.1): »Endlich verstehe ich, warum ich gerade so schreckhaft bin und mich alles und jeder triggert. Ich bin nicht verrückt, das ist normal!«

Literatur

Hensel, T. (2006). EMDR mit Kindern und Jugendlichen. Göttingen: Hogrefe.
Hensel, T. (2012). Traumatherapie bei Kindern und Jugendlichen. Göttingen: Hogrefe.
Krüger, A. (2012). Erste Hilfe für traumatisierte Kinder. Ostfildern: Patmos.
Zorzi, H. (2019). Psychotherapie mit komplex traumatisierten Jugendlichen (Leben Lernen, Bd. 306): Ein Integrativer Ansatz für die Praxis (Vol. 306). Stuttgart: Klett-Cotta.

8 Besondere Herausforderungen in der traumatherapeutischen Arbeit mit Kindern und Jugendlichen mit Migrations- oder Fluchthintergrund

Simone Wasmer

Anonymisiertes Fallbeispiel, abgeändert:
S. (zum Vorstellungszeitpunkt 5,2 Jahre alt) aus dem Nordirak
Die damals vierjährige S. ist mit ihrer Familie 2017 aus dem Nordirak nach Deutschland eingereist.
Beide Kindseltern (im Folgenden KE) sind mit den vielfältigen Aufgaben im Ankunftsland Deutschland sehr gefordert, sie müssen sich um viele administrative und organisatorische Anforderungen in einer fremden Sprache kümmern, dazu kommt, dass vor allem der Kindsvater (im Folgenden KV) durch eine eigene posttraumatische Symptomatik schwer vorbelastet ist.
Die Familie ist in einer großen Gemeinschaftsunterkunft untergebracht. Es gibt kaum Rückzugsmöglichkeiten, die Räumlichkeiten sind sehr beengt und die Kinder müssen sich mit fremden Erwachsenen die Sanitäranlagen teilen, Toiletten sind oft nicht abschließbar.
S. kommt an einem Nachmittag weinend zur KM und klagt über Schmerzen in der Genitalregion. Nachdem die KM sie tröstet und untersucht, findet sie Blut in der Unterwäsche des Mädchens. Die KE rufen eine Sozialarbeiterin der Einrichtung zu Hilfe. Nach längeren Gesprächen und einer ärztlichen Untersuchung stellt sich heraus, dass S. Opfer eines schweren sexuellen Übergriffs geworden ist, vermutlich durch einen männlichen Nachbarn.
Da der Vorfall in Berlin stattgefunden hat und das Mädchen in Berlin gemeldet ist, kann sich die zuständige Sozialarbeiterin der Einrichtung zusammen mit der Familie an die Traumaambulanz der Charité wenden. Im Rahmen der Sitzungen hier soll der Vorfall für S. aufgearbeitet und bestmögliche Unterstützung für die Familie gewährt werden.

Erschwert wird die Behandlung durch die vielfältigen zusätzlichen Belastungen der Familie (unklare Aufenthaltsperspektive, Traumafolgestörungen mehrerer Familienmitglieder, sprachliche und kulturelle

Vermittlung) sowie die Gewichtung, die der Vorfall zusätzlich im Außen für die Familie hat. So sind die KE sehr bestürzt über die Auswirkungen des Vorfalls auf ihre Tochter, hinzukommend belastet sie auch die Bedeutung des Vorfalls im kulturellen Herkunftskontext und die mögliche Verbreitung in der ortsansässigen Community. S. selbst leidet seit dem Vorfall unter großen Ängsten und Albträumen und nässt nachts wieder ein.

8.1 Theoretische Rahmenbedingungen bei der traumatherapeutischen Arbeit mit Kindern und Jugendlichen mit Migrations- und/oder Fluchthintergrund

Bei der traumatherapeutischen Arbeit mit geflüchteten Kindern und Jugendlichen und/oder Migrationshintergrund sind bestimmte Aspekte zu berücksichtigen. Ein offener und reflektierter Umgang mit kulturellen Besonderheiten, und eine Neugier diese zu entdecken, sind ebenso gefragt wie spezifische Kompetenzen in dem Bereich. Zudem hat bei diesen Fällen die Soziale Arbeit in der Psychotherapie einen besonderen Stellenwert wie auch das Einbinden von Sprach- und Kulturmittlern.

8.1.1 (Inter-)Kulturelle Kompetenzen in der Psychotherapie

Die traumatherapeutische Arbeit mit Kindern, Jugendlichen und deren Familien mit Migrationshintergrund und/oder Fluchterfahrungen stellt uns vor besondere Herausforderungen. Im Folgenden soll auf diese anhand des vorgestellten Fallbeispiels eingegangen werden. Dabei besteht kein Anspruch auf Vollständigkeit der Bearbeitung dieses komplexen Themenfeldes, sondern es sollen praktische und theoretische Anregungen gegeben werden, wie im Rahmen einer Traumaambulanz mit diesen Herausforderungen umgegangen werden kann.

Die oben genannte Personengruppe ist in keinem Fall homogen zu verstehen. Es kann sich, wie bei dem hier angeführten Fallbeispiel, um Kinder, Jugendliche und deren Familien handeln, die aufgrund schwieriger und nicht aushaltbarer Bedingungen in ihrem Herkunftsland den Weg nach Deutschland angetreten haben und sich erst seit einiger Zeit hier aufhalten. Dabei sind unterschiedliche rechtliche Rahmenbedingungen wie Aufenthaltsstatus, daran geknüpfte Zuständigkeiten von Helfersystemen und Ähnliches zu beachten. Es kann sich aber auch um Betroffene handeln, die selbst nicht migriert, sondern Migrant:innen erster, zweiter oder dritter Generation sind. Daher sind alle Ausführungen als Motivation zur Reflexion therapeutischen Arbeitens und Beispiele mit speziellen Herausforderungen zu verstehen, die im eigentlichen Sinne für jedwede Art therapeutischen Arbeitens notwendig sind. Das Kategorisieren in unterschiedliche kulturelle Zusammenhänge birgt zudem immer das Problem der Ausgrenzung, des Abgrenzens, eines »othering« (vgl. Spivak, 1985; Heinz u. Kluge, 2012) und ist somit schwierig. So bleibt der Hinweis in der hier vorgestellten Arbeit mit Kindern, Jugendlichen und deren Familien mit Migrations- und/oder Fluchthintergrund besonders auf das »Dazwischen« (Kluge, 2005, S. 66 ff., zit. nach Kluge 2013), also auf die unterschiedlichen Inhalte und Lebenswelten, die sich uns ohnehin in der Arbeit mit Menschen, egal welcher Herkunftskultur und sozialen Zugehörigkeit immer bieten, zu achten. Allen oben genannten Gruppen ist in der Regel gemein, dass neben der Verortung im kulturellen Kontext des Aufenthaltslandes zusätzliche Kontexte, Werte und Normen und ganz vor allem zusätzliche Sprachen in der Behandlung eine Rolle spielen können.

Was kann also mit (inter-)kulturellen Kompetenzen in der traumatherapeutischen Arbeit gemeint sein? Der Begriff an sich ist problematisch, trotzdem scheint es fast unmöglich, ohne ihn oder vergleichbare oder kritischere Synonyme auszukommen (vgl. Kluge, 2013, S. 21 ff.). Wichtig erscheint vor allem eine große Offenheit und Selbstreflexion des oder der behandelnden Therapeut:in. Auch hier kann wieder die Frage gestellt werden, ob dies unterschiedlich ist von der Arbeit mit herkunftsdeutschen Kindern, Jugendlichen und deren Familien. In der Grundlage wohl nicht, jedoch durchaus im Ausmaß der an den oder die Therapeut:in gestellten Herausforderungen. Es erscheint noch ungleich wichtiger, das Eigene, Mitgebrachte und als selbstverständlich Erlebte zu erkennen und zu hinterfragen und nicht als normal gegenüber einem anderen zu verstehen. Sinnvoll ist in diesem Prozess ein guter Austausch mit Kolleg:innen, ein genaues Hinschauen in

Supervisionssitzungen und auch das Akzeptieren eigener Grenzen bei manchen Themen. So kann es z. B. schwer sein, bestimmte Haltungen gegenüber sexualisierter Gewalt zu sehen und auch auszuhalten oder als Teil einer Lebensrealität eines Kindes zu akzeptieren und damit umzugehen. Im vorgestellten Fallbeispiel war es beispielsweise für die behandelnde Therapeutin eine sehr große Herausforderung, mit den Sorgen der KE bezogen auf die Auswirkungen auf die gesamte Familie durch das Bekanntwerden des Vorfalls in der Community umzugehen. Für die Therapeutin erschien es logisch, das unmittelbare Leiden des Mädchens unter den Folgen des Vorfalls klar vor möglichen Folgen in der Community einzuordnen. Die Sorgen der Familie bezogen auf die Community spielten in der Behandlung, vor allem in den ersten Sitzungen mit dem KV, jedoch eine sehr große Rolle und drohten immer wieder die Auswirkungen auf das Mädchen selbst in den Schatten zu stellen. Hier war es sehr wichtig, in einen offenen Austausch zu gehen, zu fragen und zu hinterfragen und die eigenen Grenzen immer wieder im Gespräch mit Kolleg:innen zu sehen und auch zu akzeptieren. In der Behandlung war dies so wichtig, da die Folgen beziehungsweise der Umgang im kulturellen Herkunftskontext ebenso weitreichende Folgen für S. hatten wie ihre ganz eigenen Ängste und Albträume. Dies war für die behandelnde Therapeutin eine wichtige und für den Erfolg der Behandlung ausschlaggebende zu erlernende Tatsache. Durch die Belastungen und Sorgen der KE war es für S. zunächst kaum möglich, an dem Vorfall an sich zu arbeiten. Es ging also nicht nur darum, sie selbst und ihre Kernfamilie traumatherapeutisch zu unterstützen, sondern auch gemeinsam mit den Sozialarbeiter:innen in der Einrichtung an einem Modell zu arbeiten, wie der Vorfall (und leider einige andere, ähnliche Vorfälle während der damals schwierigen Umstände in den Gemeinschaftsunterkünften) in der Community transportiert und verarbeitet wurde. Nur so wurde es möglich, mit S. und den KE an dem Vorfall selbst beziehungsweise dessen Folgen zu arbeiten.

Neben der Selbstreflexion ist es sinnvoll und sehr bereichernd, sich über die Familien, die Patient:innen, Sprach- und Kulturmittler:innen und andere Quellen mit der jeweiligen Herkunftskultur, ihren Nomen und Werten, ihren Legenden und Mythen auseinanderzusetzen und zu informieren und dies wenn möglich in die Behandlung miteinfließen zu lassen. Vor allem bei der Behandlung von Kindern kann die Aufnahme von Märchen und Mythen und deren Held:innen beispielsweise als Modelle für Problemlösestrategien eingesetzt werden (vgl. Kizilhan, 2013).

8.1.2 Beispiele kultureller Besonderheiten

Für kulturelle Besonderheiten können zahlreiche Beispiele genannt werden, im Folgenden werden drei herausgegriffen: kollektivistische versus individualistische Gesellschaft, unterschiedliche Krankheitskonzepte (Körper versus Geist), Glaube und Magie.

Kollektivistische versus individualistische Gesellschaft

Bei der Auflistung kultureller Besonderheiten stehen wir vor der gleichen Schwierigkeit mit Begrifflichkeiten und der Bedeutung einer inneren Haltung wie bei dem Begriff der interkulturellen Kompetenzen. Es soll nicht darum gehen, »stereotype Zuschreibungen des ›Anderen‹« (vgl. Wohlfart, Hodzic u. Özbek, 2006, S. 143–167) aufzulisten und zu klassifizieren, sondern vielmehr die Sensibilität und selbstkritische Reflexion des oder der Therapeut:in anzusprechen und zu schärfen.

Einige Aspekte scheinen sich häufiger abzuzeichnen und eine größere Rolle in der Behandlung zu spielen, daher werden sie hier beispielhaft vor anderen Aspekten aufgeführt.

So kann es sehr sinnvoll sein, sich mit den Inhalten individualistischer versus kollektivistischer Gesellschaften zu beschäftigen. Je nach Herkunftskontext sowohl von Behandler:in wie auch Patient:in kann dies in der Behandlung und bei vielen Gesprächen und Interventionen eine große Rolle spielen.

Während in der kollektivistisch geprägten Gesellschaft die Gruppe als Gesamtheit im Vordergrund steht und wichtiger ist als die Selbstverwirklichung einzelner Gruppenmitglieder, liegt in der individualistischen Gesellschaft die Identität des Individuums in jeder einzelnen Person (vgl. Gräßer, Iskenius u. Hovermann, 2017, S. 40). Übertretungen von Regeln oder das Nichteinhalten bestimmter Normen beispielsweise führen in ihrer Konsequenz zu einem Ehr- oder Gesichtsverlust nicht nur des Einzelnen, sondern der ganzen Gruppe. Ebenso stehen sich ein Recht auf Privatsphäre und ein Privatleben neben der Gruppe und eine untergeordnete Bedeutung von Intimsphäre und Privatleben gegenüber (vgl. Gräßer et al., 2017, S. 40). Im Rahmen von Behandlungsmaßnahmen können solche Hintergründe dazu führen, dass bestimmte traumatische Themen wie z. B. sexualisierte Gewalt (siehe Fallbeispiel) nicht angesprochen werden oder anders aufgenommen werden, da die Angst vor der eigenen und der kollektiven Entehrung durch die Gemeinschaft im Hintergrund eine große Rolle spielt (vgl. Kizilhan, 2013, S. 29 ff.). Hier kann es beispielsweise auch sinnvoll sein, die Erfahrungen eines Mitglieds der Community oder ethnischen Gruppe, welches bestimme Erlebnisse gemacht oder Erfahrungen umgesetzt hat, zu erfragen und zu aktivieren (vgl. Erim, 2009).

Ein wichtiger Punkt ist auch der Unterschied, wie in einer individualistischen Gesellschaft mit dem Äußern der Meinung umgegangen wird, dies geschieht offen und wird tatsächlich auch bei Konflikten vorausgesetzt. Demgegenüber ist in einer Gruppe die Harmonie ausschlaggebend für ein reibungsloses Zusammenleben und so kann es sinnvoller erscheinen, die individuelle Meinung zu vernachlässigen beziehungsweise damit nicht nach außen zu gehen und die Harmonie der Gruppe zu wahren. Dies sollten Behandelnde bei Nachfragen zu konfliktbehafteten Themen im Hinterkopf behalten beziehungsweise damit reflektiert umgehen und bei Bedarf ansprechen oder mit anderen Vetreter:innen der jeweiligen Herkunftskultur klären (vgl. Hofstede, 2001).

Wichtig ist auch hier vor allem die Offenheit und kritische Selbstreflexion des oder der Therapeut:in und das Hinzuziehen weiterer nützlicher Informationen beispielsweise von den Sprach- und Kulturmittler:innen oder anderen Angehörigen der Community, die sich schon länger in der Kultur des Ankunftlandes bewegen.

Krankheitskonzepte/Körper versus Geist

Eine andere Besonderheit kann der Umgang mit der in einigen europäischen Herkunftskulturen gängigen Unterscheidung zwischen Körper und Geist und dementsprechend dem Zuordnen bestimmter Erkrankungen sein. Wichtig ist auch hier, transparent und offen sowie selbstkritisch mit den eigenen Vorstellungen umzugehen und sie dem oder der Patient:in gegenüber altersgerecht zu vermitteln.

Vor allem in der Arbeit mit Eltern kann dies eine große Rolle spielen. Die oder der Behandler:in sollte die Bedeutung oder Deutung körperlicher Beschwerden und deren Schilderung er- und hinterfragen und, wenn es sinnvoll erscheint, in einen kulturellen Kontext stellen (vgl. Kizilhan, 2013). Auch hier kann der Austausch mit den jeweiligen Sprach- und Kulturmittler:innen sehr wertvoll sein.

Glaube und Magie

In vielen Herkunftsländern von Kindern und Jugendlichen sowie deren Familien, denen wir im Rahmen unserer traumatherapeutischen Arbeit begegnen, spielen magische Vorstellungen sowie religiöse Inhalte im Zusammenhang mit Krankheit eine große Rolle. So können manche Schilderungen für europäisch geprägte Untersucher:innen beispielsweise fast wahnhaft anmuten, zeigen sich aber im richtigen Kontext als Inhalte bestimmter Vorstellungen aus dem Herkunftsland (z. B. die Bedeutung von Geisterstimmen in den »secret societies« in Sierra Leone oder Dschinns in einigen islamischen Ländern; dies entspricht praktischen Erfahrungen aus der traumatherapeutischen Behandlung). Viele dieser Inhalte, Rituale oder Symbole lassen sich bei offenem Austausch und gemeinsamer Verständigung gut in den therapeutischen Kontext aufnehmen. Oft zeigt sich auch der Austausch mit anderen Mitgliedern der Herkunftskultur wie beispielsweise einem Imam oder anderen religiösen Autoritäten als sehr hilfreich sowohl für die Beziehungsgestaltung zu den Patient:innen wie auch für therapeutische Inhalte.

8.1.3 Bedeutung der Sozialen Arbeit für die Psychotherapie

Bei der Behandlung von Kindern, Jugendlichen und deren Familien mit Migrations- und/oder Fluchthintergrund zeigt sich noch häufiger als in der Arbeit mit Patient:innen deutscher Herkunftskultur die Notwendigkeit der Unterstützung durch Kolleg:innen aus dem Bereich der Sozialen Arbeit. Vor allem bei Familien mit Fluchthintergrund scheint eine therapeutische Arbeit ohne sozialarbeiterische Unterstützung zu Beginn regelmäßig fast unmöglich. Oft kann erst die Soziale Arbeit den notwendigen stabilen Rahmen schaffen, in dem eine therapeutische Herangehensweise möglich ist. Das kann mit schwierigen Wohnverhältnissen, mangelnder Unterstützung im

Alltag, einem laufenden Aufenthaltsverfahren oder generell der massiven Überforderung der Familien im deutschen Behördensystem zusammenhängen. Manchmal geht es um die Organisation von Kinderbetreuung für kleinere Geschwister, damit die Eltern zu Gesprächen kommen können, manchmal darum, bei der Suche nach Kitaplätzen zu unterstützen, um die Familie insgesamt zu entlasten, oft spielen die langwierigen und für alle eine schwere Belastung darstellenden Aufenthaltsverfahren eine große Rolle in der anfänglichen Unsicherheit der Familien. Wie kann ein Minimum an Sicherheit gefühlt werden, wenn die Zukunft der Familie und deren Verbleib noch völlig in der Luft hängt? Leider ist dies ein Zustand, der in den vergangenen Jahren oft, je nach Herkunftsland, sehr lange angehalten hat. Hier zeichnet sich seit einiger Zeit Verbesserung ab und die Wartezeiten auf Entscheide verringern sich (dies entspricht Erfahrungen aus der praktischen Arbeit). In einem solchen Wartezustand ist es schwer, traumatherapeutisch zu arbeiten, bei unterstützender Hilfe aus dem Bereich der Sozialen Arbeit jedoch in vielen Fällen möglich. Zusätzliche Hilfe bieten natürlich auch Beratungsstellen zu juristischen Fragen wie z. B. die an einigen Universitäten in Ballungsräumen angesiedelten Refugee Law Clinics (z. B. Humboldt Universität Berlin: https://www.rlc-berlin.org/).

Bei vielen Familien mit Fluchthintergrund haben wir es nicht mit einem einzelnen Trauma eines Kindes oder Jugendlichen zu tun, welches sich hier in Berlin ereignet hat (siehe Aufnahmekriterien der Traumaambulanz), sondern mit vielfältigen und oft komplexen Traumatisierungen innerhalb der Familie. Auch hierbei können Kolleg:innen aus der Sozialen Arbeit unbezahlbare Hilfe leisten, indem sie Eltern oder andere Familienmitglieder an Beratungsstellen, psychosoziale Zentren für eigene Therapie oder ähnliche Unterstützungsangebote vermitteln. Diese vielfältigen Anforderungen übersteigen unter Umständen die zeitliche Kapazität einer Traumabehandlung, fallen aber vor allem auch meist nicht in die Expertise eines oder einer Kinder- und Jugendlichenpsychotherapeut:in. Wie also ist es hier möglich, trotz aller Schwierigkeiten eine sinnvolle Behandlung zu planen und durchzuführen? Die Frage bleibt nicht einfach zu beantworten, vor allem aufgrund der mangelnden Finanzierung Sozialer Arbeit in der Regelversorgung und der Arbeit der Traumaambulanz. Auch die speziell für diese Personengruppe konzipierten psychosozialen Zentren kämpfen seit vielen Jahren immer wieder um eine regelhafte und nicht unstete, projektabhängige Finanzierung der notwendigen Sozialen Arbeit. Aufgrund dieses Mangels verbleiben die Aufgaben dieser notwendigen Unterstützung beim therapeutischen Personal, welches damit jedoch oft überfragt und zeitlich überfordert ist. Eine gute Vernetzung mit Beratungsstellen, psychosozialen Zentren und über kollegialen Austausch, wie es in Ballungszentren wie Berlin einfach möglich ist, scheint hier unverzichtbar. Auch in ländlicheren Gegenden finden sich Angebote (z. B. BAfF, o. J.). Daher ist es sinnvoll, zu Beginn Zeit in den Aufbau eines solchen Netzwerks zu investieren, um bei Bedarf Unterstützung aktivieren zu können und Kinder und Jugendliche oder ihre Familien weiter an andere helfende Einrichtungen zu verweisen. Ebenso ist es in vielen Fällen sinnvoll und rechtlich möglich, Unterstützung über die Kinder- und Jugendhilfe in der Zusammenarbeit mit zuständigen Jugendämtern und freien Trägern einzuleiten (vgl. SGB VIII § 31 und § 35a).

8.1.4 Einsatz von Sprach- und Kulturmittler:innen

Die traumatherapeutische Arbeit mit Kindern und Jugendlichen sowie deren Familien, die sich erst seit kurzer Zeit in Deutschland aufhalten und daher noch über keine ausreichenden Sprachkenntnisse für eine psychotherapeutische Behandlung verfügen, stellt uns neben den bisher genannten vor allem vor eine elementare Herausforderung: die sprachliche Verständigung. Dabei kann es sich sowohl um Kinder und Jugendliche mit Fluchthintergrund handeln wie auch Familien mit einem Migrationshintergrund erster, zweiter oder dritter Generation. In diesen Fällen sprechen die Kinder und Jugendlichen selbst meist hervorragend, wenn nicht hauptsächlich Deutsch, Eltern- oder Bezugspersonengespräche benötigen jedoch manchmal Sprachmittlung.

Im Gegensatz zu dem grundlegenden Problem bei der notwenigen Sozialarbeit ist aber bezogen auf die Sprachmittlung die Finanzierung im Rahmen des Opferentschädigungsgesetztes (vgl. BMAS, o. J.) gegeben.

Trotzdem gibt es einige wichtige Punkte, die es beim Einsatz von Sprach- und Kulturmittlung im psychotherapeutischen Setting zu beachten gilt. Es ist deshalb so wichtig, darauf einzugehen, da es selbst in Großstädten wie Berlin oder Hamburg nicht realistisch erscheint, alle benötigten Muttersprachen von Anfragenden mit ortsansässigen muttersprachlichen Behandler:innen abzudecken, vor allem nicht in einem so spezialisierten Bereich wie der traumatherapeutischen Behandlung von Kindern und Jugendlichen.

In den vergangenen Jahren wurde immer wieder darauf hingewiesen, dass es sich bei Dolmetscher:innen nicht ausschließlich um Sprach-, sondern auch um Kulturmittler:innen handelt. Sie können dazu beitragen, auf Missverständnisse hinzuweisen, sie in einen kulturellen Kontext zu bringen und damit zu einem möglichen Thema bei Gesprächen zu machen (vgl. Kluge, 2013, S. 49 ff.). Im Gegensatz zu früheren Forderungen nach der Neutralität der Übersetzenden geht man nunmehr davon aus, dass es sich bei der Behandlung mit Unterstützung von Sprach- und Kulturmittler:innen um eine Triade handelt (vgl. Kluge, 2013, S. 49 ff.). Dies wird in der Behandlung von jüngeren Kindern umso deutlicher, da es dem Wesen von Kindern entspricht, alle im Raum anwesenden Personen aktiv in das Geschehen einzubinden. Dieser Triade sollte mit einigen festen Bestandteilen Rechnung getragen werden. So ist es sehr sinnvoll, die Sitzordnung im Raum so zu gestalten, dass alle Beteiligten sich in gleichen Abständen und guter gegenseitiger Sicht gegenüber beziehungsweise in einem gleichschenkligen Dreieck sitzen. Dies ist bei der Behandlung jüngerer Kinder so nicht immer aufrechtzuerhalten, da hier das Setting oft viel beweglicher im Raum ist. Trotzdem sollte der Grundgedanke vorhanden sein. Zusätzlich ist es wichtig, Zeit für ein Vor- und Nachgespräch zwischen Behandler:in und Sprach- und Kulturmittler:in einzuplanen, bei dem auf Besonderheiten eingegangen werden kann und zu Beginn die Schweigepflicht ausführlich besprochen werden sollte. Es sollte deutlich gemacht werden, dass konsekutiv übersetzt wird und dabei auch alles im Raum Gesprochene wichtig ist. Dies ist vor allem bei größeren Runden mit Bezugspersonen oder Teilnehmenden anderer Hilfesysteme eine Herausforderung, jedoch ungleich wichtig. Bei der Auswahl der Sprachmittelnden sollte darauf geachtet werden, dass keine Bekannten oder Familienangehörigen übersetzen und wenn möglich von ausgebildeten Sprachmittler:innen Gebrauch gemacht werden.

In größeren Städten gibt es in der Regel verschiedene Dienste, die dies anbieten, oder aber es kann in Zusammenarbeit mit einem ortsansässigen psychosozialen Zentrum (Standorte siehe BAfF, o. J.) ein gemeinsamer Pool an Sprach- und Kulturmittelnden genutzt werden. Dies ergibt vor allem deshalb großen Sinn, da es sich bei der Übersetzung oft um sehr spezifische Ausdrücke und Inhalte handelt, die einmal bekannt sein sollten und zudem auch durchaus Belastungen für die Sprachmittelnden enthalten. An vielen psychosozialen Zentren sind die Kolleg:innen deshalb Teil einer Gruppensupervision.

Ein weiterer wichtiger Punkt ist der des Vertrauens beziehungsweise Misstrauens. So kann es einmal vertrauensstiftend sein, dass sich ein Mitglied aus derselben ethnischen Gruppe an der Behandlung beteiligt, gleichzeitig kann dies aber auch zu Misstrauen führen, da sich dieser oder diese Co-Behandler:in möglicherweise in der gleichen Community bewegt und aus Sorge vor Verbreitung bestimmte Themen nicht angesprochen werden. Besonders in der Arbeit mit Jugendlichen, aber auch Kindern ist dies ein wichtiger Punkt und kann, auch bei nur rudimentären Sprachkenntnissen, nach einer kurzen Zeit des Schulbesuchs dazu einladen, Sitzungen manchmal ohne Sprachmittlung durchzuführen. In der Arbeit mit S. (siehe Fallbeispiel) und ihren Eltern war dies beispielsweise ein sehr entscheidender Punkt. Einige Inhalte konnten erst besprochen werden, als eine Sitzung zufällig ungeplant ohne Sprachmittlung stattfand. Die KM hatte zu diesem Zeitpunkt bereits etwas Deutsch gelernt und konnte einige sensible Punkte mit der herkunftsdeutschen Behandlerin ansprechen, was im Beisein der Sprachmittlerin, ein Mitglied ihrer Community, nicht möglich gewesen war. Ein anderes Beispiel aus der Praxis ist das einer Jugendlichen, die erst bei einem zufällig ohne Sprachmittlung stattfindenden Termin davon berichtete, dass sie sich in einen Klassenkameraden verliebt habe und es ihr seitdem sehr viel besser gehe. Im Beisein der Sprachmittlerin, die sie sehr schätzte und respektierte, die aber in diesem Fall die Rolle eines mütterlichen Mitglieds der eigenen Community verkörperte, war es ihr nicht möglich gewesen, davon zu berichten. In den Augen der Jugendlichen war es jedoch unproblematisch, dieses für sie aktuell wichtige Thema mit einer »westlichen Frau« (der Behandlerin) zu besprechen.

8.2 Komplexe Traumafolgestörungen bei Patient:innen mit Fluchthintergrund

Vor allem in der Arbeit mit Kindern, Jugendlichen und deren Familien mit Fluchthintergrund (und innerhalb dieser Gruppe noch einmal besonders hervorzuheben die Gruppe der unbegleiteten minderjährigen Flüchtlinge) begegnen die Behandler:innen einer Symptomatik, die so nicht zur Symptomatik der klassischen posttraumatischen Belastungsstörung nach ICD-10 passt. Vielmehr zeigt sich oft eine Mischung verschiedenster Symptome und neben den Kriterien der PTBS nach ICD-10 scheinen andere Diagnosen erfüllt.

Bereits in den 1990er Jahren wurde deshalb der Begriff der komplexen Traumatisierung (vgl. Herman, 1992) vorgeschlagen (siehe Kapitel 4). Dieser Begriff findet sich nun im Diagnosemanual der ICD-11 wieder und umfasst zu den Kriterien der klassischen PTBS zusätzliche Symptome im Bereich der Affektregulationsstörungen, negativer Selbstwahrnehmung und Beziehungsstörungen (vgl. WHO, o. J.). Menschen, die diese Kriterien erfüllen, sind in der Regel Überlebende sogenannter Typ-II-Traumata (vgl. Herman, 1992), also traumatischer Erlebnisse, die über einen langen Zeitraum, oft schon begonnen in früher Kindheit, stattgefunden haben. Dabei handelt es sich meist eher um zwischenmenschliche z. B. als Folge kriegerischer Auseinandersetzungen resultierende Gewalt als beispielsweise das Überleben einer Naturkatastrophe. Frühe massive Gewalterfahrungen, sexuelle Gewalt, innerfamiliäre Gewalt, Kriegserlebnisse sowie lange und unsichere Fluchtwege voller Bedrohungen können zu diesen Erlebnissen zählen.

Bei der Arbeit mit geflüchteten Kindern und Jugendlichen spielen also diese zusätzlichen Kriterien eine große Rolle. Dabei müssen sich die Behandler:innen mit den damit verbundenen Herausforderungen wie beispielsweise Misstrauen und Skepsis, maladaptiven Schemata (»Überall lauert Gefahr«), Ambivalenz oder auch desorganisierten Bindungsmustern auseinandersetzen. In der Praxis bedeutet das, eine große Wertigkeit auf die Transparenz aller Interventionen zu legen, positive Beziehungserfahrungen zu ermöglichen, durchschaubar und strukturiert zu handeln sowie ein sicheres und zuverlässiges Setting zu bieten. Im therapeutischen Arbeiten bieten sich Verfahren an, die auf diese komplexen Traumatisierungen eingehen wie beispielsweise die Narrative Expositionstherapie für Kinder und Jugendliche (KIDNET; vgl. Schauer, Neuner u. Elbert, 2012). Oft kommt in der Behandlung erschwerend hinzu, dass mehrere Familienmitglieder, vor allem in vielen Fällen die Eltern oder primären Bezugspersonen, ebenfalls die Kriterien komplexer Traumafolgestörungen erfüllen. Wie bereits weiter oben erwähnt, kann hier die Zusammenarbeit mit weiteren Hilfestrukturen wie der Kinder- und Jugendhilfe, Beratungsstellen oder therapeutischen Abteilungen für Erwachsene psychosozialer Zentren sinnvoll beziehungsweise notwendig sein.

8.3 Fazit und praktische Tipps

Aus meiner Erfahrung gebe ich die folgenden Tipps und Hinweise für die Implementierung einer Traumaambulanz:
- Ein großes Gewicht für eine qualitätsvolle Arbeit haben die Selbstreflexion und ein guter Austausch im Team oder regelmäßige Supervision zu den kulturellen Anteilen aller Beteiligten und deren Bedeutung für die gemeinsame Arbeit.
- Von unschätzbarem Nutzen für die Arbeit einer Traumaambulanz ist der Einsatz von professionellen Sprach- und Kulturmittelnden in allen Gesprächen.
- Es empfiehlt sich, durch gute Vernetzung oder kreative Finanzierungsmodelle den Einsatz und die Unterstützung durch Kolleg:innen aus dem Bereich der Sozialen Arbeit zu ermöglichen.
- Bei allen Fachkräften und Beteiligten der Traumaambulanz gilt es, ein ausführliches Wissen und praktische Sicherheit in der Arbeit mit komplexen Traumafolgestörungen aufzubauen.

Literatur

BAfF – Bundesweite Arbeitsgemeinschaft der psychosozialen Zentren für Flüchtlinge und Folteropfer (o. J.). https://www.baff-zentren.org/hilfe-vor-Ort/psychosoziale-zentren/uebersicht-psychosoziale-zentren/ (Zugriff am 17.04.2023).
BMAS – Bundesministerium für Arbeit und Soziales (o. J.). BMAS – Startseite der Internet-Plattform des Bundesministeriums für Arbeit und Soziales. https://

www.bmas.de/DE/Soziales/Soziale-Entschaedigung/Opferentschaedigungsrecht/opferentschaedigungsrecht-art.html (Zugriff am 17.04.2023).

Erim, Y. (2009). Klinische Interkulturelle Psychotherapie: Ein Lehr- und Praxisbuch. Stuttgart: Kohlhammer.

Gräßer, M., Iskenius, E.-L., Hovermann, E. (2017). Therapie-Tools Psychotherapie für Menschen mit Migrations- und Fluchterfahrung: Mit E-Book inside und Arbeitsmaterial. Weinheim/Basel: PVU Psychologie Verlags Union/Beltz.

Heinz, A., Kluge, U. (Hrsg.) (2012). Einwanderung – Bedrohung oder Zukunft? Mythen und Fakten zur Integration. Frankfurt a. M.: Campus.

Herman, J. L. (1992). Complex PTSD: A syndrome in survivors of prolonged and repeated trauma. Journal of Traumatic Stress, 5 (3), 377–391.

Hofstede, G. H. (2001). Culture's consequences: Comparing values, behaviors, institutions and organizations across nations (Subsequent Edition.). Thousand Oaks, CA: SAGE Publications.

Kizilhan, J. I. (2013). Kultursensible Psychotherapie: Hintergründe, Haltungen und Methodenansätze. Berlin: VWB-Verlag.

Kluge, U. (2013). (Un)Sichtbare Dritte – Dolmetscher als Sprach- und Kulturmittler in der psychosozialen und psychotherapeutischen Versorgung: Quantitative und qualitative Untersuchungen in Europa und Deutschland. Kumulative Dissertation. Berlin: Fachbereich Erziehungswissenschaft und Psychologie der Freien Universität Berlin.

Refugee Law Clinic Berlin (o. J.). Startseite der Internetplatform der RLC Berlin. https://www.rlc-berlin.org (Zugriff am 29.03.2023).

Schauer, M., Neuner, F., Elbert, T. (2012). Narrative exposure therapy: A short-term treatment for traumatic stress disorders (2nd ed.). Cambridge, MA: Hogrefe Publishing.

Spivak, G. C. (1985). The Rani of Sirmur: An Essay in Reading the Archives. History and Theory, 24(3), 247–272.

WHO – World Health Organization (o. J.). International Classification of Diseases, 11th Revision: The global standard for diagnostic health information. https://icd.who.int/en (Zugriff am 29.03.2023).

Wohlfart, E., Hodzic, S., Özbek, T. (2006). Transkulturelles Denken und transkulturelle Praxis in der Psychiatrie und Psychotherapie. In E. Wohlfart, M. Zaumseil (Hrsg.), Transkulturelle Psychiatrie – Interkulturelle Psychotherapie: Interdisziplinäre Theorie und Praxis (S. 143–167). Berlin/Heidelberg: Springer.

9 Besonderheiten bei der Behandlung von minderjährigen Opfern sexualisierter Gewalt

Sascha Bos

Bei der traumatherapeutischen Behandlung von Kindern und Jugendlichen, die Opfer sexualisierter Gewalt geworden sind, sind der Aspekt der Stigmatisierung – aufgrund der erlebten Gewalt oder aufgrund von Zugehörigkeit zu weiteren Minoritätendomänen – als relevante Größe in der Therapie unbedingt mitzudenken und zu berücksichtigen.

9.1 Sekundäre und tertiäre Stigmatisierung in der psychotherapeutischen Arbeit mit minderjährigen Opfern von sexualisierter Gewalt

Bei der Entwicklung einer posttraumatischen Belastungsstörung (PTBS) denken wir oft nur an das traumatische Ereignis selbst. Viele Opfer sexualisierter Gewalt berichten allerdings zusätzlich von negativen Umfelderfahrungen (beispielsweise durch die Familie), nachdem sie sich mitgeteilt haben. Im Affekt kann es, ungewollt und unreflektiert, zu Vorwürfen kommen, beispielsweise, warum das Opfer noch so spät draußen gewesen sei usw. So berichtete eine Patientin in der Therapie über die Erfahrungen mit ihrem Umfeld nach einer Vergewaltigung:

»Eigentlich war die Reaktion meiner Familie viel schlimmer als das Ereignis selbst. [...] Meine Mutter sagte dann, was sollen die Leute denken, wenn man dir nicht glaubt [...]?«

Ähnliche Invalidierungen durch implizite und explizite Schuldzuweisung werden uns von den Opfern auch regelmäßig von Befragungen durch die ermittelnde Polizei berichtet. Von den Beamt:innen bekommen die Opfer oft Aussagen wie die folgenden und ähnliche zu hören:

»[…] du hast es doch eigentlich drauf angelegt, […] wer so angezogen ist, will doch angemacht werden […].«

Zusätzlich zu der Stigmatisierung durch das Umfeld leiden Betroffene an Selbststigmatisierung. Dabei empfinden viele Scham über das, was passiert ist, und tragen regelhaft Schuldgefühle mit sich herum.

Negative Umfelderfahrungen *(sekundäre Stigmatisierung)* unterstützen Selbststigmatisierung *(tertiäre Stigmatisierung)* und stehen mit einem negativen Outcome für die Gesundheitschancen in Zusammenhang. Selbstbeschuldigung, Scham sowie negative Erwartungen stellen dabei wesentliche Hindernisse für das »Sich-Anvertrauen« sowie für die Inanspruchnahme von Hilfe, wie beispielsweise Gesundheitsleistungen, dar. Personen, die sich nicht mitteilen, leiden tendenziell an mehr Selbststigmatisierung und haben ein größeres Risiko für anhaltende gesundheitliche Beeinträchtigungen. Das Verschweigen der erlebten Gewalt, negative Umfeldreaktionen, Selbststigmatisierung sowie antizipierte Stigmatisierung sind zudem als Prädiktoren für erneute Viktimisierung bekannt (Kennedy u. Prock, 2018).

9.2 Minderheitenstress und Intersektionalität

In Anlehnung an das Minderheiten-Stress-Modell (Meyer, 1995) der Sozialwissenschaft habe ich hier versucht, die oben benannten Stressoren von distal (äußere Stressoren) hin zu proximal (verinnerlichte Stressoren) in einem eigenen Minderheiten-Stress-Modell für Opfer sexualisierter Gewalt darzustellen (Abbildung 9.1). Das Minderheiten-Stress-Modell wurde ursprünglich entwickelt, um Risiko- und Resilienzfaktoren für die Gesundheitschancen lesbischer, bisexueller und schwuler Personen darzustellen. Es ist bisher beispielsweise für trans* Personen adaptiert worden (Hendricks u. Testa, 2012).

Die Zugehörigkeit zu weiteren Minoritäten-Domänen kann als zusätzlicher Risikofaktor für Stressempfindungen gesehen werden. Im Kontext von Minderheitenstress besteht die Gefahr einer Potenzierung und Überschneidung möglicher Risikofaktoren. Das additive Zusammenwirken wird als Intersektionalität bezeichnet (Lenz, 2010).

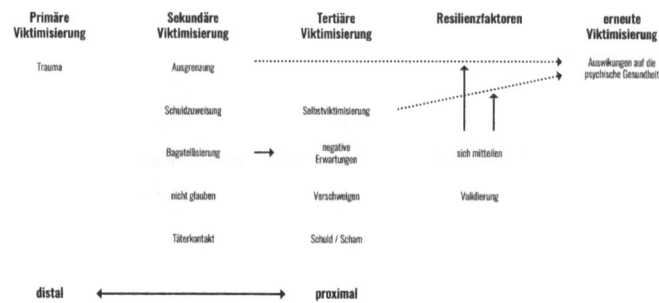

Abbildung 9.1: Minderheiten-Stress-Modell für Opfer sexualisierter Gewalt (inhaltliche Ausarbeitung: Sascha Bos; Grafik: Silke Kampfmeier)

Nach Walgenbach (2012) versteht sich Intersektionalität als ein Paradigma, welches davon ausgeht, dass Kategorien wie etwa Geschlecht, Ethnizität, Nation, Religion, Klasse, Alter, geistige oder körperliche Beeinträchtigungen, Erkrankungen oder Sexualität nicht getrennt voneinander betrachtet werden können. Dabei stehen unterschiedlichste soziale Ungleichheiten miteinander in Wechselwirkung und beziehen sich auf die Analyse sozialer Ungleichheiten beziehungsweise Machtverhältnisse. Gemeinsam beeinflussen diese Variablen die Genese von Psychopathologien.

Fallbeispiele (fiktiv): Eine Patientin ist Opfer sexualisierter Gewalt (erste Minorität). Dadurch droht ihr als junge Frau (zweite und dritte Minorität) einer religiösen Minderheit (vierte Minorität) in ihrer Familie bzw. ihrer religiösen Community zusätzlich Gewalt im Sinne eines kulturspezifischen Umgangs mit sexualisierter Gewalt.

Oder ein Patient ist trans*männlich (erste Minorität). Er hat nun Sorge, aufgrund der erlebten Gewalt (zweite Minorität) Schwierigkeiten bezüglich trans*spezifischer Gesundheitsversorgung zu bekommen. Seine neue Therapeutin denke, trans* zu sein als Psychopathologie und verwehre aufgrund der erlebten sexualisierten Gewalt sowie aufgrund des weiblichen Zuweisungsgeschlechtes bei Geburt (dritte Minorität) die Indikationsstellung für eine Hormonersatztherapie.

Oder ein Patient kommt aus einem armen Haushalt (erste Minorität). Aufgrund seiner Traumatisierung (zweite Minorität) hat er Fehlzeiten in der Schule. Von der Lehrerin wird er als Schwarzer (dritte Minorität) rassistisch diskriminiert. Sie wertet die Schuldistanz nicht als Symptom, sondern als Faulheit, in der sie hier ihre rassistischen Vorrannahmen bestätig findet.

Im Kontext von minderjährigen Opfern sexualisierter Gewalt kommt Minderheitenstress und Intersektionalität eine besondere Bedeutung zu. Zum einen kann die Zugehörigkeit zu einer Minorität ein Risikofaktor für sexualisierte Gewalt an sich sein. Zum anderen kann die gesundheitliche Prognose durch assoziierte sekundäre und tertiäre Viktimisierung sowie intersektionale Überschneidungen negativ beeinflusst werden.

9.3 Handlungsempfehlungen für die Praxis

Behandelnde in der Arbeit mit Opfern sexualisierter Gewalt sollten ein Verständnis für die Zusammenhänge von Stigma und (Mehrfach-)Stigmatisierung bei der Genesung von Traumatisierten, dem Risiko einer erneuten Viktimisierung sowie der Inanspruchnahme von Hilfe besitzen (Kennedy u. Prock, 2018). Beispielsweise kann die Aufklärung über sekundäre und tertiäre Viktimisierung regelhaft in die Psychoedukation zu Trauma und Traumafolgestörungen aufgenommen werden. Meine bisherigen klinischen Erfahrungen deuten darauf hin, dass es von vielen validierend empfunden wird. Ein Bewusstsein über intersektionale Risikofaktoren kann, aus meiner Sicht, sowohl für Behandelnde als auch für Nutzer:innen traumafokussierter Angebote eine hilfreiche Orientierung bieten. Ergänzend zur regelhaften Psychoedukation unterstützt es junge Menschen darin, sich im Kontext verschiedener Zugehörigkeiten zu verstehen und hilft, antizipierte Selbstviktimisierung abzumildern. Als informierte Nutzer:innen partizipieren sie – entsprechend ihrem Entwicklungsstand und ihrer kognitiven Fähigkeiten – idealerweise von Beginn an bei der Entwicklung eines individualisierten Behandlungsplans.

Angebote, die darauf abzielen, die negativen Folgen von sexualisierter Gewalt zu mildern, sollten sich nicht nur mit der internalisierten Stigmatisierung bzw. der externen Stigmatisierung befassen (wie etwa Schuldzuweisung an das Opfer in der breiteren Gesellschaft, negative Reaktionen von informellen und formellen Unterstützungseinrichtungen). Unbedingt mitbeachtet werden sollte die interne Stigmatisierung im Rahmen von Gesundheitsleistungen. Hier besteht das grundsätzliche Risiko für diskriminierendes Handeln aufgrund unbewusster Vorannahmen von Behandler:innen.

Offizielle Stellen wie Polizei und medizinisches Personal müssen über den Einfluss von Opferbeschuldigungen bei der Verschlimmerung der Selbstbeschuldigung, der Scham und der psychologischen Folgen wie PTBS geschult werden, damit sie betroffene Kinder und Jugendliche nicht erneut viktimisieren (Kennedy u. Prock, 2018). Hierzu sollten edukative Angebote erarbeitet, durchgeführt und evaluiert werden. Zudem sollte ein größerer Wert auf Aufklärungs- und Präventionsprogramme gelegt werden. So können Mitteilungsversuche und der Zugang zu Hilfsangeboten günstig beeinflusst und dem Entstehen von Straftaten vorgebeugt werden.

9.4 Geschlecht in der therapeutischen Arbeit mit Opfern sexualisierter Gewalt

Als ich (als männlich gelesener Therapeut) 2016 meine Arbeit in der *Traumaambulanz für Kinder und jugendliche Gewaltopfer* aufnahm, brachen wir mit dem bis dahin implizit vorherrschenden Paradigma, dass Männer in der Arbeit mit Opfern sexualisierter Gewalt »nichts zu suchen« hätten. Aus der Tatsache heraus, dass Täterverhalten in der Regel von Männern ausgeübt und divergent dazu Viktimisierung häufig von Frauen erfahren wird (Büttner, 2018), erleben wir bei Vorstellung in der Traumaambulanz entsprechende Unsicherheiten, wenn männliche Therapeuten vorgeschlagen werden. Eine Kausalität »Mann ist gleich Täter« kann dabei nicht gezogen werden. Die spontane Aussage »Bloß kein männlicher Therapeut!« kann hier als Ausdruck von Vorurteilen oder als Versuch, die eigenen elterlichen Schuldgefühle zu regulieren, verstanden werden – im Sinne einer Reaktionsbildung. Auch kann das Geschlecht des Therapeuten ein sogenannter Trigger sein. Grundsätzlich sollte hier die Wahl des:der Therapeut:in frei sein – selbstverständlich ohne Angabe von Gründen. In der klinischen Praxis haben wir bislang gute Erfahrungen mit Diversität bezogen auf das Therapeut:innengeschlecht erlebt.

Im Verlauf gibt es mitunter differenzierte Rückmeldungen zum Geschlecht. Eine Patientin sagte beispielsweise im Abschlussgespräch:

»Zuerst war das kurz seltsam, aber dann habe ich gar nicht mehr drüber nachgedacht. Is ja auch gut, dass sich nicht so ein Schwarz-Weiß-Denken aufbaut und ich nicht Angst vor Männern generell behalte.«

Zusätzlich können bei spontaner Unsicherheit bezüglich des Therapeut:innengeschlechtes stereotype Annahmen bezüglich der Geschlechter wirksam sein. Beispielsweise werden von weiblich gelesenen Behandelnden eher Softskills erwartet, während mit männlichen Behandlern eher die Fähigkeit, sich abzugrenzen, und direktive Techniken wie Deutungen verbunden werden. Interessant ist, dass ältere Studien diese Annahmen tendenziell unterstützen, während in jüngeren Untersuchungen die Befunde inkonsistenter hinsichtlich der Bedeutung des Therapeut:innengeschlechts sind (Ogrodniczuk u. Staats, 2002). Eine solche Betrachtungsweise reproduziert nicht nur Geschlechterstereotypien, sie ist auch durch eine binäre und nicht mehr zeitgemäße Sichtweise gekennzeichnet. In den Generationen der Millennials sowie der Generation Z lösen sich solche starren Geschlechterrollen zunehmend auf (Coleman et. al, 2022).

Literatur

Büttner, M. (2018). Sexualität und Trauma. Grundlagen und Therapie traumaassoziierter sexueller Störungen. Stuttgart: Schattauer.
Coleman, E., Radix, A. E., Bouman, W. P., Brown, G. R., de Vries, A. L. C., Deutsch, M. B., Ettner, R., Fraser, L., Goodman, M., Green, J., Hancock, A. B., Johnson, T. W., Karasic, D. H., Knudson, G. A., Leibowitz, S. F., Meyer-Bahlburg, H. F. L., Monstrey, S. J., Motmans, J., Nahata, L., Nieder, T. O., Reisner, S. L., Richards, C., Schechter, L. S., Tangpricha, V., Tishelman, A. C., Van Trotsenburg, M. A. A., Winter, S., Ducheny, K., Adams, N. J., Adrián, T. M., Allen, L. R., Azul, D., Bagga, H., Başar, K., Bathory, D. S., Belinky, J. J., Berg, D. R., Berli, J. U., Bluebond-Langner, R. O., Bouman, M. B., Bowers, M. L., Brassard, P. J., Byrne, J., Capitán, L., Cargill, C. J., Carswell, J. M., Chang, S. C., Chelvakumar, G., Corneil, T., Dalke, K. B., De Cuypere, G., de Vries, E., Den Heijer, M., Devor, A. H., Dhejne, C., D‹Marco, A., Edmiston, E. K., Edwards-Leeper, L., Ehrbar, R., Ehrensaft, D., Eisfeld, J., Elaut, E., Erickson-Schroth, L., Feldman, J. L., Fisher, A. D., Garcia, M. M., Gijs, L., Green, S. E., Hall, B. P.,

Hardy, T. L. D., Irwig, M. S., Jacobs, L. A., Janssen, A. C., Johnson, K., Klink, D. T., Kreukels, B. P. C., Kuper, L. E., Kvach, E. J., Malouf, M. A., Massey, R., Mazur, T., McLachlan, C., Morrison, S. D., Mosser, S. W., Neira, P. M., Nygren, U., Oates, J. M., Obedin-Maliver, J., Pagkalos, G., Patton, J., Phanuphak, N., Rachlin, K., Reed, T., Rider, G. N., Ristori, J., Robbins-Cherry, S., Roberts, S. A., Rodriguez-Wallberg, K. A., Rosenthal, S. M., Sabir, K., Safer, J. D., Scheim, A. I., Seal, L. J., Sehoole, T. J., Spencer, K., St Amand, C., Steensma, T. D., Strang, J. F., Taylor, G. B., Tilleman, K., T'Sjoen, G. G., Vala, L. N., Van Mello, N. M., Veale, J. F., Vencill, J. A., Vincent, B., Wesp, L. M., West, M. A., Arcelus, J. (2022). Standards of care for the health of transgender and gender diverse people, Version 8. International Journal of Transgender Health, 23 (1), s1–s259.

Hendricks, M. L., Testa, R. J. (2012). A conceptual framework for clinical work with transgender and gender nonconforming clients: An adaptation of the Minority Stress Model. Professional Psychology: Research and Practice, 43 (5), 460–467.

Kennedy, A. C., Prock, K. A. (2018). »I still feel like I am not normal«: A review of the role of stigma and stigmatization among female survivors of child sexual abuse, sexual assault, and intimate partner violence. Trauma, Violence, & Abuse, 19 (5), 512–527.

Lenz, I. (2010). Intersektionalität. In R. Becker, B. Kortendiek (Hrsg.), Handbuch Frauen-und Geschlechterforschung (S. 158–165). Wiesbaden: VS Verlag für Sozialwissenschaften.

Meyer, I. H. (1995). Minority stress and mental health in gay men. Journal of Health and Social Behavior, 36, 38–56.

Ogrodniczuk, J., Staats, H. (2002). Psychotherapie und Geschlechtszugehörigkeit: Brauchen Männer und Frauen unterschiedliche Behandlungen? Zeitschrift für Psychosomatische Medizin und Psychotherapie, 48 (3), 270–285.

Walgenbach, K. (2012). Intersektionalität – eine Einführung.: www.portal-intersektionalität.de. http://portal-intersektionalitaet.de/theoriebildung/ueberblickstexte/walgenbach-einfuehrung/ (Zugriff am 08.02.2023).

10 Kunsttherapeutische Methoden in der traumafokussierten Psychotherapie

Sascha Bos

Traumatisierte Patient:innen, denen es schwerfällt, über das Erlebte zu sprechen, können von nonverbalen Therapieformen wie Tanz-, Musik- oder Kunsttherapie profitieren. Dieses Kapitel stellt beispielhaft die Kunsttherapie vor und zeigt, wie kunsttherapeutische Methoden zur Diagnostik und Behandlung in der Traumatherapie eingesetzt werden können.

Historisch ist die Verwendung von bildender Kunst in der Psychotherapie mit Kindern vor allem mit diagnostischem Bemühen verbunden. Die meisten Behandler:innen haben schon mindestens ein projektives Verfahren wie beispielsweise *Familie in Tieren* (Brem-Gräser, 2001) angewendet. Neben dem diagnostischen Nutzen bieten sich kreative Methoden an, um mit Kindern spontan in den Kontakt zu gehen und therapeutische Prozesse einzuleiten (Winnicott, 2018). Im psychotherapeutischen Kontext wird künstlerisches Arbeiten häufig genutzt, um schöpferische Fähigkeiten zu stimulieren, Freiräume und Darstellungsmöglichkeiten für Gefühle zu schaffen und eine aktive Auseinandersetzung mit sich selbst und der Umwelt zu fördern (Lehmkuhl u. Lehmkuhl, 2017). Zudem hat sich Kunsttherapie als eigenständige Therapieform etabliert und ist fester Bestandteil im Behandlungsangebot vieler psychiatrischer Kliniken.

Dabei fußt die kunsttherapeutische Arbeit, wie die Psychotherapie, auf verschiedenen Therapieschulen. Künstlerische Medien ermöglichen es dabei schulenübergreifend, einen Teil des intermediären Raumes zwischen behandlungssuchender und behandelnder Person zu symbolisieren. Durch das kreative Schaffen und das Arbeiten an etwas Drittem wird nicht nur ein Teil des therapeutischen Prozesses sinnlich erfahrbar, wir unterstützen auch die Fähigkeit, sich von Erlebtem zu distanzieren. So bietet sich das künstlerische Arbeiten insbesondere im Kontext von Traumatisierung an, wo aufgrund der spezifischen Symptomatik (siehe Kapitel 4) eine Distanz zum erlebten Leid in der Regel fehlt. Neben bildender Kunst sind auch das Spiel an sich oder für ältere Personen darstellende Kunst oder Schreiben kreative Möglichkeiten, sich auszudrücken und psychotherapeutische Prozesse zu unterstützen.

10.1 Kunsttherapie mit Kindern und Jugendlichen

Jüngere Kinder sind insofern dankbare Kunsttherapiepatient:innen, als sie in der Regel sofort das Spiel oder kreative Gestalten nutzen, um sich mitzuteilen. Das gemeinsame Spiel beispielsweise ist dabei ein vergängliches Kulturprodukt, das sich zwischen behandelter und behandelnder Person entwickelt.

Kunst oder künstlerische Methoden für Therapien zu nutzen, bietet sich insbesondere für Kinder und Jugendliche an, die Spaß an kreativen Medien haben. Sie können sich hier mit ihren Interessen und Persönlichkeitsanteilen einbringen und dafür bestärkt werden.

Häufig können sich Behandlungssuchende nicht vorstellen, was in einer Therapie genau passiert. Hier kann kreatives Arbeiten eine Brücke bilden. Einige können schon das Sich-frontal-gegenüber-Sitzen als herausfordernd erleben. Das kreative Arbeiten vermag hier Entlastung bieten. Aber auch für viele andere Nutzer:innen von psychotherapeutischen Gesundheitsleistungen können kreative Medien einen formalen Rahmen für einen therapeutischen Prozess bilden. Ebenso können Personen, denen – aus unterschiedlichsten Gründen – eine nonverbale Interaktion leichter fällt, hiervon profitieren.

Nicht für alle Personen eignet sich eine solche Arbeitsweise für den spontanen Therapieeinstieg. Wenn ich etwas Künstlerisches produziere, zeige ich mich auch immer ein Stück weit selbst. Das kann Hemmungen provozieren. Viele trauen sich nicht, spontan zu malen, aus Angst vor Bewertung. Malen und Zeichnen kann bei einigen Personen Assoziationen zum Kunstunterricht in der Schule auslösen und Insuffizienzgefühle provozieren.

Besonders hervorzuheben ist, dass weder die behandlungssuchende noch die behandelnde Person künstlerische Vorbildung oder eine besondere Begabung besitzen muss. Lediglich eine Offenheit für eine entsprechende Herangehensweise wird benötigt. Wichtig ist es hier, den Nutzen der Technik sowie den kreativen Prozess in den Vordergrund zu stellen und nicht das künstlerische Produkt. Wenn sich über den ideellen Wert hinaus ein ästhetischer ergibt, ist das zwar wünschenswert, jedoch nicht primäres Ziel der Arbeit. Zwang oder ein Drängen zum kreativen Arbeiten sollte – wie generell in Therapien – unbedingt vermieden werden.

10.2 Kunsttherapie in der traumafokussierten Arbeit

In der Traumatherapie hat sich das strukturierte Aufschreiben von erlebtem Leiden als Behandlungsmöglichkeit etabliert (Schauer, Neuer u. Elbert, 2017). Insbesondere das Attribut *strukturiert* in der therapeutischen Arbeit mit traumatisierten Personen kann hier hervorgehoben werden. Unabhängig von kunsttherapeutischer Therapieschule und Setting ist hier ein haltgebender Rahmen von zentraler Bedeutung. Dieser sollte auch bei kunsttherapeutischem Vorgehen Psychoedukation inkludieren. Bei bestehender posttraumatischer Belastungsstörung ist entsprechend den Leitlinien (Schäfer et al., 2019) das Heranführen an die Exposition mit dem Erlebten als ein zentraler Behandlungsschritt zu betrachten.

In der Eye-Movement-Desensitization-and-Reprocessing-Behandlung (EMDR) wird vor Beginn der Auseinandersetzung mit belastenden Ereignissen zunächst eine sogenannte Traumalandkarte erstellt (Hofmann, 2014). So eine Landkarte lässt sich wunderbar mit kreativen Medien umsetzen und individuell gestalten.

Kunsttherapeutische Expositionsbehandlungen funktionieren prinzipiell wie die klassische *Exposition in sensu*. Im direkten Vergleich zur verhaltenstherapeutischen Vorgehensweise ist hier auf die fehlende Manualisierung und stark individualisierte Vorgehensweise (Chiang, Reid-Varley u. Fan, 2019) hinzuweisen. Analog zum Schreiben bei der *Narrativen Expositionstherapie* gelingt in der bildnerischen Kunsttherapie die Konfrontation mit dem Erlebten durch bildnerisches Arbeiten.

Fallbeispiel (fiktiv): Der 16-jährige Patient sei Opfer eines Überfalls gewesen und mit einem Messer bedroht worden. Er erfüllte klinisch sowie in der Testdiagnostik die Kriterien einer posttraumatischen Belastungsstörung. Da er sehr gerne künstlerisch arbeitete, entschieden wir uns dazu, die indizierte Expositionsbehandlung mittels künstlerischer Medien durchzuführen. Hierzu entwickelten wir einen formalen Rahmen. Das geplante Bild (DIN A5) wurde, ähnlich einem Comic, in vier Felder[1] aufgeteilt. Das erste Bild zeigte den Zustand vor dem erlebten Trauma. Darauf folgten eine Darstellung des Traumas mit Fokus auf dem empfundenen Gefühl (hier Todesangst). Das dritte Feld zeigte den Wendepunkt, an dem der vermeintliche Täter vom Patienten abgelassen habe. Das letzte Bild entsprach qualitativ dem Befinden nach dem berichteten Gewaltverbrechen und war mit Sicherheit assoziiert und im Hier und Jetzt verortet. Über das sinnliche Nacherleben, gestützt durch das fokussierte bildnerische Arbeiten sowie verbale Begleitung, gelang die Reduktion der belastungsassoziierten Symptomatik. Bei Wiedervorstellung nach der Behandlung war die Symptomatik größtenteils remittiert.

Abbildung 10.1 zeigt die vier Felder im Fallbeispiel mit folgender Aufteilung:
1. (idealisierter) Zustand vor Traumatisierung,
2. empfundene(s) Gefühl im schlimmsten Moment des belastenden Erlebnisses,
3. Wendepunkt der Situation,
4. (idealisierter) Zustand nach Trauma.

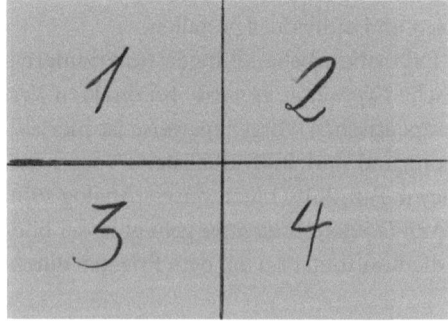

Abbildung 10.1: Aufteilung eines Bildes im Rahmen der Traumabearbeitung

---

1 Die Technik ist mit der Vier-Felder-Technik aus der EMDR gestützten Behandlung zu vergleichen.

Neben der klassischen Konfrontation mit traumatischen Ereignissen ist beispielsweise das Symbolisieren fragmentierter Persönlichkeits- oder Erlebnisanteile über bildende Kunst günstig. Die Visualisierung ermöglicht es hier, noch unreflektiertes, unsortiertes oder auch teilweise dissoziatives Erleben direkt zu symbolisieren. Dies kann psychotherapeutische Integrationsbemühungen begünstigen. Eine Möglichkeit ist die Darstellung innerer Anteile als sogenanntes Systembild (Lücke, 2008).

Fallbeispiel (fiktiv): Die jugendliche Patientin berichtete davon, in manchen Situationen impulsiv und wie ein kleines verletztes Kind zu reagieren. Im Nachhinein sei es ihr zumeist unangenehm, wenn sie darüber nachdenke, und sie würde die Gedanken sofort beiseiteschieben. In anderen Momenten wiederum könne sie sich altersentsprechend oder sogar sehr erwachsen verhalten. Das Sprechen darüber empfinde sie als ordnend. Im Verlauf gelang es, die unangenehmen Gefühle wie Scham besser zu benennen und Auslöser für das regressive Verhalten zu benennen. Insgesamt fiel es ihr jedoch schwer, die Gesprächsinhalte in eine innere Ordnung zu bringen. Gemeinsam entschlossen wir uns dazu, das innere Erleben in einem Systembild aufzumalen. Das Zeichnen habe ihr dabei geholfen, die verschiedenen Persönlichkeitsanteile zu würdigen und anzuerkennen. Wenn sie sich in einer Situation beispielsweise getriggert fühlte, weil sie wieder beschämt wurde, konnte sie nun das erste Mal der Situation bewusst ein Gefühl zuordnen. Gleichzeitig gelang es uns, die chronisch erlebten Beschämungen zu validieren und den erlebten Schmerz anzuerkennen.

In Abbildung 10.2 ist beispielhaft ein mögliches Systembild dargestellt. Dieses orientiert sich am Rad. Grundsätzlich ist es selbstverständlich möglich, individuelle Darstellungsmöglichkeiten zu finden. Die gezeigte Form bietet sich an, wenn es spontan an eigenen Ideen mangelt oder es für den Beginn etwas Orientierung braucht.

Das künstlerische Arbeiten begünstigt, dass Behandlungssuchende und auch Behandler:innen einzelnen Erlebnissen wie beispielsweise Gefühlen längere Aufmerksamkeit schenken. So kann neben den oben beschriebenen Mentalisierungsprozessen das Nachspüren und Nachempfinden einzelner Gefühle hervorragend unter-

Abbildung 10.2: Systembild

stützt werden. Meiner klinischen Erfahrung nach profitieren besonders Personen, die zu Rationalisierung neigen, von einer solchen sinnlichen Arbeitsweise.

Ebenso kann das psychotherapeutische Arbeiten mit Imaginationen wie beispielsweise dem Vorstellen und Abrufen eines *sicheren Ortes* durch künstlerisches Arbeiten erleichtert werden (vgl. Reddemann, 2008). So unterstützt das konkrete Malen eines solchen Ortes das sonst oft nur in Gedanken stattfindende Sich-Ausmalen:

Fallbeispiel (fiktiv): Der junge Patient (T.) gab spontan an, einen Ort zu wissen, wo er sich sicher gefühlt habe. Er berichtete von dem Schuppen, wo er mit seinem Großvater oft gewerkelt habe. Dort sei allerhand Werkzeug gewesen, mit dem er sich hätte verteidigen können. Auf die Frage hin, ob er sich denn wegen des Werkzeuges sicher gefühlt habe, überlegte er eine Weile. Nein, gab er an, er habe sich wegen des Opas sicher gefühlt. Aber der sei ja tot. Gemeinsam überlegten wir, ob wir einen solchen Ort erfinden könnten, unabhängig von dem Opa, aber ähnlich gut vom Gefühl der Sicherheit. Gemeinsam entwickelten wir eine Vorstellung. Es sollte ein abgeschlossener Raum sein. T. fand, es benötigte mindestens einen Superhelden mit ebensolchen Superkräften. T. begann zu zeichnen und seine Fantasie im Bild umzusetzen. Er schmückte es mit Details aus, die seine Sicherheit und sein Wohlbefinden unterstützen konnten. Beispielsweise gab es Spielsachen und einen großen Vorrat an Süßigkeiten sowie ein gemütliches Bett zum Ausruhen usw. So entwickelte er einen wunderbaren bildnerischen Raum, den er im Verlauf der Behandlung gut zu einem inneren Raum ausbauen, beziehungsweise auf den er immer besser zurückgreifen konnte.

Grundsätzlich ist sicher eine gewisse Erfahrung mit Trauma- beziehungsweise Expositionsbehandlungen wie auch in der kreativen Arbeit von Vorteil. Dies erlaubt es mir, gegebenenfalls vom Manual abzuweichen und individuelle und kreative Behandlungsformen auszuprobieren und zu erproben.

Untersuchungen zeigen zudem, dass mehr als 30 % der Patient:innen mit posttraumatischer Belastungsstörung nicht von evidenzbasierten Behandlungen (wie traumafokussierter kognitiver Verhaltenstherapie oder EMDR) profitieren. Identifiziert wurden hier Patient:innen mit chronischer Traumatisierung, schlechtem verbalem Gedächtnis sowie mit Schwierigkeiten in der Emotionsregulation. Da ihnen mitunter das verbale Wiedergeben des Erlebten schwerer fällt, wird diskutiert, ob Kunsttherapie hier als nonverbale Therapie eine Alternative darstellen kann. Die aktuelle Forschungslage ist hierzu noch unzureichend (Schouten, van Hooren, Knipscheer, Kleber u. Hutschemaekers, 2019).

Literatur

Brem-Gräser, L. (2001). Familie in Tieren: Die Familiensituation im Spiegel der Kinderzeichnung; Entwicklung eines Testverfahrens. München/Basel: Reinhardt.
Chiang, M., Reid-Varley, W. B., Fan, X. (2019). Creative art therapy for mental illness. Psychiatry Research, 275, 129–136.
Hofmann, A. (Hrsg.) (2014). EMDR. Praxishandbuch zur Behandlung traumatisierter Menschen (5. Aufl.). Stuttgart: Thieme.
Lehmkuhl, G., Lehmkuhl, U. (2017). Kunst als Medium psychodynamischer Therapie mit Jugendlichen. Göttingen: Vandenhoeck & Ruprecht.

Lücke, S. (2008). Tiefenpsychologisch fundierte Kunsttherapie in der Behandlung traumabedingter Störungen. In P. Martius, F. von Spreti, H. Förstl (Hrsg.), Kunsttherapie bei psychischen Störungen (S. 140–151). München/Jena: Urban & Fischer.

Reddemann, L. (2008) Traumastörungen. In P. Martius, F. von Spreti, H. Förstl (Hrsg.), Kunsttherapie bei psychischen Störungen (S. 135–140). München/Jena: Urban & Fischer.

Schauer, M., Neuner, F., Elbert, T. (2017). Narrative exposure therapy for children and adolescents (KIDNET). In M. A. Landolt, M. Cloitre, U. Schnyder (Eds.), Evidence-based treatments for trauma related disorders in children and adolescents (pp. 227–250). New York, NY. Springer International Publishing.

Schäfer, I., Gast, U., Hofmann, A., Knaevelsrud, C., Lampe, A., Liebermann, P., Lotzin, A., Maercker, A., Rosner, R., Wöller, W. (2019). S3-Leitlinie Posttraumatische Belastungsstörung. Berlin/Heidelberg: Springer.

Schouten, K. A., van Hooren, S., Knipscheer, J. W., Kleber, R. J., Hutschemaekers, G. J. M. (2019). Trauma-focused art therapy in the treatment of posttraumatic stress disorder: A pilot study. Journal of Trauma & Dissociation: The Official Journal of the International Society for the Study of Dissociation (ISSD), 20 (1), 114–130.

Winnicott, D. W. (2018). Therapeutic consultations in child psychiatry. London: Routledge.

11 Qualitätssicherung und Evaluation

Claudia Calvano

Soll die Arbeit in den Traumaambulanzen professionell ablaufen, müssen wir uns mit den Fragen der Qualitätssicherung und den Möglichkeiten der klinischen Begleitforschung auseinandersetzen. Hierfür können die Ergebnisse zur Evaluation der Traumaambulanz der Charité – Universitätsmedizin Berlin hilfreiche Impulse und Implikationen für weitere Forschung sowie die Implementierung von Begleitforschung in anderen Traumaambulanzen für Kinder und Jugendliche liefern.

11.1 Qualitätssicherung in Traumaambulanzen

Qualitätssicherung ist Bestandteil jeder therapeutischen Arbeit, verankert im § 16 in der Musterberufsordnung für Psychotherapeut:innen (Bundespsychotherapeutenkammer, 2022). Qualitätssicherung umfasst verschiedene Aspekte und kann auf verschiedenen Ebenen umgesetzt werden: Supervision, Intervision, Qualitätszirkel sowie interdisziplinäre Fallvisiten. Aber auch Dokumentation und Evaluation sind integraler Bestandteil therapeutischen Arbeitens.

Fallvisiten und Intervision

Regelmäßige wöchentliche Fallvisiten und die Besprechung neuer sowie akuter Fälle sind essenziell. Jeder neu aufgenommene Fall sollte besprochen werden, um wichtige Aspekte des Kinderschutzes und der Indikationsstellung abzuklären. Zudem sollte es Möglichkeiten zu Intervision geben. Diese leistet nicht nur einen Beitrag zur Qualitätssicherung und Patient:innensicherheit, sondern auch zur Psychohygiene der Therapeut:innen.

Arztbrief

Für die Dokumentation sollte für jeden Fall ein schriftlicher Bericht erstellt werden, beispielhaft nach folgender Gliederung:

1. Vorstellungsgrund,
2. Symptomatik,
3. Diagnostik,
4. Diagnosen auf sechs Achsen nach dem Multiaxialen Klassifikationsschema,
5. Behandlungsverlauf,
6. abschließende Beurteilung: Zusammenhang zwischen Trauma und der psychischen Gesundheit,
7. abschließende Empfehlungen.

Zentrale Fragestellung der Diagnostik in Traumaambulanzen liegt darin, ob die zu beobachtende und berichtete psychische Symptomatik auf das Erleben des Traumas zurückzuführen ist oder nicht. Auch ist insbesondere im Kindes- und Jugendalter die Beachtung der aktuellen, assoziierten, abnormen psychosozialen Umstände, codiert auf Achse 5, für die Abschätzung der Notwendigkeit weiterer unterstützender Maßnahmen der Kinder- und Jugendhilfe essenziell.

Supervision

Der Zusammenschluss mit Kolleg:innen innerhalb des eigenen Teams (Intervision) kann durch externe Supervision ergänzt werden und somit einen Beitrag zur Psychohygiene des Teams und auch Qualitätssicherung der Ambulanz leisten. Externe Supervision kann fallbezogene Fragen sowie Teamsupervision umfassen. Im folgenden Abschnitt werden Möglichkeiten der quantitativen Ergebnisevaluation und Begleitforschung im Rahmen von Traumaambulanzen erörtert und erste Daten vorgestellt.

11.2 Evaluation und Möglichkeiten der Begleitforschung

Wie oben ausgeführt, ist eine stetige Qualitätssicherung in Traumaambulanzen nötig, die auch eine Evaluation der Prozesse und Behandlungsergebnisse umfassen sollte. Evaluation ist fester Bestandteil der therapeutischen Praxis. Traumaambulanzen sind per se Einrichtungen der Erstversorgung, sodass in erster Linie naturalistische Begleitforschung »in der klinischen Praxis« die Möglichkeit für Evaluation darstellt. Therapieerfolg ist per se multidimensional und breit gefasst. Eine Evaluation des Therapieerfolgs umfasst neben dem Symptom- und Beschwerderückgang im weiteren Sinne auch Maße für die angemessene Störungsursache und Störungsfolgen (Schulte, 1993).

11.2.1 Veränderungsmessung

Im Folgenden soll auf den Therapieerfolg als Zustand am Ende der Behandlung fokussiert werden. Hierbei kann für die Erfassung der Veränderung die direkte von der indirekten Veränderungsmessung unterschieden werden. Direkte Veränderungsmessung erfolgt durch eine einmalige, meist retrospektive Einschätzung der Veränderung durch die Psychotherapie. Dies können einfache Items sein, die Veränderung kategorial (z. B. von stark verschlechtert bis stark verbessert) oder dimensional (z. B. auf einer Skala zwischen 0 und 10) erfassen.

Die indirekte Veränderungsmessung hingegen umfasst Prä-Post-Vergleiche, indem dieselben Messinstrumente zu Beginn und am Ende eingesetzt und somit Veränderung indirekt als Differenzwert gemessen wird. Diese zwei Ansätze sind per se verschieden und von verschiedenen Faktoren abhängig und haben jeweils Vor- und Nachteile (Verzerrung retrospektiver Beurteilung bei der direkten Veränderungsmessung; Regression zur Mitte bei der indirekten Veränderungsmessung; Lutz, 2010).

Wenn wir an Traumaambulanzen als Instanzen der Routineversorgung denken, ist die Vergleichbarkeit zu Effekten, die auch in randomisiert-klinischen Studien berichtet werden, eingeschränkt. Primär liegt das an der Selektivität von randomisiert-kontrollierten Studienstichproben, die gewisse Ein- und Ausschlusskriterien erfüllen müssen, mit meist bestimmten Schweregraden und keinen oder wenigen komorbiden Störungen. Modellierungsanalysen legen zumindest für den Bereich der Depressionsbehandlung des Erwachsenenalters nahe, dass bei einem Matching von Stichprobenmerkmalen zwischen einer randomisiert-kontrollierten Studie und einer naturalistischen Stichprobe einer Hochschulambulanz für Psychotherapie ähnliche Effekte zu finden sind. Per se bedeutet dies, dass Therapien im unselektierten naturalistischen Setting potenziell genauso wirksam sein können wie Therapien im »selektiven Laborsetting« von klinischen Studien (Lutz, Schiefele, Wucherpfennig, Rubel u. Stulz, 2016). Weitere wichtige Aspekte zur Evaluation von Psychotherapie sind die Frage zur Aufrechterhaltung von Effekten und Abbruchraten.

Aufrechterhaltung von Therapieeffekten

Die direkte oder indirekte Veränderungsmessung umfasst zunächst die Erhebung direkt nach Therapieende. Es stellt sich im Sinne der Generalisierbarkeit und Nachhaltigkeit von Therapieeffekten die Frage, wie lange nach Therapieende sich mögliche Effekte aufrechterhalten. In der Interventionsforschung wird meist von kurzfristigen Katamneseerhebungen (sechs Wochen bis drei Monate post Intervention), mittelfristigen (sechs bis neun Monate post Intervention) und langfristigen Effekten (ab zwölf Monaten post Intervention) unterschieden. Eine besondere Hürde für die Langzeitkatamnesen ist die Herausforderung, die Familien zu erreichen und somit auch vollständige Daten zu erhalten. An dieser Stelle wird wiederum deutlich, dass Begleitforschung mit Katamneseerhebung in den Traumaambulanzen ein gewisses Minimum an Ressourcen benötigt, um durchführbar zu sein.

Zudem gestaltet sich die Situation mit Blick auf Traumaambulanzen als Institutionen der Erstversorgung speziell: Aufgrund der von vornherein begrenzten Stundenkontingente bei einer gleichzeitig hohen Zahl an psychosozial komplexen Fällen, die ein hohes Maß an Unterstützung und Stabilisierung sowie oftmals die Installation von Jugendhilfemaßnahmen erfordern, ist die Anbindung an weiterführend behandelnde Einrichtungen nicht selten. Diese kommen nun jedoch bei Katamneseerhebungen konfundierend ins Spiel. Daher geht es in erster Linie darum, insbesondere die Weiterbehandlung konkret zu erfassen: Was wurde empfohlen und vor allem konnten Familien erfolgreich angebunden werden und was waren dann die Inhalte der weiterführenden Behandlung? Die erfolgreiche Anbindung an weiterführende psychotherapeutische Behandlungen stellt daher bei Traumaambulanzen auch ein Erfolgsmaß dar!

Abbruchraten

Es gibt verschiedene Arten des Therapieendes: ein reguläres Ende, gefolgt von einer direkten oder indirekten Veränderungsmessung. Weitere Arten sind ein Abbruch aufgrund anderer Behandlungsindikation, z. b. der Notwendigkeit einer (teil-)stationären Behandlung sowie ein Abbruch im engeren Sinne, bei dem die Patient:innen von sich aus die Therapie beenden. Im letzten Falle kann dies direkt kommuniziert werden oder es wird durch Nicht-Erscheinen und Nicht-Erreichbar-Sein indirekt kommuniziert, sodass Familien nicht mehr erreichbar sind. Im Sinne der Begleitforschung ist zu empfehlen, den Abbruch als solchen gut zu dokumentieren und, sofern möglich, Gründe des Abbruches zu erfassen.

11.2.2 Konzeptueller Rahmen von Begleitforschung

Im Kontext der Begleitforschung in Traumaambulanzen bewegen wir uns methodisch im Rahmen der naturalistischen Studien und in den Bereichen der Interventions- und Versorgungsforschung. Die Möglichkeiten für Begleitforschung sind integraler Bestandteil der Qualitätssicherung, der Umfang ist jedoch auch von den Ressourcen des Standorts abhängig. Als Mindestanspruch für die Begleitforschung sind eine Beschreibung der Inanspruchnahmestichprobe nach soziodemografischen, traumabezogenen, klinischpsychologischen Merkmalen gefolgt von direkten und indirekten Veränderungsmessungen, z. B. Prä-Post-Analysen. Zudem können interventionsbezogene Merkmale, beispielsweise Umfang und Inhalte der Behandlung, dargestellt und in Bezug zum Therapieoutcome gesetzt werden. Bedeutsam sind darüber hinaus die Erfassung und Beschreibung von Behandlungsabbrüchen, um perspektivisch Risikogruppen zu erkennen und entsprechend frühzeitig intervenieren zu können.

Im Rahmen der psychotherapeutischen Erstversorgung, wie sie in Traumaambulanzen angeboten und ermöglicht wird, kann die Art der Intervention und das Behandlungsergebnis vom Schweregrad, der Komplexität der Belastungen sowie dem Vorhandensein von psychosozialen Belastungen und/oder Aspekten der Kindeswohlgefährdung abhängen. Daher ist es notwendig, neben der klinischpsychologischen Belastung auch die Notwendigkeit und Inanspruch-

nahme weiterführender psychotherapeutischer Behandlungen und/
oder die installierten Maßnahmen der Kinder- und Jugendhilfe zu
dokumentieren. Durch eine routinemäßige Begleitforschung können
so zentrale versorgungsrelevante Fragen adressiert und langfristig
die Versorgung von Kindern und Jugendlichen verbessert werden.

Zentrales Merkmal in Bezug auf die Frage der Wirksamkeit von
Psychotherapie stellt die Wahl des Outcomes dar. Im folgenden
Abschnitt werden im deutschen Sprachraum vorhandene traumaspezifische Messinstrumente, die sich für den Einsatz in Traumaambulanzen eignen, beschrieben.

11.3 Erfassung von Traumafolgestörungen im Kindes- und Jugendalter

Im deutschen Sprachraum stehen validierte Fragebögen und Interviews zur Erfassung einer Traumafolgestörung zur Verfügung. Die
meisten zielen explizit auf die PTBS ab, sodass andere im Kindes-
und Jugendalter häufig auftretende Traumafolgestörungen wie z. B.
Ängste, Depressionen und expansive Verhaltensstörungen mit ge-
sonderten Verfahren abgeklärt werden sollten. Im Folgenden soll
eine Auswahl davon kurz vorgestellt werden.

»University of California Posttraumatic Stress Disorder Reaction
Index« – UCLA-RI (Kaplow et al., 2020; deutsche Übersetzung
nach Landolt, 2014)

Der »University of California Posttraumatic Stress Disorder Reaction Index« (UCLA-PTSD RI) ist ein Fragebogenverfahren im
Selbst- und Elternbericht, welches neben einer Traumaeventliste
die PTBS-Symptomatik nach DSM-5 erfasst. Der UCLA-PTSD RI
wird jedoch in der klinischen Praxis als semistrukturiertes Interview
durchgeführt, was dann auch eine Diagnosestellung der PTBS ermöglicht. Der Reaction Index weist eine sehr gute Reliabilität sowie
eine gute konvergente Validität mit dem »Short Mood and Feelings
Questionnaire« auf und ist für Kinder und Jugendliche im Alter von
7 bis 18 Jahren validiert.

Der UCLA-PTSD RI besteht aus fünf Abschnitten: In der Traumaeventliste können 19 unterschiedliche traumatische Erfahrungen so-

wie jeweils die Art der Zeugenschaft erfasst werden. In den Traumadetails werden spezifische Details zum Trauma sowie dem Alter zum Zeitpunkt der Erfahrung erfasst. Die PTSD-Symptomskala sowie die Häufigkeitsbewertung erfragt die Symptome, unter denen das Kind/der:die Jugendliche im vergangenen Monat auf einer Skala von 0 (an keinem Tag) bis 4 (an fast allen Tagen) gelitten hat. Schließlich wird im letzten Abschnitt bewertet, inwiefern die Symptome zu klinisch bedeutsamen Beeinträchtigungen in der Funktionsfähigkeit z. B. in der Schule oder Beziehung führen.

Die Auswertung erlaubt die klassifikatorische Vergabe der Diagnose PTBS nach DSM-5 einschließlich des dissoziativen Subtypus. Zudem werden Summenscores zu den einzelnen Kriterien sowie ein Gesamtsummenscore berechnet. Ab einem Cut-off von 35 auf dem Gesamtscore ist mit sehr guter diagnostischer Zuverlässigkeit von einem Vorliegen einer PTBS auszugehen.

»Child And Adolescent Trauma Screening«

Das »Child and Adolescent Trauma Screening« (CATS) ist ein Screeningverfahren für PTBS, das ausgehend von einer Traumaeventliste die PTBS-Symptomatik erfasst. Im Vergleich zum unten genannten UCLA-PTSD RI ist der CATS explizit nur ein Screening. Die Ulmer Onlineklinik hat die erste Version des CATS frei verfügbar online gestellt (Ulmer Onlineklinik, o. J.b).

2022 wurden Ergebnisse der Validierung einer für DSM-5 und ICD-11 angepassten Version des CATS-2 publiziert (Sachser et al., 2022), die auch das Screening einer komplexen PTBS erlaubt. Neben der kategorialen Diagnostik ermöglicht der CATS-2 zudem eine dimensionale Einschätzung der Symptomintensität. Es liegen Validierungen sowohl für die Selbst- als auch die Fremdeinschätzung für Kinder und Jugendliche im Alter von 7 bis 18 Jahren vor: Die Subskalen (DSM-5 PTSD, ICD-11 PTSD, ICD-11 CPTSD) weisen im Selbstbericht mindestens zufriedenstellende sowie in der Fremdeinschätzung mindestens gute Reliabilitäten auf. Die konvergente Validität der Subskalen wird im Selbstbericht mit dem CAPS-CA-5 (siehe unten) von den Autor:innen mit gut angegeben.

Das Screening besteht aus einer Eventliste, in der 14 potenziell traumatische Ereignisse abgefragt werden sowie weitere Ereignisse frei eingetragen werden können. Anschließend wird anhand von zwanzig Items auf einer Skala von 0 (nie) bis 3 (fast immer) bewertet, wie häufig die abgefragten Gedanken, Gefühle oder Probleme in den letzten vier Wochen auftraten, z. B: »Ich halte mich von allem fern, das mich an das Geschehene erinnert (Menschen, Orte, Dinge, Situationen, Gespräche)«. Schließlich wird für fünf Bereiche, z. B. »Schule oder Arbeit«, angegeben, ob die Probleme zu Beeinträchtigungen in diesen Bereichen führen.

Die Auswertung erfolgt zum einen kategorial, das heißt, es wird für jede der möglichen Diagnosen (DSM-5 PTSD, ICD-11 PTSD, ICD-11 komplexe PTSD) anhand der Items überprüft, ob die jeweiligen Diagnosekriterien erfüllt sind. Des Weiteren ist es möglich, für jede Diagnose eine Einschätzung der Symptomintensität auf Basis des Summenscores bestimmter Items zu ermitteln. Die Validierung der Einteilung dieser Summenscores in »klinisch nicht erhöht« bis »hoher traumaassoziierter Stress« anhand von Cut-offs steht noch aus. Nichtsdestotrotz ermöglicht der CATS-2 ein ökonomisches Screening der Traumasymptomatik und gibt Hinweise darauf, wo die weitere Diagnostik ansetzen sollte.

»Child Revised Impact of Event Scale« (Perrin, Meiser-Stedman u. Smith, 2005)

Die »Child Revised Impact of Event Scale« (CRIES) ist ein Fragebogen, der zum Screening auf eine posttraumatische Belastungsstörung nach DSM-IV bei Kindern ab acht Jahren validiert ist. Sie weist eine gute Sensitivität (.94) und akzeptable Spezifität auf (.59). Die CRIES besteht aus acht Items, jeweils vier Items erfassen Intrusionen (z. B. »Hast du deswegen plötzlich auftretende starke Gefühle?«) und Vermeidungsverhalten (z. B. »Versuchst du, nicht darüber zu reden?«) während der letzten sieben Tage. Die Kinder bewerten die Items auf einer vierstufigen Skala (0 – gar nicht, 1 – selten, 3 – manchmal, 5 – oft). Die Auswertung erfolgt durch die Bildung von drei Summenscores: dem Gesamtsummenscore sowie den Summenscores der Subskalen Intrusion und Vermeidung. Ein Gesamtsummenscore größer oder gleich 17 weist auf das Vorliegen einer posttraumatischen Belastungsstörung hin, welches mit einem der folgenden Instrumente abgeklärt werden sollte.

»CAPS-CA-5« (Pynoos et al., 2015; deutsche Übersetzung nach Pfeiffer, Sachser u. Tutus, 2019)

Die »Clinician Administered PTSD Scale for Children and Adolescents DSM-5« (CAPS-CA-5) ist ein klinisches Interview zur Diagnostik einer posttraumatischen Belastungsstörung bei Kindern und Jugendlichen. Sie wurde in den letzten Jahren um die DSM-5-Diagnosekriterien aktualisiert und ist online frei verfügbar (Ulmer Onlineklinik, o. J.a).

Die CAPS-CA-5 besteht aus dreißig Items, anhand welcher die Symptome der Diagnosekriterien systematisch exploriert werden. Notwendige Voraussetzung ist dazu zunächst die Durchführung eines Traumascreenings, um ein Indexereignis zu identifizieren, auf das sich die weiteren Fragen beziehen. Für jedes Item bewertet der:die Diagnostiker:in die Symptomschwere (0 – nicht vorhanden, 2 – mäßig/überschwellig, 4 – extrem/stark einschränkend) sowie für einige Items den Traumabezug (eindeutig, wahrscheinlich, unwahrscheinlich), um sicherzustellen, dass die Diagnosekriterien nicht nur phänomenologisch erfüllt sind, sondern auch funktionell mit dem Indextrauma in Zusammenhang stehen.

Die Auswertung erlaubt die klassifikatorische Vergabe der Diagnose PTBS nach DSM-5 einschließlich des dissoziativen Subtyps. Bislang liegt noch keine Validierungsstudie zu der für DSM-5 aktualisierten Version vor. Des Weiteren werden Summenscores zu den einzelnen Kriterien gebildet sowie ein Gesamtsummenscore berechnet, welche im Rahmen der Verlaufsdiagnostik Anwendung finden.

Erfassung weiterer Symptome von Traumafolgestörungen

Wie in Kapitel 4 beschrieben, zeigen Kinder und Jugendliche weitere Traumafolgen und Symptome jenseits der spezifischen PTSD-Symptome des Wiedererlebens, der Hypervigilanz und der Vermeidung. Daher sollte eine klinisch-psychologische Diagnostik auch Messinstrumente jenseits der PTSD einsetzen. Hierfür eignen sich Verfahren, die auf internalisierende (Angst, Depression, emotionale Probleme des Kindesalters) sowie externalisierende Störungen (Störungen des Sozialverhaltens, aggressives Verhalten, Wutanfälle) screenen. Die vermutlich am meisten genutzten Verfahren sind die »Child Behavior Checklist« und ihre verwandten Verfahren. Die CBCL ist ein sehr umfassender Fremdbericht, ausgefüllt durch eine Bezugsperson, die mittels 99 Symptomitems ein breites Spektrum psychischer Auffälligkeiten im Kindes- und Jugendalter erfasst. Seit 2014 liegt eine aktualisierte Version für Bezugspersonen von 6- bis 18-jährigen Kindern mit deutschen Normen vor (Döpfner, Achenbach, Plück, Kinnen u. Plück, 2014) und löste die Vorgängerversion (Schmeck et al., 2001) ab. Zur Familie der CBCL gehört der zugehörige Selbstbericht für Jugendliche ab elf Jahren, der »Youth Self Report« (YSR), welcher dasselbe Spektrum an Symptomen und ebenfalls die drei globalen Skalen internalisierender, externalisierender Symptome und einen Gesamtwert liefert.

Für die störungsspezifische Erfassung der häufigsten psychischen Störungen im Kindes- und Jugendalter bietet sich das ebenfalls aktualisierte »Diagnostiksystem für psychische Störungen nach ICD-10 und DSM-5 für Kinder und Jugendliche« (DISYPS-III-Bögen; Döpfner u. Görtz-Dorten, 2017) an. Es liegen einzeln einsetzbare Fragebögen und Diagnosechecklisten im Selbst- und Fremdbericht für die folgenden Störungsbilder vor: Aufmerksamkeitsdefizit-/Hyperaktivitätsstörungen (ADHS), Störungen des Sozialverhaltens, Depressive Störungen, Angststörungen, Trauma- und Belastungsbezogene Störungen, Zwangs-Spektrum-Störungen, Tic-Störungen, Autismus-Spektrum- und Soziale Kommunikations-Störungen, Bindungs- und Beziehungsstörungen. Sie geben ein detaillierteres, störungsspezifischeres Bild als das oben genannte Screening nach CBCL oder YSR. Ebenfalls liegen aktuelle deutsche repräsentative und klinische Normen für die Auswertung vor.

11.4 Ergebnisse der Begleitforschung der Traumaambulanz für Kinder und Jugendliche an der Charité – Universitätsmedizin Berlin

Die 2012 gegründete Traumaambulanz für Kinder und Jugendliche verfolgte von Anfang an das Ziel einer strukturierten Begleitforschung. Im Zuge der Etablierung der Traumaambulanz konnten die Prozesse zunehmend definiert und umgesetzt werden. Eine erste Auswertung erfolgte im Jahre 2020/21, die die Daten der Inanspruchnahmestichprobe von 2012 bis März 2020 umfasste (Calvano et al., 2021). Hier möchten wir eine aktualisierte Auswertung darstellen, die die Vorstellungen bis April 2022 umfasst.

Zunächst wird die Inanspruchnahmestichprobe hinsichtlich soziodemografischer sowie traumabezogener Merkmale beschrieben. Darauf folgt eine deskriptive Darstellung interventionsbezogener Merkmale. Hinsichtlich der Evaluation werden Drop-out-Raten und Analysen dargestellt. Therapieerfolg wird durch eine direkte und indirekte Messung dargestellt. Zudem werden Korrelate für eine Verbesserung der psychischen Symptomatik mittels Regressionen ermittelt.

11.4.1 Beschreibung der Stichprobe zum Zeitpunkt der Vorstellung

Insgesamt wurden bis April 2022 625 Fälle in der Traumaambulanz für Kinder und Jugendliche der Charité – Universitätsmedizin Berlin vorgestellt. Die Fälle deckten die Altersspanne zwischen circa sieben Monaten und 18,5 Jahren ab (M = 11,7 Jahre, SD = 4,7). Von den Fällen waren N = 357 (59 %) weiblich. N = 243 (38,2 %) hatten einen Migrationshintergrund.

Daten zum Vorliegen einer Kindeswohlgefährdung lagen in 607 Fällen vor. In insgesamt 18,1 % der Fälle lag ein Verdacht auf Kindeswohlgefährdung vor, von diesen wurde in der Mehrheit das Risiko als latent eingestuft (N = 98, 16,1 %), in 17 Fällen (2,7 %) lag jedoch eine akute Kindeswohlgefährdung vor.

Tabelle 11.1 stellt traumabezogene Merkmale hinsichtlich Traumatypen, Häufigkeit, Täter:in sowie der Dauer zwischen Trauma und Vorstellung in der Traumaambulanz für die Gesamtstichprobe und jeweils für drei Altersgruppen dar. Erwartungsgemäß ist eine hohe Überlappung bei der Art des berichteten Traumas zu beobachten. Die häufigste Traumaart war sexualisierte Gewalt in 41,5 % der Stichprobe, am seltensten wurde ein Überfall berichtet (16,9 %). Bei Betrachtung der Altersgruppen fallen deskriptiv ein häufiges Vorliegen sexualisierter Gewalt im Jugendalter sowie ein häufiges Vorliegen von Zeugenschaft häuslicher Gewalt im Vorschulalter auf. In weit über einem Drittel der Fälle (38,7 %) lagen zum Zeitpunkt der Vorstellung mehrere Traumaereignisse vor. In der Mehrheit der Fälle

Tabelle 11.1: Deskriptive Daten der Stichprobe nach Traumamerkmalen

	Gesamtstichprobe		Altersgruppen					
			0–5 Jahre $n = 96$		6–13 Jahre $n = 274$		14–18 Jahre $n = 249$	
	n	%	n	%	n	%	n	%
Art des Traumas[a]								
Sexualisierte Gewalt	257	41,5 %	24	25,0 %	97	35,4 %	136	54,6 %
Physische Gewalt	221	35,6 %	41	42,7 %	84	30,7 %	96	38,6 %
Zeuge von Gewalt	209	33,7 %	55	57,3 %	115	42,0 %	39	15,7 %
Überfall	105	16,9 %	7	7,3 %	32	11,7 %	66	26,5 %
Andere	123	19,8 %	18	18,8 %	69	25,2 %	36	14,5 %
Häufigkeit Trauma[b]								
Einmaliges Ereignis	372	60,0 %	33	34,7 %	147	54,7 %	192	77,4 %
Wiederholtes Ereignis	240	38,7 %	62	65,3 %	122	45,4 %	56	22,6 %
Täter:in								
Aus nahem Umfeld	293	47,3 %	77	80,2 %	149	55,6 %	67	27,4 %
Aus erweitertem Umfeld	103	16,6 %	5	5,2 %	41	15,3 %	57	23,3 %
Fremdtäter	206	33,2 %	12	12,5 %	75	28,0 %	119	48,6 %
Nicht identifiziert	7	1,1 %	2	2,1 %	3	1,1 %	2	0,8 %

	Gesamtstichprobe		0-5 Jahre		6-13 Jahre		14-18 Jahre	
	n	%	n	%	n	%	n	%
			n = 96		n = 274		n = 249	
Zeitspanne zwischen Trauma und Vorstellung in TA (in Wochen)								
M (SD)	16,03 (35,10)		14,98 (17,83)		13,62 (26,00)		18,42 (44,29)	
Median	5,71		7,29		5,71		5,07	
Modus	1,43		1,57		0,57		1,43	
Range	575,14		70,57		298,86		523,71	

Anmerkungen: [a] Mehrfachnennungen möglich. [b] Häufigkeit des Traumas zum Zeitpunkt der Vorstellung. TA = Traumaambulanz. Unterschiedliche Teilstichprobengrößen aufgrund Mehrfachnennung sowie fehlender Werte.

waren die Täter:innen aus dem nahen oder erweiterten persönlichen Umfeld. Es wurde ein hoher Range in der Zeitspanne zwischen Trauma und erster Vorstellung in der Traumaambulanz beobachtet; der Modus der Angaben lag jedoch bei einer bis zwei Wochen und der Median bei fünf bis sieben Wochen, sodass davon auszugehen ist, dass die Traumaambulanz bei der Mehrheit der Fälle in der Tat zeitnah und innerhalb von zwei Monaten nach dem Ereignis aufgesucht wurde.

Psychische Belastung der Stichprobe

Die aus den Arztbriefen extrahierten Daten zu den Achse-1-Diagnosen nach ICD-10 ergaben, dass in der Mehrheit der Fälle (n = 445, 71,4 %) die Hauptdiagnose einer PTSD (n = 223, 37,4 %) oder einer Anpassungsstörung (n = 212, 34 %) vorlag. Dennoch wurde fast das gesamte Spektrum psychischer Störungen wie depressive Störungen, Angststörungen, Störungen des Sozialverhaltens und andere emotionale und Verhaltensstörungen mit Beginn in Kindheit und Jugend (z. B. Ausscheidungsstörungen) gesehen, auch als Nebendiagnosen. Für 488 Fälle lag eine Beurteilung vor, ob die psychische Belastung mit dem Trauma zusammenhing, was in fast allen Fällen bejaht wurde (n = 473, 96,9 %). In 81 (13 %) der 625 Fälle, die sich bis April 2022 in der Traumaambulanz vorgestellt hatten, lag keine Achse-1-Störung nach ICD-10 vor.

Symptome einer posttraumatischen Belastungsstörung

Der CRIES-8 lag bei 272 (Skala Wiedererleben) beziehungsweise 268 Fällen (Skala Vermeidung) zur Baseline vor. Die Summenscores auf den Skalen Wiedererleben ($M = 11{,}31$, $SD = 5{,}53$, Range 1–31) und Vermeidung ($M = 13{,}08$, $SD = 5{,}43$, Range 0–20) waren vergleichbar. Der Gesamtsummenscore lag bei $M = 24{,}5$ ($SD = 9{,}8$, Range 1–51). Eine vertiefte Analyse zeigte, dass $n = 207$ (77,2 %) der 268 Fälle über dem Cut-off von 17 des Gesamtwertes für eine PTSD lagen.

Internalisierende und externalisierende Probleme

Die Auswertung der CBCL für 4- bis 18-Jährige beziehungsweise YSR für Jugendliche ab 11 Jahren für internalisierende und externalisierende Störungen zeigte, dass insbesondere internalisierende Symptome berichtet wurden. Abbildung 11.1 stellt die Daten der Baselinestichprobe grafisch dar.

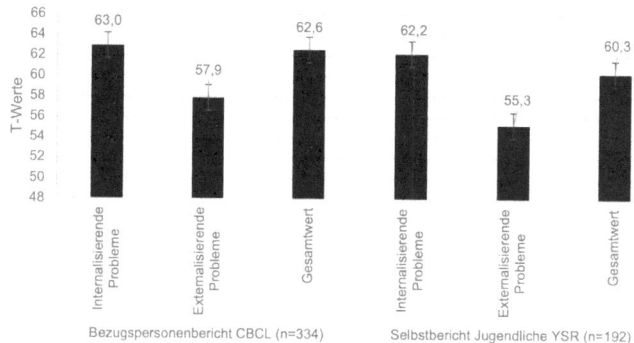

Abbildung 11.1: Internalisierende und externalisierende Probleme in der Inanspruchnahmestichprobe zu Beginn der Behandlung.

Anmerkungen: CBCL = Child Behavior Checklist, Bezugspersonenbericht. YSR = Youth Self Report, Selbstbericht. Ein T-Wert ist ein Normwert, dessen Durchschnittsbereich zwischen 40 und 59 liegt.

Selbstverletzendes Verhalten und Suizidalität

Eine itemweise Analyse der CBCL 4/6–18 beziehungsweise YSR ergab, dass im Bericht der Bezugspersonen von den 211 vorhandenen Daten insgesamt 45 Bezugspersonen (21,3 %) berichteten, dass ihr Kind in den vergangenen sechs Monaten sich selbst verletzte oder über Suizidgedanken berichtete. Im Selbstbericht der Jugendlichen lag die Rate anteilig höher, da n = 42 (35,9 %) Jugendliche bei 117 vorhandenen Daten darüber berichteten.

Symptomatik bei Vorschulkindern

Die CBCL 1 ½–5 lag bei 53 Fällen vor. Die Auswertung ergab auf allen drei Skalen Werte im oberen Normbereich (internalisierende Probleme M = 58,6, SD = 12,6; externalisierende Probleme M = 56,3, SD = 14,6; Gesamtwert M = 59,7, SD = 14,3).

11.4.2 Interventionsbezogene Merkmale und Drop-out-Analysen

Anzahl der Sitzungen in der Traumaambulanz

In der Traumaambulanz wurden im Mittel 8,5 Sitzungen in Anspruch genommen (SD = 6,3, Range 1–18). Am häufigsten wurde das gesamte Kontingent genutzt (Modus = 18 Sitzungen, 20,2 % der Fälle), der Median lag bei 7 Sitzungen.

Drop-out-Analyse

Insgesamt schlossen 315 Fälle (50,6 %) die Behandlung in der Traumaambulanz regulär ab. 32 Fälle (5,1 %) wurden aufgrund des hohen Schweregrades der psychischen Symptomatik in eine stationäre Behandlung überwiesen. Während in 38 Fällen (6,1 %) organisatorische Gründe (z. B. kein Wohnsitz in Berlin) eine weitere Behandlung verhinderten, setzten 206 Fälle (33,1 %) ihre Sitzungen nicht fort (»Drop-outs«). Es zeigte sich ein Trend, dass sich die Zeitspanne zwischen Trauma und der Vorstellung in der Traumaambulanz zwischen den drei Gruppen unterschied ($F(2, 360) = 7,998$, $p < ,001$), wobei die längste Zeitspanne in der Gruppe zu beobachten war, die in ein (teil-)stationäres Setting überwiesen wurde ($M = 44,9$, $SD = 98,7$) und die kürzeste in der Gruppe, die die Behandlung auch regulär abschloss ($M = 13,7$, $SD = 24,3$).

Es gab signifikante Unterschiede zwischen den drei Gruppen in Bezug auf den Grad der Vermeidung ($F(2, 245) = 3,196$, $p = ,043$) bei Studienbeginn, gemessen mit dem CRIES-8. Post-hoc-Tests ergaben signifikant höhere Vermeidungswerte in der Gruppe, die in eine (teil-)stationäre Versorgung überwiesen wurde ($M = 16,56$, $SD = 3,34$) im Vergleich zu der Gruppe, die die Behandlung regulär abschloss ($M = 12,90$, $SD = 5,53$; siehe Tabelle 11.2). Auch der Gesamtscore auf dem CRIES-8 unterschied sich zwischen den drei Gruppen ($F(2, 243) = 3,513$, $p = ,031$). Sowohl die Gruppe derjenigen, die regulär abschlossen ($M = 24,28$, $SD = 9,71$), als auch die Drop-outs ($M = 24,14$, $SD = 10,44$) zeigten zu Studienbeginn niedrigere Werte als die Gruppe, die in eine (teil-)stationäre Versorgung überwiesen wurde ($M = 30,88$, $SD = 4,92$).

Tabelle 11.2: Drop-out-Analysen (ANOVA)

Variable		Subgruppe[a]	n	MW	SD	Post Hoc 1 vs. 2			Post Hoc 1 vs. 3			Post Hoc 2 vs. 3		
						MD	SE	95% CI	MD	SE	95% CI	MD	SE	95% CI
Zeit bis zum Erstbesuch	1	regulär	229	13,74	24,28	**−31,14**	7,84	−50,00–12,30	−0,96	4,05	−10,70–8,77	**30,18**	8,19	10,49–49,88
	2	überwiesen	22	44,89	98,74									
	3	Drop-outs	112	14,71	30,69									
Anzahl der Sitzungen	1	regulär	315	11,71	6,13	**4,68**	1,01	2,25–7,11	**6,87**	0,49	5,69–8,04	2,18	1,04	−0,31–4,67
	2	überwiesen	32	7,03	4,65									
	3	Drop-outs	204	4,85	4,34									
Behandlungs-dauer	1	regulär	314	7,63	5,52	3,04	1,38	−,27–6,35	**4,74**	0,67	3,14–6,34	1,70	1,41	−1,69–5,09
	2	überwiesen	32	4,58	5,17									
	3	Drop-outs	206	2,88	9,85									
Vermeidungs-symptome[b]	1	regulär	166	12,96	5,51	**−3,60**	1,42	−7,03 – −0,17	−0,37	0,79	−2,28–1,54	3,23	1,52	−0,42–6,88
	2	überwiesen	16	16,56	3,35									
	3	Drop-outs	66	13,33	5,64									
PTSD Ge-samtscore[b]	1	regulär	153	24,18	9,89	−5,07	17,16	−46,46–36,32	−16,47	10,07	−40,77–7,83	−11,41	18,44	−55,90–33,09
	2	überwiesen	16	29,25	7,37									
	3	Drop-outs	58	40,66	128,42									

Anmerkungen: MD = Mittelwertdifferenz. Statistisch signifikante Mittelwertsdifferenzen sind fett markiert. [a] »regulär« bezeichnet die Gruppe, die die Behandlung in der Traumaambulanz regulär beendete; »überwiesen« bezeichnet die Gruppe, die in eine (teil-)stationäre Versorgung überwiesen wurde; Drop-outs umfassen die Fälle, die die Behandlung abgebrochen haben. [b] gemessen mit dem CRIES-8 zur Baseline.

Was die Dauer der Intervention bis zum Abbruch beziehungsweise Behandlungsende betrifft, so wiesen die Drop-outs (M = 2,88 Monate, SD = 9,85) eine deutlich kürzere Zeit in der Intervention auf als die Gruppe, die regulär abschloss (M = 7,62 Monate, SD = 5,52, p < ,001).

Die drei Gruppen unterschieden sich weder in Bezug auf das Geschlecht ($\chi^2(2) = 3{,}123$, p = ,210), das Alter (F(2, 550) = ,679, p = ,756) noch die Art des Traumas (sexuelle Gewalt ($\chi^2(2) = 7{,}865$, p = ,097; körperliche Gewalt ($\chi^2(2) = 2{,}123$, p = ,346; Zeuge von Gewalt ($\chi^2(2) = 4{,}017$, p = ,134; Opfer eines Angriffs ($\chi^2(2) = 2{,}742$, p = ,254). Tabelle 11.2 fasst die Ergebnisse der Post-hoc-Tests für die Variablen mit signifikanten Unterschieden im Gesamtvergleich über die drei Gruppen hinweg zusammen.

11.4.3 Therapieoutcome: Beschreibung der Stichprobe am Ende der Behandlung

Für eine Beschreibung der Stichprobe am Ende der Behandlung in der Traumaambulanz wurden die Fälle herangezogen, die die Behandlung regulär abgeschlossen hatten und zu denen schon Daten vorhanden waren (n = 246 Daten). Es wurden zum einen Maße der direkten Veränderungsmessung herangezogen: Beurteilung der Verbesserung der psychischen Symptome und Beurteilung der Verbesserung der psychosozialen Situation.

Insgesamt wurde in 54,9 % der Fälle (n = 135) eine deutliche oder sehr deutliche Symptomverbesserung beobachtet, in 45,1 % (n = 111) hingegen keine oder nur eine geringe. Die psychosoziale Situation verbesserte sich in knapp über einem Viertel der Stichprobe deutlich oder sehr deutlich, in der Mehrheit jedoch nur gering oder gar nicht (n = 180, 73,8 %).

Vorhersage einer Verbesserung der psychischen Symptome

Hierfür wurden logistische Regressionen durchgeführt, um Korrelate des Behandlungsoutcomes zu identifizieren. Dazu wurden soziodemografische (Alter, Geschlecht), traumabezogene (Traumaart, Täterkategorie, einfaches Trauma versus multiple Traumata bei Vorstellung) und interventionsbezogene Merkmale (Sitzungszahl, Zeit zwischen Trauma und erster Vorstellung in der Traumaambulanz) jeweils mittels univariater logistischer Regression untersucht. Tabelle

Tabelle 11.3: Regressionen der Verbesserung der psychologischen Symptome auf verschiedene in der Literatur verbreitete Prädiktoren

	B	S. E.	Wald	Sig.	Exp(B)	95% CI
Weibliches Geschlecht	-1,34	0,212	0,399	,528	0,875	0,577-1,325
Sitzungszahl	0,029	0,018	2,769	,0096	1,030	0,995-1,066
Mehrfachtrauma	**-0,946**	**0,231**	**16,808**	**,001**	**0,388**	**0,247-0,610**
Sexualisierte Gewalt	**-0,441**	**0,220**	**4,030**	**,045**	**0,643**	**0,418-0,990**
Körperliche Gewalt	-0,245	0,225	1,178	,278	0,783	0,504-1,218
Zeuge Gewalt	0,291	0,218	1,777	,183	1,337	0,872-2,051
Überfall	**-0,886**	**0,275**	**10,406**	**,001**	**2,425**	**1,416-4,154**
Andere	0,274	0,248	1,222	,269	1,316	0,809-2,140
Täter:in bekannt	**-0,595**	**0,221**	**7,274**	**,007**	**0,552**	**0,358-0,850**
Zeit zwischen Trauma und Aufnahme	-0,002	0,007	0,096	,757	0,998	0,985-1,011
Alter bei Trauma	0,002	0,033	0,002	,962	1,002	0,939-1,068

Anmerkungen: Jeweils univariate logistische Regressionen auf das Outcome Verbesserung der psychischen Symptome, codiert mit 1. Statistisch signifikante Prädiktoren sind fett markiert.

Tabelle 11.4 Multivariate logistische Regression der Verbesserung der psychologischen Symptome auf univariat signifikante Prädiktoren

	B	S. E.	Wald	Sig.	Exp(B)	95% CI
Mehrfachtrauma	**-0,837**	**,251**	**11,147**	**,001**	**0,433**	**0,265-0,708**
Sexualisierte Gewalt	-0,278	,230	2,707	,100	0,685	0,437-1,075
Überfall	0,437	,317	1,897	,168	1,548	0,831-2,882
Täter:in bekannt	-0,186	,259	0,517	,472	0,830	0,500-1,378

Anmerkungen: Multivariate logistische Regression auf das Outcome Verbesserung der psychischen Symptome, codiert mit 1, gezeigte Kategorien der Prädiktoren (sofern dichotom) als Referenzkategorie codiert. Statistisch signifikante Prädiktoren sind fett markiert.

11.3 fasst die Ergebnisse der signifikanten Prädiktoren zusammen. Vergleichbar wie in der ersten Datenanalyse (Calvano et al., 2021) zeigten sich spezifische Ergebnismuster, sodass bei Mehrfachtraumata, Opfern sexualisierter Gewalt und bekanntem:r Täter:in die Wahrscheinlichkeit für eine Verbesserung der psychischen Symptome sank, jedoch bei Vorliegen eines Unfalls stieg. Die Prädiktoren, die einen signifikanten Zusammenhang zur Symptomverbesserung aufweisen, wurden in eine multiple Regression eingeschlossen. Hier zeigte sich, dass bei Kontrolle aller anderen Prädiktoren einzig das Vorliegen multipler Traumata bei Vorstellung einen signifikanten Zusammenhang mit dem Therapieoutcome aufwies (siehe Tab. 11.4).

Reduktion der posttraumatischen Stresssymptome

Für eine Aussage über die Reduktion der klinisch-psychologischen Symptomatik wurden Prä-Post-Analysen durchgeführt. Hinsichtlich der traumaspezifischen Symptomatik einer PTSD wurde der CRIES-8 herangezogen, welcher anhand von Summenscores Symptome des Wiedererlebens und Intrusionen (Skala Wiedererleben, vier Items) sowie Symptome der Vermeidung (Skala Vermeidung,

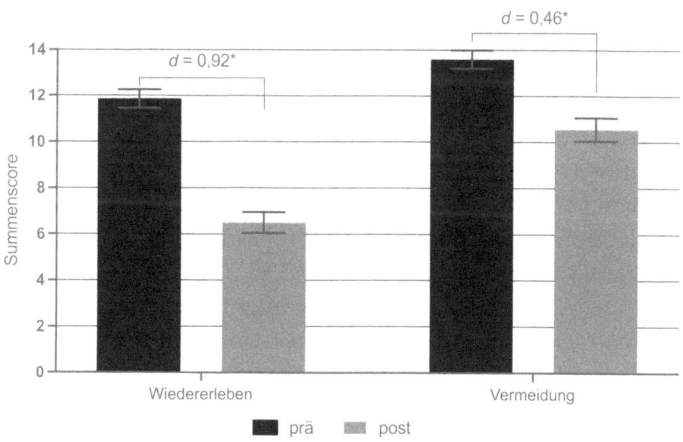

Abbildung 11.2: Summenscores für den Prä-Post-Vergleich auf dem CRIES-8.

Anmerkungen: Darstellung der Summenscores für den Prä-Post-Vergleich für die Skalen des CRIES-8 Wiedererleben (n=158) und Vermeidung (n=155). *p<,001.

vier Items) umfasst. Zum aktuellen Zeitpunkt lagen für die Skala Wiedererleben n = 158 vollständige Prä-Post-Datenpaare vor, für die Skala Vermeidung n = 155. Es zeigte sich für beide Skalen eine signifikante Reduktion der Belastung (Wiedererleben t(157) = 11,62, p < ,001; Vermeidung t(154) = 5.66, p <,001). Die Effektstärken nach Cohen's d waren für die Reduktion der Intrusionen und des Wiedererlebens groß (d = 0,92). Die Symptome der Vermeidung zeigten einen kleinen bis knapp mittleren Effekt (d = 0,46). Abbildung 11.2 stellt die Summenscores grafisch dar.

Reduktion weiterer psychischer Auffälligkeiten

Um die Bandbreite der klinisch-psychologischen Symptomatik abbilden zu können, wurden die »Child Behavior Checklist« (CBCL6-18R) sowie der zugehörige Selbstbericht der Jugendlichen mittels des Youth Self Report (YSR) eingesetzt. Während zur Baseline n = 337 Datensätze vorlagen, lagen zum aktuellen Stand nur 82 vollständige Prä-Post-Datensätze vor. Hinsichtlich des Selbstberichts der Jugendlichen lagen nur 44 beziehungsweise 45 vollständige Datensätze vor.

Es zeigten sich im Elternbericht der CBCL signifikante Reduktionen der Symptomatik auf allen Skalen, mit kleinen Effektstärken (internalisierende Probleme t(81) = 2,89, p = ,002, d = 0,32; externalisierende Probleme t(81) = 2,31, p = ,012, d = 0,26; Gesamtwert t(81) = 2,38, p <,001, d = 0,37). Der Selbstbericht der Jugendlichen zeigte ein ähnliches Muster, wenngleich hier nur auf der Skala internalisierende Probleme (t(44) = 2,15, p = ,018, d = 0,32) und dem Gesamtwert (t(43) = 2,41, p = ,010, d = 0,37) signifikante Reduktionen der Symptomatik mit kleinen Effektstärken zu beobachten waren. Hinsichtlich der externalisierenden Probleme waren die Änderungen statistisch nicht signifikant (t(44) = 1,66, p = ,052). Abbildung 11.3 stellt die Mittelwerte auf den Skalen internalisierende Probleme, externalisierende Probleme und den Gesamtwert der CBCL beziehungsweise YSR grafisch dar.

Empfehlung für Anschlussbehandlung

Zudem wurde deskriptiv dargestellt, in wie vielen Fällen eine Weiterbehandlung empfohlen wurde und wenn ja, welcher Art. Es lagen Angaben zu n = 300 Fällen vor, von denen über die Hälfte die Emp-

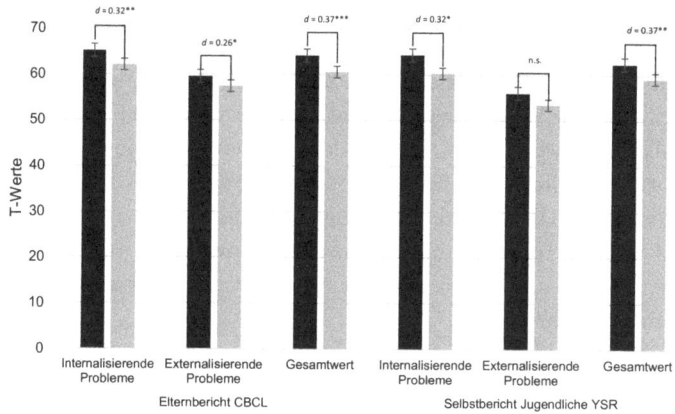

Abbildung 11.3: T-Werte für den Prä-Post-Vergleich im CBCL.

Anmerkungen: Darstellung der T-Werte für den Prä-Post-Vergleich für den Elternbericht (n = 82) und den Selbstbericht der Jugendlichen (n = 45, für den Gesamtwert n = 44) im CBCL hinsichtlich internalisierenden Problemen, externalisierenden Problemen und dem Gesamtwert *p < ,05, **p < ,01, ***p < ,001.

fehlung für eine Anschlussbehandlung (n = 181, 60,5 %) erhielten. Von diesen bezog sich die Empfehlung in der deutlichen Mehrheit auf eine ambulante Psychotherapie (n = 135, 74,6 %), gefolgt von Maßnahmen der Kinder- und Jugendhilfe (Fremdunterbringung n = 5, 2,8 %). Vier Fälle benötigten eine stationäre oder teilstationäre kinder- und jugendpsychiatrische Aufnahme (n = 4, 2,3 %). Die weiteren Fälle wurden an eine ambulante Kinder- und jugendpsychiatrische Praxis (n = 17, 9,4 %) oder an das Sozialpädiatrische Zentrum (n = 20, 11 %) angebunden.

11.5 Fazit

Eine kontinuierliche Qualitätssicherung und Begleitevaluation ist integraler Bestandteil jeder psychotherapeutischen Versorgung. Das vorliegende Kapitel stellte zusammenfassend Instrumente zur Erfassung von Traumafolgestörungen dar sowie Möglichkeiten und Grenzen der Begleitforschung in Traumaambulanzen. Die Daten der Traumaambulanz für Kinder und Jugendliche an der Charité –

Universitätsmedizin Berlin zeigen auf, dass die Erstversorgung in der Lage ist, PTBS-spezifische Symptome zu reduzieren, sogar mit mittleren bis großen Effektstärken. Zudem zeigen die Daten, dass die Mehrheit eine Weiterbehandlung benötigte. Dies unterstreicht nochmals die Notwendigkeit, traumainformierte und traumafokussierte Therapiemöglichkeiten für Kinder und Jugendliche zu schaffen. Die Drop-out-Analysen liefern wichtige Hinweise, dass Familien, die erst spät die Traumaambulanz aufsuchen, sowie Patient:innen mit einer hohen Ausprägung an Vermeidung eher die Behandlung vorzeitig abbrechen.

Die Fallzahl der Prä-Post-Analysen ist begrenzt; zudem wissen wir noch wenig über den weiteren Verlauf der Fälle. Eine 12-Monats-Katamnesestudie ist aktuell in Vorbereitung, um Daten zur Weiterbehandlung sowie zur langfristigen Symptomreduktion durch die Versorgung der Traumaambulanzen zu liefern.

Abschließend seien Zitate genannt, die Bezugspersonen und Jugendliche bei der Erhebung am Ende der Behandlung im offenen Antwortformat äußerten. Sie haben keinen Anspruch auf Generalisierbarkeit, veranschaulichen jedoch wichtige Aspekte der Rahmenbedingungen und Behandlung, die über die Aussagen der dargestellten quantitativen Daten hinausgehen.

- *»Wir haben viel über die Trennung zwischen Mutter und Vater gesprochen. Wir haben versucht, unserem Sohn zu verdeutlichen, dass sein Vater ihn und die Mutter schlecht behandelt hat. Gleichzeitig darf er seinen Vater vermissen, lieben und auch sauer und enttäuscht sein. Alle Gefühle sind in Ordnung.«*
- *»Als Familie sind wir stärker geworden und zusammengewachsen. Und als Mutter meiner Kinder habe ich gelernt, mit den Problemen umzugehen, und ich habe viel gelernt.«*
- *»Es hat mir sehr gut gefallen an der Charité. Und es hat mir Spaß gemacht.«*
- *»Ich bin mega zufrieden mit der Behandlung. Es hat mir sehr gut geholfen.«*
- *»Meine Behandlung war eine Top-Behandlung. Ich bin mit allem mehr als zufrieden.«*

Literatur

Bundespsychotherapeutenkammer (2022). Muster-Berufsordnung der Psychotherapeut:innen. https://www.bptk.de/wp-content/uploads/2022/05/Muster-Berufsordnung-der-BPtK.pdf (Zugriff am 30.03.2023).

Calvano, C., Murray, E., Bentz, L., Bos, S., Reiter, K., Ihme, L., Winter, S. M. (2021). Evaluation of an early intervention model for child and adolescent victims of interpersonal violence. Children, 8 (10), 941.

Döpfner, M., Achenbach, T. M., Plück, J., Kinnen, C., Plück, J. (2014). CBCL/6-18R-TRF/6-18R-YSR/11-18R: Deutsche Schulalter-Formen der Child Behavior Checklist von Thomas M. Achenbach: Elternfragebogen über das Verhalten von Kindern und Jugendlichen (CBCL/6-18R), Lehrerfragebogen über das Verhalten von Kindern und Jugendlichen (TRF/6-18R), Fragebogen für Jugendliche (YSR/11-18R). Göttingen: Hogrefe.

Döpfner, M., Görtz-Dorten, A. (2017). DISYPS-III: Diagnostik-System für psychische Störungen nach ICD-10 und DSM-5 für Kinder und Jugendliche-III. Göttingen: Hogrefe.

Kaplow, J. B., Rolon-Arroyo, B., Layne, C. M., Rooney, E., Oosterhoff, B., Hill, R., Steinberg, A. M., Lotterman, J., Gallagher, K. A. S., Pynoos, R. S. (2020). Validation of the UCLA PTSD Reaction Index for DSM-5: A developmentally informed assessment tool for youth. Journal of the American Academy of Child Adolescent Psychiatry, 59 (1), 186–194.

Landolt, M. A. (2014). UCLA PTSD Reaction Index for Children and Adolescents: DSM V (German version). Zürich: Universitäts-Kinderspital Zürich.

Lutz, T. (2010). Lehrbuch Psychotherapie. Göttingen: Hogrefe.

Lutz, W., Schiefele, A. K., Wucherpfennig, F., Rubel, J., Stulz, N. (2016). Clinical effectiveness of cognitive behavioral therapy for depression in routine care: A propensity score based comparison between randomized controlled trials and clinical practice. Journal of affective disorders, 189, 150–158.

Perrin, S., Meiser-Stedman, R., Smith, P. (2005). The Children's Revised Impact of Event Scale (CRIES): Validity as a screening instrument for PTSD. Behavioural and Cognitive Psychotherapy, 33 (4), 487–498.

Pfeiffer, E., Sachser, C., Tutus, D. (2019). CAPS-CA-5 interview German -assessment tool for pediatric PTSD. https://www.researchgate.net/publication/332752467_CAPS-CA-5_interview_German_-assessment_tool_for_pediatric_PTSD (Zugriff am 30.03.2023).

Pynoos, R. S., Weathers, F. W., Steinberg, A. M., Marx, B. P., Layne, C. M., Kaloupek, D. G., Schnurr, P. P., Keane, T. M., Blake, D. D., Newman, E., Nader, K. O., Kriegler, J. A. (2015). Clinician-Administered PTSD Scale for DSM-5 – Child/Adolescent Version [Structured clinical interview]. https://www.ptsd.va.gov/professional/assessment/child/caps-ca.asp (Zugriff am 30.03.2023).

Schmeck, K., F. Poustka, Döpfner, M., Plück, J., Berner, W., Lehmkuhl, G., Fegert, J. M., Lenz, K., Huss, M., Lehmkuhl, U. (2001). Discriminant validity of the

Child Behaviour Checklist CBCL-4/18 in German Samples. European Child Adolescent Psychiatry, 10 (4), 240–247.

Schulte, D. (1993). Wie soll Therapieerfolg gemessen werden? Überblicksarbeit. Zeitschrift für klinische Psychologie, 22 (4), 374–393.

Sachser, C., Berliner, L., Risch, E., Rosner, R., Birkeland, M. S., Eilers, R., Hafstad, G. S., Pfeiffer, E., Plener, P. L., Jensen, T. K. (2022). The Child and Adolescent Trauma Screen 2 (CATS-2) – Validation of an instrument to measure DSM-5 and ICD-11 PTSD and Complex PTSD in children and adolescents. European Journal of Psychotraumatology, 13 (2), 2105580.

Ulmer Onlineklinik (o. J.a.). CAPS-CA-5 (German) Interview. https://ulmer-onlineklinik.de/course/view.php?id=2528 (Zugriff am 30.03.2023).

Ulmer Onlineklinik (o. J.b). CATS Questionnaire. https://ulmer-onlineklinik.de/course/view.php?id=1701 (Zugriff am 30.03.2023).

12 Ausblick

Sibylle Maria Winter

Für den Ausblick wähle ich wie für die Einleitung eine bewusst subjektive Perspektive. Zunächst ist zu erwarten, dass die Anfragen für die Behandlung in der Traumaambulanz durch die Reform des Opferentschädigungsgesetzes steigen, insbesondere wenn die emotionale Gewalt ab dem 1. Januar 2024 auch zu den Entschädigungstatbeständen gehören wird. Zu wünschen ist der flächendeckende Ausbau von Traumaambulanzen, sodass alle Kinder und Jugendlichen zeit- und wohnortnah eine qualifizierte Versorgung bekommen können. Nur so ist es gewährleistet, dass psychische Folgeschäden reduziert werden. Für diesen flächendeckenden Ausbau für Kinder und Jugendliche aller Altersgruppen ist eine auskömmliche Finanzierung von enormer Bedeutung.

Es gibt allerdings weitere wichtige Voraussetzungen und auch Herausforderungen für die Verbesserung der psychischen und körperlichen Gesundheit von minderjährigen Gewaltopfern. Im Regelfall melden Eltern ihre Kinder in der Traumaambulanz nach Gewalterfahrung an. Bei Fremdplatzierung sind es unter Umständen auch Pflegeeltern oder andere Betreuungspersonen, die eine professionelle Versorgung der Kinder und Jugendlichen nach Gewalterfahrung anregen.

In diesem Zusammenhang ist es von großer Bedeutung, dass wir als Fachkräfte die Eltern und auch andere Betreuungspersonen aufklären, dass eine professionelle Versorgung nach Gewalterfahrung wichtig ist, um mittel- und langfristige Folgeschäden zu verhindern. Mein Wunsch wäre, dass Bezugspersonen genauso selbstverständlich nach Gewalterfahrung professionelle Unterstützung aufsuchen wie nach einem Fahrradunfall, wenn das Kind nicht mehr laufen kann. Dafür bedarf es jedoch ausreichend Anlaufstellen, z. B. in Form von Traumaambulanzen für Kinder und Jugendliche. Eine weitere Schwierigkeit ist, dass Kinder und Jugendliche nach einer Gewalterfahrung nur eingeschränkt formulieren können, wie es ihnen psychisch geht. Dafür gibt es viele Gründe, unter anderem haben sie Scham- und Schuldgefühle hinsichtlich dessen, was sie erlebt haben, jedoch auch hinsichtlich dessen, welche Symptome sie nach der Gewalterfahrung erleben. Aus diesem Grund hat die Aufklärung über diese Sprachlosigkeit ebenfalls eine hohe Bedeutung sowohl für Eltern als auch für Kinder und Jugendliche. Wenn es jedoch nicht um extrafamiliäre Gewalterfahrung, sondern um Tatbestände geht, an denen Eltern selbst beteiligt waren oder sind, das heißt intrafamiliäre Gewalterfahrung, fällt es Eltern noch sehr viel schwerer, ihren Kindern eine Möglichkeit zur Aufarbeitung zu geben. Dabei ist zu bedenken, dass viele Kinder und Jugendliche auch bei intrafamiliärer Gewalterfahrung im häuslichen Bereich verbleiben, wenn ausreichend Schutz gewährleistet werden kann. In diesen Fällen ist unter Umständen eine gemeinsame Aufarbeitung mit den Kindern und Jugendlichen denkbar. An dieser Stelle wäre die Aufklärung für die Eltern noch sehr viel wichtiger. Diese Aufklärung sollte sich darauf beziehen, welche psychischen und körperlichen Folgen auch intrafamiliäre Gewalterfahrungen nach sich ziehen, und dass diese Kinder und Jugendlichen aktiv angesprochen werden sollten und Unterstützung brauchen, um die Entwicklung und/oder Chronifizierung von Traumafolgestörungen zu verhindern. Zudem spielen an dieser Stelle Loyalitätskonflikte eine große Rolle und die Kinder und Jugendlichen brauchen unbedingt Unterstützung, um mit den beteiligten Bezugspersonen über diese Gewalterfahrungen sprechen zu können und damit bestenfalls eine Aussöhnung erfolgen kann. Andernfalls haben diese Kinder und Jugendlichen nur die Chance, später als Erwachsene die Aufarbeitung vorzunehmen, manchmal bei schwierigen Beziehungen zu den Eltern ein Leben lang.

Voraussetzung für diese Aufklärung ist, dass ärztliche, psychologische und psychotherapeutische Fachkräfte über das Grundlagenwissen verfügen, dass Gewalterfahrung über die gesamte Lebensspanne zur Verschlechterung der psychischen und körperlichen Gesundheit führt, und aktiv danach fragen sollten. Unter dem Eindruck, dass das Thema Gewalt oftmals noch ein Nischenthema in der Kinder- und Jugendpsychiatrie und -psychotherapie ist, würde ich gerne dazu aufrufen, dass das Thema Gewalt und Vernachlässigung im Kindes- und Jugendalter ein selbstverständliches Thema wird und fester Bestandteil einer jeden kinder- und jugendpsychiatrischen/-psychotherapeutischen Anamnese.

Unter Gewalterfahrung verstehe ich an dieser Stelle nicht nur körperliche, sondern auch sexualisierte und emotionale Gewalt sowie emotionale oder körperliche Vernachlässigung. Und gerade Vernachlässigung ist häufig und die Folgeschäden sind von großem Ausmaß. Die Konsequenz müsste für alle Fachkräfte sein, grundsätzlich nach Gewalterfahrung zu fragen und nach Wegen zu suchen, diese negativen Einflüsse zu reduzieren und die familiäre Unterstützung zu erhöhen. So wie wir selbstverständlich psychopathologische Befunde erfassen, eigen- und familienanamnestische Daten erfragen, genauso selbstverständlich sollte es sein, auch nach Gewalt- und Vernachlässigungserfahrungen zu fragen. Für mich ist einer der Hauptgründe, warum die Gesellschaft eine große Schwierigkeit mit dem Thema Gewalt hat, dass innerhalb der Gesellschaft rein statistisch sehr viele Menschen selbst betroffen sind. Die Vermeidung als Abwehrmechanismus spielt hier sicherlich eine große Rolle. Dies ist allerdings ein Teufelskreis. Wenn wir das Sprechen über die Gewalt in der Gesellschaft und in der Familie vermeiden, geben wir den Kindern und Jugendlichen nicht die Chance, einen heilsamen Weg im Umgang mit der Gewalterfahrung zu finden.

Aktuell ist die Versorgung von Kindern und Jugendlichen mit Gewalterfahrungen noch unzureichend. Zudem scheinen einige Personengruppen bisher nicht ausreichend berücksichtigt: Jüngere Kinder im Baby- und Kleinkindalter sind in der Versorgung stark unterrepräsentiert. Gerade diese erfahren zum Teil schwere körperliche Gewalt, die häufig stationäre Krankenhausaufenthalte erfordert. Psychotherapeutische Angebote für diese Kinder sind wenig vorhanden. Insofern sollten auch für jüngere Kinder in der Traumaambulanz modifizierte traumatherapeutische Angebote zur Verfügung stehen. In diesem Zusammenhang scheint mir auch eine engere Kooperation mit den Traumaambulanzen für Erwachsene sehr wichtig, da häufig die gesamte Familie hochbelastet ist und eine gleichzeitige Behandlung indiziert ist. Im Rahmen der Transgenerationalität von Gewalt muss auch daran gedacht werden, dass Eltern ebenfalls in ihrer Kindheit Gewalt erfahren haben. Insofern wäre eine Kooperation unter einem Dach, sodass Kind und Bezugsperson gleichzeitig behandelt werden können, sehr empfehlenswert. Ein erstes Modellprojekt zur gemeinsamen Behandlung von Müttern mit ihren Kindern gibt es in Berlin im stationären Bereich innerhalb dreier psychiatrischer Kliniken zur Behandlung schwerer posttraumatischer Störungen, die über die Jugendhilfe eine »Mitaufnahme« von Kindern und Jugendlichen ermöglichen. Auch Kinder mit geistiger oder körperlicher Beeinträchtigung sind in der Versorgung unterrepräsentiert. Es ist bekannt, dass gerade geistig behinderte Kinder gehäuft Opfer sexualisierter Gewalt werden können. Für diese Kinder sind modifizierte Angebote, wie nonverbale kunst- und musiktherapeutische Angebote, sehr wichtig und sollten in Traumaambulanzen ebenfalls bei Bedarf zur Verfügung stehen.

Neben modifizierten Angeboten für bestimmte Personengruppen wäre es wünschenswert, im Leistungsangebot der Traumaambulanzen auch gruppentherapeutische Angebote zu berücksichtigen. Diese könnten sehr gut für die Psychoedukation eingesetzt werden und zudem ein ganz wichtiges Signal aussenden: Du bist nicht allein!

Für eine qualitativ gute Arbeit sollten die Traumaambulanzen in ein Netzwerk eingebettet sein. Gerade bei Kindern und Jugendlichen sind unter Umständen weiterführende stationäre Einrichtungen, ambulante Psychotherapien und Angebote der Kinder- und Jugendhilfe unverzichtbar.

Für die Zukunft wünsche ich mir für alle Bereiche, die mit Kindern arbeiten, eine aktive Auseinandersetzung mit dem Thema Gewalt. Dies gilt für Kliniken, Praxen, Jugendämter, aber auch für Kitas oder Schulen. Diese Auseinandersetzung sollte zum Ziel haben, dass das Thema Gewalt enttabuisiert wird und Ängste abgebaut werden. Im nächsten Schritt sollten Kinder und Jugendliche grundsätzlich nach Traumata befragt werden und dann bei Indikation weiterführende Maßnahmen eingeleitet werden, seien es Schutzmaßnahmen und/oder eine psychiatrische/psychotherapeutische Behandlung.

Ich wünsche mir, dass Kinder und Jugendliche nicht alleingelassen werden. Mit den Kindern und Jugendlichen noch mal gemeinsam den Weg des Traumas in einem geschützten Rahmen zu gehen, ist oft ein heilsamer Weg. Die Traumaambulanz sollte der Ort sein, den alle Kinder und Jugendlichen und ihre Eltern kennen, an dem niederschwellig und schnell Hilfe angeboten wird, sodass die Integration des Traumas in den Lebensteppich als richtungsweisender lebenslanger Prozess nachhaltig unterstützt werden kann.

Die Autor:innen

Sascha Bos, Diplom-Kunsttherapeut, Kinder- und Jugendlichenpsychotherapeut (TP), leitet gemeinsam mit Sibylle M. Winter die Sektion »Fragen der Geschlechtsidentität im Kindes- und Jugendalter« der Klinik für Psychiatrie, Psychosomatik und Psychotherapie des Kindes- und Jugendalters an der Charité – Universitätsmedizin Berlin und ist in der dortigen Traumaambulanz tätig.

Claudia Calvano, Prof. Dr. phil., Diplom-Psychologin, Kinder- und Jugendlichenpsychotherapeutin (VT), ist Universitätsprofessorin für Klinische Kinder- und Jugendpsychologie und -psychotherapie und Leiterin der Hochschulambulanz für Kinder und Jugendliche an der Freien Universität Berlin.

Christine Heim, Prof. Dr. rer. nat., ist Professorin und Direktorin des Instituts für Medizinische Psychologie der Charité – Universitätsmedizin Berlin sowie Mitglied im Exzellenzcluster NeuroCure und im Deutschen Zentrum für Psychische Gesundheit.

Birgid Hollatz, Diplom-Juristin, ist Referentin für das Soziale Entschädigungsrecht in der Senatsverwaltung für Arbeit, Soziales, Gleichstellung, Integration, Vielfalt und Antidiskriminierung Berlin.

Kathrin Reiter, Diplom-Sozialpädagogin, Kinder- und Jugendlichenpsychotherapeutin, arbeitet in der Traumaambulanz an der Klinik für Psychiatrie, Psychosomatik und Psychotherapie des Kindes- und Jugendalters der Charité – Universitätsmedizin Berlin und in eigener Praxis.

Simone Wasmer, Diplom-Pädagogin, Kinder- und Jugendlichenpsychotherapeutin, leitete viele Jahre die Kinder- und Jugendabteilung des Zentrums ÜBERLEBEN, Berlin. Dort war sie neben den leitenden Tätigkeiten als Psychotherapeutin in der Behandlung von minderjährigen komplex traumatisierten Geflüchteten tätig. Sie arbeitet nun in eigener Praxis in Berlin.

Sibylle Maria Winter, Prof. Dr. med., Fachärztin für Kinder- und Jugendpsychiatrie und Psychotherapeutin (TP) mit Psychotraumatologischer Zusatzweiterbildung (VT), ist stellvertretende Klinikdirektorin der Klinik für Psychiatrie, Psychosomatik und Psychotherapie des Kindes- und Jugendalters an der Charité – Universitätsmedizin Berlin und Sektionsleitung des Bereiches Traumafolgen und Kinderschutz. Sie ist Initiatorin und Leitung des Childhood-Haus Berlin sowie der Trauma- und Kinderschutzambulanz und hat die Professur für Traumafolgen und Kinderschutz der Charité – Universitätsmedizin Berlin inne.

Persönliche Danksagung

Zum Schluss möchte ich mich bei meiner Familie bedanken: Mein ganz persönlicher Dank gilt meinem viel zu früh verstorbenen Mann Uğur Özbay für sein unermüdliches Engagement für all die Themen, die mich beruflich bewegt haben, sowie meinen Töchtern Sarah-Maria Melike und Anna-Sophia Aylin Winter, von denen ich viel gelernt habe und die mich aufgrund meiner beruflichen Aktivitäten häufig entbehren mussten.

Sibylle Maria Winter